动作用，由此对社会发展各个方面都会带来巨大的、正面的、积极的推动作用。但同时，它也存在巨大缺陷。市场不是万能的，“市场失灵”经常出现，会带来很多社会问题，这些问题靠市场本身是无法解决的，还必须依靠政府。市场经济本身的自发倾向与社会公平保障相悖。事实上，市场解决不了公平保障、公共服务等方面的问题。在以市场经济为基础的现代社会中，财富分配的不平等是与市场经济的本性和运作机制密切相关的，市场经济本身的自发倾向必然产生财富分配的不平等，必然产生贫富分化。

在改革开放过程中，市场经济发展必然日渐凸现多层面二元性非均衡发展特征。本书第三部分从八个方面分析了广东经济社会发展呈现的多层面二元性非均衡现状，实际上就是八大矛盾。第一，现代城市快速发展与农村发展相对缓慢并存；第二，发达工业与传统农业并存；第三，社会经济发展的硬环境快速建设与制度保障软环境建设相对滞后并存；第四，物质生产迅速发展与文化教育、科技投入、医疗服务发展相对滞后并存；第五，经济快速增长与资源支撑能力下降并存；第六，面对国际市场的高度开放与省内要素流动不足并存；第七，人口数量膨胀与高层次人才不足并存；第八，现代科技文明迅速传播与传统意识形态、行为方式（乃至迷信活动）日趋加重并存。作者对这八大现实矛盾都作了较为深入的理论分析，且有较详细的具体数据，让事实说话。读者如果看了这八大矛盾，一方面会感到欢欣鼓舞，另一方面会为广东的进一步发展感到忧虑，进而会为如何解决前进道路上的问题献计献策。

矛盾是普遍存在的。矛盾是事物发展的动力。只有全面、正确地认识矛盾和解决矛盾，才能推动事物发展。作者对均衡与非均衡矛盾坚持了辩证法的方法。作者指出，经济社会的长期发展从来就不是直线型稳定均衡的，均衡与非均衡发展存在辩证的对立统一关系，经济社会发展不是一成不变的，总是非均衡—均衡—非均衡的循环，而政府调控则应逆向调节，力求进入均衡，又突破均衡，再达到新的均衡，即均衡—非均衡—均衡的调节过程。改革开放初期实施的阶段性局部非均衡发展战略下的局部区域经济开发是特定历史阶段的产物，且每一次开发都建基于新的更高的起点，这种发展不可避免地存在不平衡现象，而这种不平衡又为逐级递进、重点开发提供了可能。以上观点把事物发展客观辩证法与主观认识辩证法两者有机统一起来了，很有创意。

本书还深入分析了二元性非均衡发展在一定程度上有利于促进经济社会和谐发展，同时分析指出二元性非均衡发展制约了和谐社会建设与经济持续发展，这是辩证法矛盾分析的研究方法。

三、唯物辩证、实事求是分析广东经济市场化进程中二元性矛盾的原因及解决二元性矛盾的方法，促进社会和谐发展

本书唯物辩证、实事求是地分析了导致广东经济社会二元性非均衡特征的原因。主要原因有：国家宏观发展战略导向下形成的广东省阶段性非均衡区域发展战略；市场化改革高效率取向；短期最大化目标倾向；投资结构的非均衡产业化倾向；社会保障制度、政府管理体制改革滞后；特有的历史、地缘影响着广东人的意识形态与行为方式。

本书一分为二地分析了多层面二元性非均衡在改革和发展过程中的双重性作用。本书一方面指出，多层面二元性非均衡在改革和发展的一定时期，对突破旧体制、建立社会主义市场经济体制以及经济社会快速发展起到积极的推动作用。但同时深刻地指出，随着非均衡程度的不断加深，二元性非均衡特征日益成为制约和谐社会建设及未来长期发展的重要因素。二元性非均衡特征在很大程度上加剧了社会利益矛盾与冲突，减弱了利益公共性保障能力，弱化了持续发展的制度保障基础和人才基础，导致经济活力递减，从而严重阻碍了和谐社会和经济社会的长期可持续发展。

如何解决广东经济市场化进程中的二元性矛盾、促进广东社会和谐发展呢？这就必须全面理解和实践“以人为本”的科学发展观。本书提出，构建广东和谐社会必须积极发展劳动密集型制造业、服务业等产业，加快城市化进程，为低收入者、农村富余劳动者提供高就业空间和收入增长空间；必须加快完善制度环境建设，如法治建设、政府管理体制改革、公共利益保障机制建立等；必须建立城乡共享的社会保障体系；必须加大文化教育事业发展，提高高层次人才本土化程度，增强全社会的创造活力；必须加大现代文明的教育力度，倡导科学的行为方式，实现资源的有效使用。

本书提出多层面二元性不均衡是广东省现阶段经济社会发展中极为突出的重大问题，它不同于传统经济学所研究的一般非均衡现象，具有自身的特殊性，其形成更多是缘于市场化改革进程中宏观阶段非均衡发展战略、中观制度建设、微观价值取向以及历史和地缘演进的特殊性。

本书将发展经济学关于二元结构理论应用于广东经济社会非均衡发展研究中，其研究从单层面扩展到多层面，在多维空间中探讨二元性不平衡问题，建立对二元结构进行综合评价的指标体系，并将二元性非均衡分析与市场化改革、与和谐社会发展相结合进行多角度、跨学科的综合研究，还提出了具有一定见解和可操作性的政策建议。

本书的理论意义和价值在于丰富了发展经济学理论，拓展了二元结构理论研究。

本书对构建和谐广东的政策措施的制定以及省委省政府根据各项指标的变化对相关因素及时进行调控，具有实际应用价值。另外，本书为高校经济学、公共管理学、社会学等学科的教学与研究提供了实际案例研究资料，对这些学科的教学与研究具有一定的参考作用。

刘歌德（中山大学哲学系教授）

2010 年 4 月

目　　录

1 导 论

1.1 广东省市场化改革进程快，市场化程度居全国前列

改革开放30多年来，广东省作为中国改革开放的前沿阵地，率先推行以市场为取向的经济体制改革，较早地建立起社会主义市场经济体制框架，成为全国市场化程度最高、市场体系最完备的地区；率先建立开放型经济体系，成为外向度最高的经济区域和对外开放的重要窗口。中国经济改革研究基金会国民经济研究所对全国各地区市场化进程进行持续研究，持续发布《中国市场化指数——各地区市场化相对进程报告》，至今该报告对1997—2005年期间中国各省、市、自治区的市场化进程进行了评价，各省区市场化相对进程排序前五名情况见表1-1。

表1-1 各省区市场化相对进程前五名排序（1997—2005年）

年份 排序	1997	1998	1999	2000	2001	2002	2003	2004	2005
1	广东	广东	广东	广东	广东	广东	上海	上海	上海
2	浙江	浙江	浙江	浙江	浙江	浙江	浙江	浙江	广东
3	福建	福建	福建	福建	上海	上海	广东	广东	浙江
4	江苏	江苏	江苏	江苏	福建	福建	福建	江苏	江苏
5	北京	河北	河北	上海	江苏	江苏	江苏	福建	福建

资料来源：国民经济研究所．中国市场化指数——各地区市场化相对进程报告2000年度、2004年度、2006年度．北京：经济科学出版社，2001，2004，2007

该报告从政府与市场的关系、非国有经济的发展、产品市场的发育、要素市场的发育、市场中介组织和法律制度环境五个方面评价各地区市场化的进展情况，广东省总体评价一直居前，多数年份居第一位，这表明广东省市场化改革进程快、市场化程度

高。但具体分项指标的排名却存在较大差异。反映政府与市场的关系方面，主要采用五个指标：市场分配经济资源的比重、减轻农村居民的税费负担、减轻政府对企业的干预、减轻企业的税外负担、减小政府规模。其中市场分配经济资源的比重，在2001—2005年的排序中，广东省都处于第七位；而减小政府规模这一指标上，2003年广东省排在第15位，2005年排在第11位。在采用的反映非国有经济的发展的三个指标上，即非国有经济在工业销售收入中所占比重、非国有经济在全社会固定资产总投资中所占比重、非国有经济就业人数占城镇总就业人数的比例，广东省一直排在前四位，表明其非国有经济的发展在全国一直处于较高水平。反映产品市场的发育采用两个指标：价格由市场决定的程度和减少商品市场上的地方保护，广东省一直位居前列，保持了较高的市场化水平。在反映要素市场的发育的四个指标中，金融业的市场化（包括金融业的竞争、信贷资金分配的市场化）和劳动力流动性方面，广东省一直排位居前；但在引进外资的程度这一指标上，进入2000年以后，广东省并未一直排在最前列，2003年排在第九位，2005年排在第七位。

1.2 市场化改革快速推进，带来广东省经济的高速发展

作为改革开放先行地区和排头兵的广东省，经历了30年快速发展，由落后的农业大省转变为位列全国总产出第一的经济大省。市场经济效率化、利益最大化的内在要求与驱动，追求高产出、高效率、高增长在广东的实践中得到了淋漓尽致的展示。改革开放以前，广东在全国只是沿海地区一个普通的农业大省，地区生产总值不足200亿元，只占当年全国经济总量的1/20。自1978年以来，按可比价格计算，广东省30年平均增长率达13.45%，高于全国同期平均3.5个百分点，而近10年来GDP平均增长速度为14.8%，经济总量先后超过亚洲“四小龙”的

新加坡和中国的香港、台湾地区。2008年，虽然全球金融危机对广东综合竞争力构成很大挑战，广东省在生产总值上仍占了全国300 670.0亿元的近1/8，与位居第二、第三位的山东省和江苏省差距扩大到5 000亿元左右。此外，全省国税系统完成税收收入5 193.52亿元，占全国税收收入总量的8.98%，广东省进出口贸易总额6 834.92亿美元，约占全国进出口贸易总额的1/3，累计吸收港澳台商投资数量占全国总量的21.9%，吸收外商投资数量占全国总量的10.5%。广东省经济总量在全国的领先地位短期内难以撼动。2003—2008年各省市地区生产总值见表1-2。

表1-2 经济发达地区省市生产总值（单位：亿元）

	2003年	2004年	2005年	2006年	2007年	2008年
广东	15 844.64	18 864.62	22 366.54	26 159.52	31 084.40	35 696.46
山东	12 078.15	15 021.84	18 516.87	22 077.36	25 965.91	31 072.06
江苏	12 442.87	15 003.60	18 305.66	21 645.08	25 741.15	30 312.61
浙江	9 705.02	11 648.70	13 437.85	15 742.51	18 780.44	21 486.92
上海	6 694.23	8 072.83	9 164.10	10 366.37	12 188.85	13 698.15
北京	5 023.77	6 060.28	6 886.31	7 861.04	9 353.32	10 488.03
天津	2 578.03	3 110.97	3 697.62	4 344.27	5 050.40	6 354.38

资料来源：中国统计年鉴2009

注：按当年价格计算。

在经济快速发展的进程中，广东省奠定了建立世界制造业基地的雄厚基础，成为推动我国经济社会发展的强大引擎。特别是在珠三角地区，“广东制造”实现了从量到质的新跨越。制造业历来在国民经济中占有重要地位，对整个国民经济贡献十分巨大，中国制造业直接创造国内生产总值的1/3，占整个工业生产的4/5，为国家财政提供了近1/2的收入，贡献了出口总额的

90%，就业人员8 043万人，包括了约1/5的城镇就业人口和1/4的农村剩余劳动力。“广东制造”因“世界工厂”而闻名，佛山陶瓷、小榄锁具、顺德家电、深圳珠宝、南海铝材、虎门服装、狮岭皮具等，在国内都已占据较大的市场份额。而装备制造业是为其他产业提供技术手段的，其技术水平的高低直接影响其他产业的竞争能力。经过近二十多年的发展，广东省装备制造业已具相当规模，成为其工业体系中重要的支柱产业。装备制造业占广东GDP的14%，这一行业对工业增长的贡献率达到62.6%。广东装备制造业高度集中在珠江三角洲地区，珠三角九市的装备制造业产值占全省总量的94.5%。其中，广州、深圳、佛山和东莞四市装备制造业总产值约占全省的80%。据统计，2008年全省装备制造业七大类实现工业增加值6 807.3亿元，剔除属于消费类的轻工业部分实现工业增加值4 403.4亿元，占全省工业的31.2%，约占全国总量的1/6。① 广东省制造业不仅数量居优，质量也在不断提升，国家质检总局发布的《2008年全国制造业质量竞争力指数公报》，将正处于发展转型期的“广东制造”再次置于媒体的聚光灯下。广东以87.26分这一高出全国制造业质量竞争力指数平均水平6.08分的好成绩首次跃居全国第一，领先于浙江、江苏、北京和上海。2010年广东省“两会”上，黄华华省长在政府工作报告中提到了2009年广东经济社会发展的六个全国之最，“制造业质量竞争力指数跃居全国第一”名列其中。

珠江三角洲地区城镇化水平快速提高，基础设施比较完备，形成了一批富有时代气息兼具岭南特色的现代化城市，成为我国三大城镇密集地区之一。珠江三角洲是广东省社会经济发展的先

① 广东装备制造业发展现状分析. 中国设备网，2009-06-27

行地区，是我国第一个打破行政区划按照经济区划原则建立的经济区，是广东省乃至全国市场经济最活跃和最具有发展潜力的地区之一。改革开放以来，珠江三角洲地区因开放程度大、经济发展快、收入水平高而成为全国改革开放的一个样板，它是全国对外开放程度最高的地区之一。事实上，长期以来，珠江三角洲地区的综合经济实力在广东省乃至全国范围内都保持着重要的地位，自2002年起，珠三角地区生产总值已占到广东省全省生产总值的80%以上（见表1-3）。

表1-3 珠三角地区与广东省全省生产总值（亿元）及比重

	2000年	2001年	2002年	2003年	2004年	2005年	2006年	2007年	2008年
广东省	10 741.25	12 039.25	13 502.42	15 844.64	18 864.62	22 366.54	26 159.52	31 084.40	35 696.46
珠三角	8 421.32	9 559.45	10 953.96	12 956.68	15 485.39	18 244.47	21 608.63	25 606.87	29 745.58
珠三角地区占比	78%	79%	81%	82%	82%	82%	83%	82%	83%

资料来源：广东统计年鉴2009

注：珠江三角洲包括广州、深圳、珠海、佛山、江门、东莞、中山、惠州和肇庆；东翼指汕头、汕尾、潮州和揭阳四个市；西翼指湛江、茂名和阳江三个市；50个山区县（市、区）包括：从化市、南澳县、仁化县、南雄市、始兴县、翁源县、新丰县、乳源县、乐昌市、东源县、和平县、龙川县、紫金县、连平县、梅江区、梅县、蕉岭县、大埔县、丰顺县、五华县、兴宁市、平远县、惠东县、龙门县、海丰县、陆河县、阳春市、高州市、信宜市、高要市、广宁县、德庆县、封开县、怀集县、清新县、英德市、佛冈县、连山县、连南县、连州市、阳山县、饶平县、潮安县、普宁市、揭西县、新兴县、罗定市、云城区、郁南县、云安县（以后表中和正文中所指与此相同）。

随着社会经济的快速发展，广东省城乡居民收入水平大幅提高，而珠三角地区居民收入水平的提高自然大大快于其他地区（见表1-4）。

表 1-4　广东省城镇居民人均可支配收入及消费性支出

年份	人均可支配收入（元）	增长速度（%）			人均消费性支出（元）	增长速度（%）		
		名义增长（上年为100）	实际增长（上年为100）	实际增长（1978年为100）		名义增长（上年为100）	实际增长（上年为100）	恩格尔系数（%）
1978	412.13				399.96			66.6
1980	472.57	13.5	3.7	100.1	485.76	14.3	4.5	65.5
1985	954.12	16.6	-0.4	151.1	889.56	19.5	2.1	58.3
1990	2 303.15	10.4	13.3	200.8	1 983.86	3.3	6.0	57.2
1995	7 438.68	16.8	3.3	350.4	6 253.68	20.7	6.7	48.0
2000	9 761.57	7.0	4.7	424.9	8 016.91	6.6	4.3	38.6
2005	14 769.94	8.4	6.3	623.8	11 809.87	10.4	8.2	36.1
2006	16 015.58	8.4	6.5	664.3	12 432.22	5.3	3.4	36.2
2007	17 699.30	10.5	6.6	707.9	14 336.87	15.3	11.2	35.3
2008	19 732.86	11.5	5.7	748.3	15 527.97	8.3	2.7	37.8

资料来源：广东统计年鉴 2009

改革开放 30 年，广东省城镇居民人均可支配收入从 1978 年的 412.13 元增长到 2008 年的 19 732.86 元，增长了 46.88 倍。珠三角地区，除肇庆市城镇居民人均收入水平略低外，其他各城市城镇居民人均收入水平明显高于珠三角以外地区，特别是东莞、深圳、广州、顺德等市区，其城镇居民人均收入水平已数倍于其他经济欠发达地区的水平（见表 1-5）。

表 1-5　广东省各市城镇居民人均可支配收入和消费支出

市别	可支配收入（元）				消费支出（元）			
	2000 年	2005 年	2007 年	2008 年	2000 年	2005 年	2007 年	2008 年
广州	13 621. 83	18 287. 24	22 469. 22	25 316. 72	10 988. 99	14 468. 24	18 951. 32	20 835. 95
深圳	21 577. 24	28 665. 25	33 592. 78	26 729. 31	18 200. 67	21 188. 84	24 365. 21	19 779. 09
珠海	15 375. 90	18 907. 73	20 515. 53	20 949. 48	12 616. 21	14 323. 66	18 517. 14	16 516. 77
佛山	11 976. 98	17 680. 10	21 112. 15	22 494. 01	10 662. 58	14 485. 61	17 639. 33	17 552. 89
东莞	14 226. 05	22 881. 80	28 209. 41	30 274. 64	12 603. 21	21 767. 78	24 375. 88	23 207. 67
顺德	14 393. 82	21 015. 03	25 301. 27	26 433. 00	11 529. 99	18 550. 56	21 453. 82	22 165. 53
惠州	10 327. 78	15 762. 77	18 770. 15	19 480. 63	8 945. 02	12 651. 95	14 865. 51	16 581. 19
肇庆	7 300. 73	10 097. 20	12 277. 96	13 641. 54	6 750. 84	7 476. 65	8 638. 56	10 068. 05
韶关	7 208. 56	10 908. 36	14 072. 23	15 038. 54	6 159. 81	8 113. 64	9 477. 72	10 666. 39
鹤山	10 101. 99	11 944. 08	12 748. 37	13 075. 32	7 047. 97	8 296. 43	9 528. 5	10 036. 97
梅州	7 310. 32	8 842. 84	10 646. 60	12 109. 30	6 166. 69	6 757. 02	8 969. 77	9 665. 77
汕头	8 966. 64	12 229. 17	12 670. 10	12 542. 12	7 663. 77	9 505. 66	10 763. 93	10 764. 95
连州	7 241. 29	9 214. 60	11 312. 88	12 124. 01	5 874. 67	7 294. 93	8 810. 66	8 593. 90
湛江	7 096. 96	9 867. 36	11 296. 03	12 361. 61	6 329. 84	7 669. 84	8 709. 97	9 583. 36
电白	6 346. 72	8 241. 21	9 482. 01	9 955. 87	5 334. 68	6 350. 38	7 388. 71	7 982. 01
普宁	7 112. 83	7 220. 44	8 499. 68	8 976. 34	5 866. 62	6 317. 03	7 647. 32	7 753. 72
兴宁	5 909. 60	7 299. 25	8 292. 35	8 894. 24	5 193. 92	6 463. 37	7 109. 29	7 951. 23

资料来源：广东统计年鉴 2009

随着经济发展，在城镇居民收入水平迅速增长的同时，广东省农村居民人均纯收入也得到较快提高(见表 1-6)。

表 1-6 广东省农村居民平均每人纯收入及生活消费支出

年份	人均纯收入（元）	增长速度（%）			人均生活消费支出（元）	增长速度（%）			恩格尔系数（%）
		名义增长（上年为100）	实际增长（上年为100）	实际增长（1978年为100）		名义增长（上年为100）	实际增长（上年为100）	实际增长（1978年为100）	
1978	193. 25	7. 9		100. 0	184. 89	-2. 6		100. 0	61. 7
1980	274. 37	23. 2	19. 4	135. 6	222. 22	8. 3	3. 9	114. 4	60. 4
1985	495. 31	16. 5	9. 8	214. 5	388. 00	12. 1	5. 7	175. 8	60. 4
1990	1 043. 03	9. 2	1. 6	272. 9	932. 63	7. 1	-0. 3	236. 1	57. 7
1995	2 699. 24	23. 7	6. 5	386. 6	2 255. 01	19. 8	5. 3	302. 9	54. 5
2000	3 654. 48	0. 7	0. 9	480. 2	2 646. 02			342. 9	49. 8
2005	4 690. 49	7. 4	4. 5	587. 0	3 707. 73	14. 4	11. 4	457. 9	48. 3
2006	5 079. 78	8. 3	6. 4	624. 6	3 885. 97	4. 8	3. 2	472. 6	48. 6
2007	5 624. 04	10. 7	6. 5	665. 5	4 202. 32	8. 1	4. 5	493. 8	49. 7
2008	6 399. 77	13. 8	7. 6	715. 8	4 872. 96	15. 9	9. 6	541. 3	49. 0

资料来源：广东统计年鉴 2009

广东省农村居民平均每人纯收入从 1978 年的 193. 25 元增长到 2008 年的 6 399. 77 元。

长期以来，“富有”似乎成了广东的标签。2010 年春季，全国曾流传“广东看全国都是穷人”这样一条信息，足以表明全国对广东经济实力强盛、物质财富充盈的判断。

1.3 经济水平提高，推动社会事业发展

经济实力的增强为推进社会事业发展奠定了基础，2000 年以后，特别是“十一五”规划发展时期，广东省积极推进社会公共事业发展。

1.3.1 推进覆盖城乡的社会保障体系的建设

基本建立起包括养老、失业、医疗、工伤、生育五大险种的社会保险以及社会福利、社会救助、优抚安置等制度体系。省人大常委会先后出台了养老、工伤、失业保险以及社会保险基金监督、老年人权益保障等方面的地方性法规；省政府出台了城乡居（村）民最低生活保障、自然灾害救济等方面的规章，并先后制定实施了一系列规范性文件，使广东省的社会保障工作走上了法制化、规范化轨道。不仅城镇职工（包括农民工）参加基本养老、失业、医疗、工伤和生育保险的人数在增加，农村社会保障覆盖范围也在进一步扩展。珠江三角洲等地区以被征地农民养老保障为重点，陆续开展农村社会保障工作，积极推行城乡居民医疗保险制度，实现最低生活保障制度城乡一体化。在实现城镇低保对象应保尽保的基础上，将农村家庭年人均收入低于1 000元的对象纳入低保范围。

1.3.2 教育、科技、文化、卫生、体育等各项社会事业得到较快发展

改革开放至今，广东省教育体系基本形成，经费投入不断增多，学校办学条件得到改善，教学质量和教师素质明显提高。到 2008 年，全省教育经费支出达到 1 214.7 亿元，名列全国第一。广东省已基本形成学前教育、义务教育、普通高中、职业技术学校、成人教育、高等教育相结合的完整的教育体系，并开始进入一个以全日制教育为主体、成人教育为补充、文化知识教育与职

业技能教育相结合的新的历史时期。以普及义务教育为目标，村设小学、乡镇设初中、县城设高中的模式使全省中小学校建设规范发展；初、高中分离，加快示范高中的建设，使全省高中建设取得令人瞩目的成绩；职业技术教育发展提速，学校数量和学生人数迅速增加；高等教育投入大幅增加，取得了跨越式发展。随着全国教育改革综合试验区的建设，广东省教育事业快速发展（见表1-7）。

表1-7　2008年广东省教育事业发展情况

	普通高校	中等职业教育	技工学校	普通中学	小学	幼儿园
数量（所）	108	589	228	4 352	19 000	10 533
在校学生数（万人）	121.64	100.08	53.54	679.65	956.47	232.35
专任教师数（万人）	6.92	3.82	1.58	35.80	41.66	11.16

资料来源：广东统计年鉴2009

到2008年，全省有23个高等院校和8个科研单位设有研究生教育点，共有在校学生数58 833人，其中攻读博士学位的有11 466人，攻读硕士学位的有47 367人。此外，成人高等教育在校学生数达44.498万人，特殊教育学校在校生2.5万人。

随着经济水平的不断提高，广东省对科技的投入也日益加大，科技活动经费使用总额大幅度增加，2008年科技活动经费是1995年的21.21倍，其中全日制普通高等学校科技活动经费是1995年的25.92倍，大中型工业企业科技活动经费是1995年的31.06倍（见表1-8）。

表 1-8　广东省科技活动经费额

	1995 年	2000 年	2005 年	2007 年	2008 年
科技活动经费使用总额（万元）	398 192	2 146 502	4 563 599	6 868 530	8 446 464
科学研究与技术开发机构	165 057	187 091	254 453	309 939	397 705
全日制普通高等学校	12 163	56 947	204 935	242 602	315 207
大中型工业企业	204 684	1 031 661	2 973 617	5 254 937	6 357 442
其他	16 288	870 803	1 130 594	1 061 052	1 376 110

资料来源：广东统计年鉴 2009

1.3.3 科技队伍不断壮大

科研机构是科技活动的载体，也是区域创新能力的重要表现。1995 年全省政府部门、高等院校和大中型工业企业的研究与开发机构有 1 685 个；2008 年全省科技活动机构达到 4 200 个。随着科研机构的不断建立，广东省形成了一个多层次、多学科、与全省经济建设和社会发展相适应的科学研究体系，自主创新的平台逐步完善。科技队伍随之不断壮大，科技人员素质明显提高。

表 1-9　广东省从事科技活动人员及高层次人才数量（单位：人）

	1995 年	2000 年	2005 年	2007 年	2008 年
从事科技活动人员	105 469	222 073	354 488	451 556	531 887
科学研究与技术开发机构	20 750	14 988	13 904	14 081	15 819
全日制普通高等学校	45 015	21 034	49 632	31 858	34 254
大中型工业企业	35 986	84 408	160 304	285 076	341 435
其他	3 718	101 643	130 648	120 541	140 379
院士人数	41	68	67	64	69
享受国家津贴新增人数	164		115		85
高级职称批准人数	6 111	19 336	16 409	16 852	
博士后招收人数	163	380	382	360	419
博士生在校生情况	2 558	9 049	9 869	10 587	11 466

资料来源：广东统计年鉴 2009

表1-9显示，2008年广东省从事科技活动人员是1995年的5.04倍，特别是大中型工业企业中从事科技活动人员是1995年的9.49倍，博士生在校生人数是1995年的4.48倍。2008年年末，全省国有企业、事业单位专业技术人员达到了141.99万人（不含在粤的中央单位专业技术人员数），平均每万在岗职工专业技术人员数由1995年的2 223人增加到2008年的4 893人。科学家与工程师数量占全部科技活动人员的比例不断提高，1995年全社会从事科技活动人员中科学家和工程师比重达到62.4%，2008年达到73%。广东省科技人员数量的日益增加和素质的不断提高为全省科技事业的发展以及竞争力的提升提供了源源不断的动力，重大科技成果不断涌现，自主创新能力不断增强。

1.3.4 致力于推进公共服务体系的建立

进入2000年以来，广东省大幅增加对基础教育、基本医疗、公共卫生、基本社会保障、公共就业服务和基本住房保障等方面的投入。2003—2008年，各级财政在民生领域的投入共7 140亿元，占全省财政一般预算支出比重从43.63%提高到52.65%。广东省政府还出台了《广东省基本公共服务均等化规划纲要（2009—2020年）》，根据广东经济发展水平和社会对公共服务的需求，确定了两类八个方面的“基本公共服务”范围：第一类是基础服务类，包括公共教育、公共卫生、公共文化教育、公共交通；第二类为基本保障类，包括生活保障、住房保障、就业保障、医疗保障。《广东省基本公共服务均等化规划纲要（2009—2020年）》明确提出，到2020年，建立健全全省统一制度、统一地区标准、统一预算拨付、统一监管的公共教育体系，达到中等发达国家水平。在公共卫生服务方面，到2020年，普遍建立比较完善的公共卫生服务体系和医疗服务体系、比较规范的药品供应保障体系和比较科学的医疗卫生机构管理体制和运行机制，保证人人享有基本医疗卫生服务。

1.4 经济社会发展日益呈现出多层面二元性非均衡特征

毋庸置疑，随着30年市场化改革，广东省在市场对资源的支配、非公有制经济的发展、要素流动特别是外资流入以及市场环境等反映市场化程度的重要方面，都表现出市场化进程的快速推进，经济社会在各层面均获得巨大的改观。但在快速发展的过程中，日渐凸现多层面二元性非均衡发展特征。

“二元性”一般是指事物存在和发展中同时存在的相对应的两重属性。所谓“二元经济”（dual economy）或“二元结构”，主要是指发展中国家在实现产业结构转换和工业化过程中，由于部门间生产函数与劳动生产率的差异、区域间或区域内经济发展的不平衡等导致的经济性两极分化现象。存在二元结构的情况下，国民经济分为传统部门（以农业为代表）和现代部门（以工业、现代服务业为代表），传统部门劳动生产率和收入水平均明显低于现代部门。引申到较为广义的角度，经济社会发展的“二元”特征或称“二元”性，在此可以指经济社会发展中各层面同时存在的传统与现代、发达与落后、快与慢等双重属性同时并存的非均衡特征。

广东省经济社会多层面二元性非均衡发展特征集中反映在以下层面上：快速发展的现代发达城市和工业与发展相对缓慢的传统农村和农业并存；社会发展的硬环境快速建设与制度保障软环境建设滞后并存；物质产品生产快速增长与公共服务和文化教育发展不足并存；外资流动强劲与内部要素流动不足并存；高层次科技人才大量流入与常住人口不断膨胀但人口整体素质仍相对偏低并存；现代文明迅速传播与传统意识形态、行为方式日趋加重并存等。

广东省经济社会发展二元性非均衡特征形成的原因主要有以下方面：①一定时期内国家宏观发展战略导向下形成的广东省阶

段性非均衡发展战略；②市场化改革中追求需要得到最大满足，或福利得到最大增进，或财富得到最大增加的市场化改革高效率取向；③追求 GDP 快速增长短期最大化目标倾向；④投资结构的非均衡产业化倾向；⑤社会保障制度与政府管理体制改革滞后；⑥独特的历史、地缘因素等。

这种多层面二元性非均衡在改革和发展的一定时期，无疑对突破旧体制、建立社会主义市场经济新体制以及经济社会快速发展，起到了积极的推动作用：高产值、高收入的部门在短期内得到迅速成长，支撑了地方财政的较快增加；城市、工业及现代服务业的快速发展为农村剩余劳动人口的转移提供就业和生活空间；短期内经济总量的迅速增加为政府协调社会各阶层利益关系所需的公共支出提供财政基础；人才引进有利于充分运用人力资源，激发社会成员进取拼搏的活力；传统风俗与行为意识在一定程度上有利于缓和一些社会矛盾。但是随着非均衡程度的不断加深，二元性非均衡愈将成为制约和谐社会建设以及未来长期发展的重要因素：城乡发展二元性非均衡特征的不断深化加剧社会利益矛盾与冲突；行业发展非均衡不断加深导致经济社会持续发展的配套支撑能力相对不足；制度保障软环境建设的相对滞后导致公共性利益服务与保障基础弱化；大量高层次人才的外部流入在一定程度上影响人才基础建设，制约社会活力的发挥；本地要素流动不足促使经济社会持续发展的要素边际效率递减等。

改善多层面二元性非均衡状况，对于实现广东省经济社会科学、和谐、持续发展至关重要。推进现代市场经济的发展，必须坚持经济社会科学、和谐、可持续发展，这不仅要求政府正确履行在市场经济中的职能，弥补“市场失灵”，同时必须缩小贫富差距，促进社会公平，加强市场经济法律体系建设，规范市场行为，建设信用经济，塑造良好的法制环境、完善社会保障制度，构筑健全的社会救助体系等。积极发展第三产业及具有优势的劳动密集型制造业等产业，加快推进城市化进程，建立城乡共享的公平保障体系，加大教育卫生事业发展和高层次人才培养力度，加快包括深化政府管理体制改革、强化公共服务职能、增大民生安全投入、创造平安和谐环境、完善紧急救助与风险保障机制、推进公民自治管理体制的创新等内容的制度环境建设等，从而实现在市场经济快速发展的同时，经济社会科学、和谐、可持续发展。

为能对广东省二元结构变化进行量化分析，通过比较劳动生产率、二元对比系数和二元反差系数、城乡居民收入差异系数和城乡居民恩格尔系数的差异度来测度广东省城乡二元经济结构，有利于对广东省经济社会二元结构变化进行长期分析判断。

目前对非均衡问题的研究，一般偏重于经济层面的结构差异，特别是收入差别的研究，因此深入研究经济社会呈现的多层面二元性非均衡发展特征，分析其形成的深层原因，论证其对构建和谐社会的双重制约，提出改善与调整二元性非均衡状态、实现社会和谐发展的基本思路与政策措施，建立对二元结构量化分析评价指标体系，不仅具有理论探讨的价值，为和谐社会建设与发展提供理论基础，也将对广东省经济发展及和谐社会建设提供有益的对策。

2　理论基础

2.1　传统二元经济理论概述

若从经济思想史与理论演进的角度考察，古典经济学的代表人物亚当·斯密（Adam Smith，1723—1790 年）在其《国富论》中，从分工的角度敏锐地指出，农业上劳动力的增进总跟不上制造业上劳动力增进的主要原因，也许就是农业不能采用完全的分工制度。斯密的认识里就隐含着工农业二元经济的思想，因为他指出了传统农业部门与工场（手）工业在劳动生产率方面存在的巨大差异，并部分地指出了造成这种差异的原因。而另一位古典经济学家大卫·李嘉图（David Ricardo，1772—1823 年）认为，经济仍然是两种活动的并存：一方面是占绝对统治地位的农业活动，受固定土地上劳动投入报酬递减的限制；另一方面是非农业活动，是随着资本的积累而不断增长的重要部门。资本的积累主要来自利润，但在由制度决定的实际工资不变的条件下，地租的上升将降低利润，从而使经济扩张放慢以至趋于停滞。尽管李嘉图的思想中存在着对农业技术进步的悲观认识，但他却指出了工业比农业更具扩张的潜力。这些观点可以认为是二元经济理论的最初萌芽。

后来的一些经济学者、社会学者也提出了“二元经济”和“二元结构”① 的观点，但“二元结构”作为一个术语，最初是由荷兰经济社会学家波耶克（J. Boeke）提出的。他在 1953 年出

① 所谓“二元经济”（dual economy）或“二元结构”，主要是指发展中国家在实现产业结构转换和工业化过程中，由于部门间生产函数与劳动生产率的差异、区域间或区域内经济发展的不平衡等导致的经济性两极分化现象。

版的《二元社会的经济学和经济政策》一书中，对19世纪荷兰的属地——印度尼西亚的社会经济状况进行了阐述。根据波耶克的观点，二元社会的特点就是在一个社会中，外来的、发达的资本主义体系和本土的、落后的前资本主义农业体系共同存在。前者使用先进的技术并提供较高的收入水平，后者则使用本土固有的落后技术。当具有特定的社会精神、组织形式和技术的不发达国家，引进另一种精神、组织形式与技术时，传统社会的均质性破裂，社会结构便呈现出二元性。在他看来，当时的印度尼西亚社会是一个典型的“二元结构”社会：一方面是资本主义社会以前的传统社会；另一方面是殖民主义输入的现代“飞地”[①] 经济，即资本主义现代部门。两者在社会文化和经济制度方面存在着巨大差别。这种差别导致了传统部门与现代部门中的个人效用函数、行为准则以及资源配置方式的迥然不同。这是最早从“组织”的不对称性角度来分析二元经济现象的。

不过，二元经济结构问题的研究大多以新古典经济学家刘易斯的二元经济模型和费景汉—拉尼斯模型为基础。刘易斯在1954年发表的经典论文《劳动力无限供给下的经济发展》中，开辟了二元经济发展分析方法，吸引了众多学者对二元结构理论进行深入的研究。

美国著名经济学家阿瑟·刘易斯（W. Arthur. Lewis）（1954）认为发展中国家并存着以农业为代表的传统部门和以工业为代表的现代部门。其中，传统部门存在近乎无限供给的剩余劳动力，据此经济体的转化程式是：现代部门以低工资从传统部

① “飞地”最早被用来形容那些孤立的不与一个国家主要本土相连的小面积土地，后来用于形容一个国家中经济增长相对较快的地区。

门吸纳劳动力—现代部门在工资和生产率之间获得利润并扩大再生产—传统部门剩余劳动力继续被吸纳而劳动生产率随之提高。可见，劳动力转移会导致部门劳动生产率收敛和二元经济结构转化。后来，费景汉和拉尼斯（John. C. H. Fei& Gustav Ranis）（1964）在考虑部门关联的基础上，指出二元经济结构转化和剩余劳动力转移取决于人口增长率、农业技术进步和工业资本增长，工农业平衡增长对二元经济结构转化至关重要。刘易斯—费景汉—拉尼斯模型较早地解析了二元经济结构转化的路径，后续的相关研究基本上是围绕拓展、修正或检验此模型进行的。显然，讨论广东省乃至中国目前仍客观存在着的二元经济结构和二元性问题，也应从挖掘刘易斯—费景汉—拉尼斯模型的内涵出发，从前人的研究成果中获取某些重要的研究启发和思想养分。

2.1.1 刘易斯二元经济模型

如果说克拉克和库兹涅茨关于经济发展过程中劳动就业结构非农化倾向的认识，是建立在对大量历史资料进行统计分析的基础之上的话，刘易斯（1954）则对这一过程的运行机制进行了理论上的研究。刘易斯发表的 *Economic Development with Unlimited Supply of Labor*（《劳动力无限供给下的经济发展》）一文，正式确立了他在这一领域的经典地位。

在《劳动力无限供给下的经济发展》这篇著名的论文中，刘易斯把发展中经济的产业结构概括为两大部门：一个叫做资本主义部门，即现代工业部门；另一个叫做维持生计部门，即以农业为主的传统产业部门。现代工业部门在生产中使用再生性资本，有着较高的劳动边际生产率，而传统农业部门在生产中不再使用再生性资本，且存在着大量隐性剩余劳动力，劳动的边际生产率很低，甚至为零或负数。他把这样的经济称为“二元经济”。

刘易斯进一步假设，农业部门的工资水平不由农民的边际生产率决定，而是取决于制度安排，即由农业的人均产出水平决定。工业部门的工资水平则由农业部门的收入水平决定，更准确地说，农业部门的收入水平决定了工业部门工资的最低下限。工业部门的工资水平不可能低于这个下限，但也不会高出很多。刘易斯认为，由于城市工业部门较高的生活费用、农民转移到城市所需付出的心理成本以及工业部门工会的压力而必须给予必要的收入刺激，工业部门的工资水平通常比农业部门的平均收入高出30%左右。由于经济发展开始时，农业部门所占份额极大，且存在着大量剩余劳动力，因此现代工业部门规模扩大的过程中可以按一个固定不变的工资水平从农业部门源源不断地吸收剩余劳动力。正是在这一意义上，刘易斯把现代工业部门的劳动力供给看作是无限的。

当然，这一过程也有一个时间界限，一旦农业部门以低生产率为特征的剩余劳动力全部转移到工业部门，农业的生产率由于劳动力的减少而提高，农民的收入水平也相应地增加，其结果必然影响到工业部门的工资水平，它已不能以不变的工资水平从农业部门吸收劳动力，否则劳动力将更愿意留在农业部门而不愿意转移出去。这时，劳动力的供给不再是无限弹性的，而是与资本一样成为一种稀缺要素，两大部门的工资水平趋于一致并同步上升，“二元经济”的过渡时期也就此结束，整个经济的增长时期开始。

刘易斯认为，这一过程的关键是工业部门剩余的使用。只有当工业部门不断地将扩大的剩余再投资于生产过程，才能使整个工业部门的规模不断扩大，从而吸收更多的劳动力从农业部门转移出来。因此，农业部门剩余劳动力转移的规模和速度取决于工业部门中利润（剩余）的增长率和资本积累速度。由此可见，刘易斯在微观方面揭示了工农业部门间收入水平差异这一决定农业劳动力转移行为的经济变量，在宏观方面则揭示了资本积累速度这一制约农业劳动力转移过程的经济变量。

刘易斯的二元经济模型及劳动力转移过程可以用图 2-1 来描述。

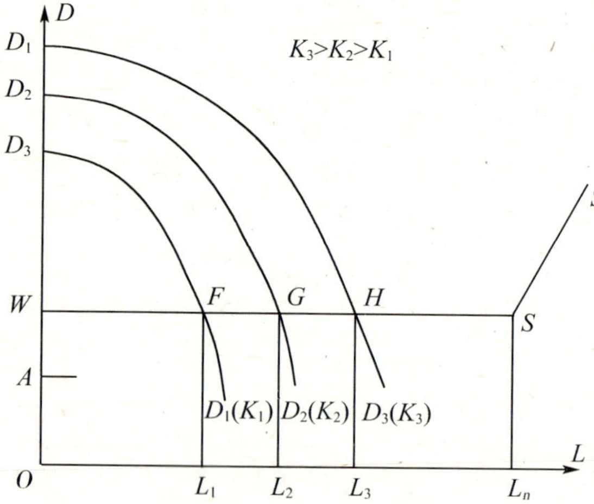

图 2-1　刘易斯二元经济模型

在图 2-1 中，横轴 OL 代表劳动力数量，纵轴 OD 代表劳动的边际产品和工资水平。OA 代表传统农业部门中维持生计的制度工资水平，OW 代表现代工业部门的工资水平。在这个稍高于农业生存收入的工资水平上，现代工业部门的劳动供给具有完全弹性。图中 D_1、D_2、D_3 分别代表不同阶段工业部门的劳动边际生产率曲线（也是工业部门的劳动力需求曲线）。刘易斯假定工业部门以追求利润最大化为目标，其均衡条件为劳动边际生产率等于工资率，并由此决定了雇佣的劳动力人数。在图 2-1 中，当资本为 K_1，劳动边际生产率曲线为 D_1/D_1（K_1）时，工业部门将雇佣 OL_1 数量的劳动力。此时工业部门的总量中，OL_1FW 为工人工资，WFD_1 为雇主的利润。为了分析简便起见，刘易斯假定全部利润都将用于再投资。于是工业部门的总资本量扩大了，对劳动力的需求也随之增加。这个过程持续进行，直到农业部门的剩余劳动力被全部吸收到现代工业部门为止，此时二元经济就转变为现代一元经济。

刘易斯模型的重要意义在于，它抓住了二元经济结构这一发展中国家经济的本质特征和农业劳动力转移这一核心问题，从动态分析的角度把经济发展过程和劳动力转移过程有机地结合起来，从而阐明了经济发展过程中产业结构变动的必要条件。但是，刘易斯的理论也存在着一些明显的不足，其中最突出的是忽视了农业部门自身的发展、人口自然增长、工业化过程中的技术选择、城市就业状况一级工资率上升趋势等宏观经济变量对农业劳动力转移的影响，从而在一定程度上影响了其理论模型的应用价值。

2.1.2 费景汉—拉尼斯模型

1961 年，美国经济学家费景汉和拉尼斯合作发表了题为《经济发展中的一种理论》的重要论文，针对刘易斯模型所存在的缺陷进行了修正和扩展。稍后两人在合著的《劳动力剩余经济的发展》（1964 年）一书中，进一步系统地论述了他们的观点，下面我们结合图 2-2 对此作简要介绍。

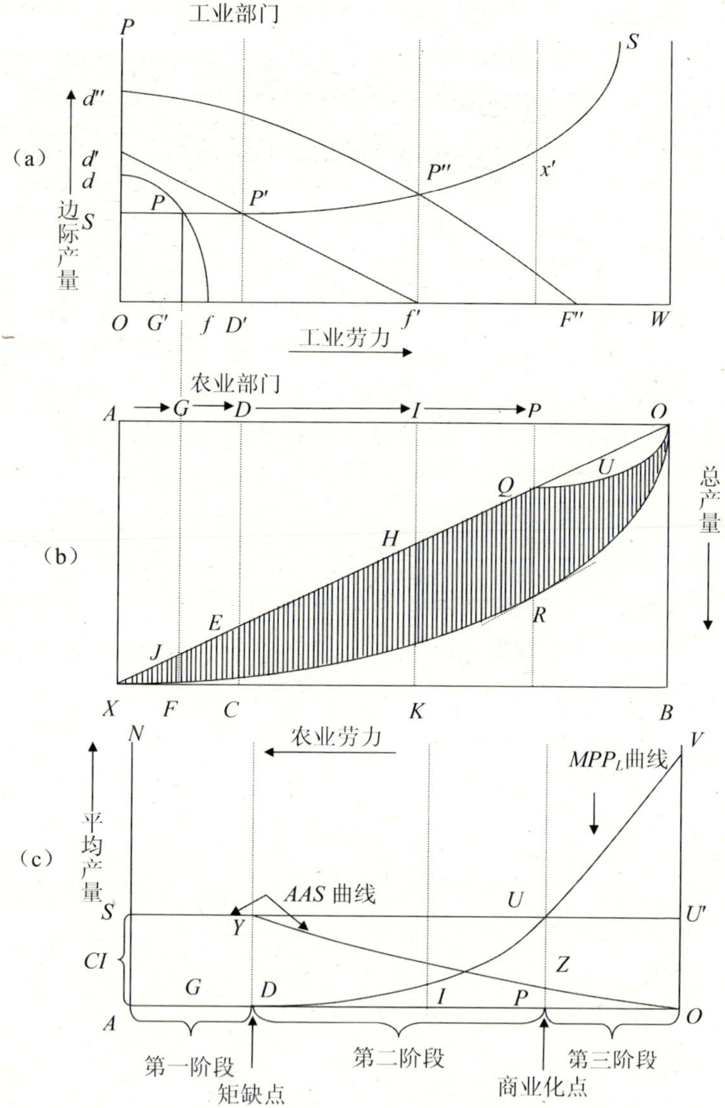

图 2-2　费景汉—拉尼斯模型

如图2-2，费景汉和拉尼斯把二元经济结构演变过程划分为三个阶段。第一阶段类似刘易斯模型，农业部门存在着隐性失业（其数量为 *AD*），劳动的边际生产率为零，劳动力供给具有无限弹性。在第二阶段，农业部门劳动的边际生产率［图（c）中以 *DU* 曲线表示］大于零但小于不变的制度工资［图（c）中以 *YU* 曲线表示］，过剩劳动力继续存在，其数量为 *DP*。在第三阶段，农业部门的劳动边际生产率大于不变的制度工资［图（c）中 *OP* 区域］，经济已完全商业化，以零值劳动和低值劳动形式存在于第一、第二阶段的隐性失业被完全消除，工业部门不能再以不变的工资水平从农业部门中吸收劳动力，劳动力的需求在两部门间开始呈现竞争特征。

在分析中，费景汉和拉尼斯提出了总农业剩余（total agricultural surplus）和平均农业剩余（average agricultural surplus）两个概念。总农业剩余是农业总产量与农民消费额之差，平均农业剩余则被定义为撤出农业部门的劳动力人均占有的总农业剩余量。农业剩余对劳动力转移的决定性意义在于，它影响工业部门的工资水平，从而影响工业部门的扩张速度和劳动力转移速度。

在刘易斯模型中，平均剩余等于制度工资，因而在全部剩余劳动力转移到工业部门之前，不会发生食物短缺现象，工业部门的工资水平能够保持不变。费景汉—拉尼斯模型第一阶段反映的就是这种情况。但从第二阶段开始，由于农业的劳动边际生产率大于零，当这一部分劳动力撤出农业部门时，农业总产量下降，在农业部门消费水平保持不变（第二阶段）或出现提高（第三阶段）的情况下，工业部门所能获得的平均农业剩余将低于制度工资水平［图（c）中 *YZO* 曲线所示］。工业部门的劳动力供给曲线不再是刘易斯意义上的水平线，而开始向上倾斜，从而导致对劳动力转移的阻碍，在全部剩余劳动力转移出农业部门之前，工业部门的扩张过程就会停止下来。

费景汉—拉尼斯认为，摆脱这一困境的关键是，在这一过程中，农业部门的劳动边际生产率必须伴随工业部门的扩张而同步提高。也就是说，要是劳动力转移不再受阻碍，工农业两个部门必须实现平衡增长。可见，在费景汉—拉尼斯模型中，农业部门在工业化过程中所承担的，不再是刘易斯意义上的消极、被动地提供剩余劳动力这样一个角色，农业部门本身的一定速度的增长成为经济结构转型和就业结构变化的一个必要条件。

费景汉和拉尼斯进一步分析了工业部门技术创新和人口增长对劳动力转移的影响。他们认为，决定工业部门劳动力需求的因素不仅包括资本积累率，还包括技术创新。他们把影响技术创新的劳动力需求效应归结为三个方面：一是创新强度，它等于创新所引起的产量增量与创新前的总产量的比率，与工业部门吸收劳动力的能力成正比。二是创新要素的偏向程度。工业部门的创新越是偏向劳动使用或资本节约，且其创新强度越大，越是有利于劳动力转移；反之则不利于劳动力转移。三是劳动边际物质产品的劳动弹性，它表示劳动边际物质产品的变动对劳动变动的反应程度，与工业劳动力吸收能力成反比。也就是说，这个数字越大，劳动边际产品曲线或劳动力需求曲线越陡，劳动力转移就越困难。

费景汉—拉尼斯认为，在满足了上述各种条件之后，依然不能保证劳动力转移过程的顺利进行。这是因为，上述分析是建立在人口总量保持不变这一假定前提上的。事实上，在经济发展过程中，人口总量必然伴随着经济增长和经济发展而增加，这无疑增加了剩余劳动力的规模，从而加重了劳动力转移的负担。因此，如果经济结构转变成功，工业部门对劳动力需求的增长率必须大于人口的增长率，否则经济将不可能逃脱“马尔萨斯陷阱”。

费景汉—拉尼斯模型克服了刘易斯模型的一些内在缺陷，如重视农业自身的发展、技术要素的偏向、人口增长等因素对劳动力转移的影响，这些被看成是对刘易斯模型的重大发展和贡献。但与刘易斯模型一样，费景汉—拉尼斯模型也假定工业部门不存在失业、工业部门的工资由农业部门的收入水平决定，这些被认为与发展中国家的实际情况不相符合。

2.1.3 乔根森模型和托达罗模型对刘—费—拉模型的改进与扩展

然而，乔根森（Jorgenson）（1967）则对刘—费—拉二元经济模型的农村剩余劳动力转移的假设提出质疑，并试图在一个纯粹的新古典主义框架内探讨工业部门的增长是如何依赖农业部门的发展的。他假设工业部门的工资等于边际生产力，而农业部门的工资等于劳动的平均产品，且劳动力可以在两个部门之间自由流动。此外，乔根森模型还有以下假设：第一，经济系统分为现代部门和落后部门；第二，落后部门的发展取决于劳动和土地，土地供给固定，且边际报酬递减，不存在资本积累；第三，现代部门的发展取决于资本和劳动，生产函数规模报酬不变，工资和利润绝对额均呈上升趋势，但相对比重不变；第四，两个部门的产出随时间而自动增长，这是技术进步的结果。

乔根森认为，为了使经济持续发展和避免陷入低水平均衡陷阱，现代工业部门积累资本是必要的，但是，其先决条件是正的农业剩余。由于农业剩余的出现，现代部门的发展成为可能，即农业产出达到了人口最快增长时所需要的农产品数量，农业部门就会出现剩余劳动力。这部分剩余劳动力是需要转移的，而农业劳动力向工业部门转移的速度不仅取决于农业剩余的增长速度，还取决于工业部门的技术进步状况。工业部门的技术进步越快，其储蓄率越高，劳动力增长越快，经济也就增长越快，最终完成二元经济结构的转化。

针对刘—费—拉模型存在的缺陷，美国经济学家迈克尔·托达罗（Micheal P. Todaro）（1970）也建立了一个新的城乡劳动力转移模型。托达罗认为，农村劳动力向城市流动的决策，是根据“预期”受辱最大化目标作出的。与刘—费—拉模型相反，托达罗假定发展中国家的农业部门不存在剩余劳动力，可城市工业部门却有大量失业人员，城市工业部门的工资水平是由政治因素（政府和工会）决定的，因而不是固定的，而是上升的。在这种情况下，一方面，城市较高的工资收入对农村劳动力形成吸引力；另一方面，城市的失业水平又对农村劳动力流入城市形成排斥力。因此，农村劳动力是否流入城市，是由城乡实际工资收入差距和流入城市后能否找到稳定就业岗位的概率共同决定的。当城乡收入差异净值的预期值大于零时，农村劳动力会向城市转移，小于零时便可能返回农村，等于零时城乡劳动力转移处于均衡。托达罗的出发点虽然不在于推动农村劳动力转移，但从中我们不难看出，发展中国家要实现工业化、城市化，实现产业结构和就业结构的转型，就必须不断提高城市部门的就业率，这就要求城市现代部门要以一个更快的速度扩张。

2.1.4 对刘—费—拉模型的进一步分析

按照刘—费—拉模型，两部门存在劳动生产率和工资率差距，现代部门的劳动生产率和工资率不低于传统部门；传统部门存在着边际劳动生产率极低甚至为零的剩余劳动力，剩余劳动力流动主要源于部门劳动生产率或工资差异。基于此，可用图 2–3 概括此模型的基本思想。在图 2–3 中，D_m、D_t 分别是现代部门和传统部门的劳动力边际产出曲线，边际产出间接显示了劳动力需求强度，因此它们也是两部门劳动力需求曲线。S_m、S_t 分别表示初始的两部门劳动力供给曲线，此时现代部门均衡工资率 O_a 因劳动力供给相对缺乏而较高，传统部门局部均衡工资率 O_b 因劳动力供给相对充裕而较低。假定劳动力流转不存在交易费用，则工资率差异会诱发传统部门剩余劳动力向现代部门流动，

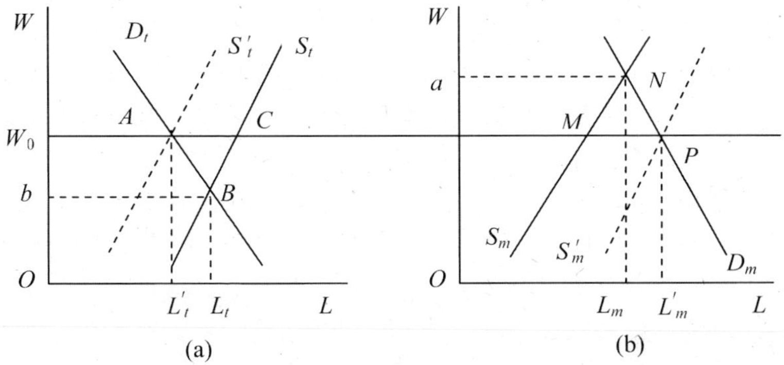

图 2-3 二元经济结构背景下的劳动力流动及其福利效应

S_t 向左上方移动，S_m 向右下方移动，结果部门劳动生产率和工资率收敛，直至传统部门劳动力工资曲线移至 S'_t，现代部门劳动力工资曲线移至 S'_m，均衡工资率为 W_0，传统部门流出劳动力数量为 $L_t-L'_t$，现代部门吸纳劳动力数量为 L'_m-L_m。图（a）中 $S_{\triangle ABC}$表示传统部门因劳动力流出提高工资率而形成的福利增加，图（b）中 $S_{\triangle MNP}$表示现代部门因劳动力流入降低工资率而产生的福利增加。显然，在剩余劳动力有效流转、二元经济结构转化的背景下，整个社会的福利水平或经济总量会得到显著增加。

基于上述分析，可以得到以下判断：

判断一：二元经济结构反差的实质是劳动力流转背景下的部门劳动生产率差异，它不仅体现为两部门劳动生产率差异，也体现为两部门劳动力的配置结构。在传统部门劳动力占比极小的条件下，即使部门劳动生产率差距很大，二元经济结构的反差也并不突出。因此，理解二元经济结构必须内含部门劳动生产率差异和劳动力分布结构两个因素。

判断二：传统部门剩余劳动力流向现代部门，即二元经济结构转化会通过资源配置等产生经济增长效应，发展中国家的经济增长趋势在很大程度上取决于二元经济结构的转化程度。在发展中国家中，不同地区二元经济结构转化将决定这些地区的经济增长绩效，而二元经济结构转化的同步性将直接影响地区经济差距的收敛或者发散格局。

判断三：二元经济结构转化的关键是传统部门剩余劳动力的流转，而劳动力流转在很大程度上取决于交易费用，这种交易费用是由一系列的交易技术或交易制度决定的。因此，交易技术或交易制度会通过影响交易费用和劳动力流转，进而影响二元经济结构转化及经济增长收敛格局。地区交易费用在根本上影响地区二元经济结构转化的同步性及经济增长的收敛性。

无论是从农业剩余劳动力转移还是从分工水平演进的角度来理解二元经济结构，二元经济结构的转化都意味着农业比重的相对缩减和工业比重的相对增加，即二元经济结构转化的过程就是一个工业化的过程。日本学者 Yasusada Murata（2002）侧重于从工农两种产业之间相互依赖的角度来解释工业化过程。其模型显示：如果农业生产中的工业品投入比重过低，那么就会陷入供给主导型的低水平发展陷阱（supply－driven low development trap）；如果居民对工业品的消费支出占总消费的比重过低，那么就会导致需求主导型的低水平发展陷阱（demand－driven low development trap）。发展中国家为了摆脱这两种类型的低水平发展陷阱，就必须通过提高劳动生产率和降低中间产品成本两个途径来推进工业化进程。特别是，从低水平发展陷阱走向工业化，也就意味着农业更多地采用迂回生产方式（roundabout methods）、居民更多地消费工业制成品和城市化水平的不断演进。应该说，Yasusada Murata 从工农业相互依赖的角度来理解工业化过程是有启发意义的，因为它能为发展中国家的二元经济结构转化问题提供更加宽广的视界，而且日本经济结构转化的历史资料也支持了上述观点。

2.2 二元经济理论研究现状与发展

在刘—费—拉的二元经济模型中，发展中国家的二元经济结构被视为外生的，此类模型没有深入地探讨二元经济结构即工业和农业劳动生产率存在差异的根本原因，而是从直观上将发展中国家的二元经济结构归因于劳动力配置的不合理，显然其政策含义就是促使农业剩余劳动力向非农产业转移。近来许多发展经济学家并不满足于刘—费—拉模型的处理方式，而是从新的角度来解释二元经济结构的形成原因和解除路径。

20 世纪 90 年代以来，杨小凯等人发展了研究微观经济学的新方法——新兴古典微观经济学，在以角点解取代内点解的基础上进行超边际分析，从而突破了传统微观经济的理论框架和基本方法，他们将该方法运用到发展经济学中，称之为新兴发展经济学。杨小凯等人从分工的角度，利用超边际分析的方法分析了二元经济结构出现的原因、演变以及消失，填补了二元经济结构出现原因研究的空白。杨小凯、张定胜把国家之间的交易效率差别引入高级发展经济学数学模型之中，利用具有内生和外生比较优势的斯密模型的超边际比较静态分析来预测二元结构的出现、演化和消失。张定胜用超边际分析证明，当交易效率极低时，所有国家都处在非商业化的自给自足状态。如果 A 国交易效率改进，B 国交易效率仍低，则 A 国出现国内分工和贸易，而 B 国仍处于自给自足状况。若 B 国交易效率稍微改进，使得部分居民可以卷入国际贸易，但这微小改进不足以将所有居民卷入国际分工，所以部分居民仍处于自给自足状态。这就形成了同一国内有两部分人：一部分人与外国贸易，生产力较高，大部分收入来自市场；而另一部分人自给自足，没有来自市场的收入，生产力低，看起来像处于潜在失业或不充分就业（underemployment）

的状态。由于这种二元经济的存在，贸易条件对 B 国不利，大部分国际贸易的好处被 A 国获取。收入分配的不平等度在这两类二元经济中都处于上升状态。随着两国交易效率的进一步改进，A、B 两国完全卷入国际和国内分工，所有人的生产活动完全商业化，二元经济消失，收入分配的不平等度下降。张定胜还证明，二元经济消失时，欠发达国家变成发达国，这时欠发达国的国际贸易条件有可能恶化，但其从分工得到的好处及人均真实收入却会上升。最近的经验数据（Sen，1998）说明，新加坡和泰国的国际贸易条件不断恶化（出口品相对进口品越来越便宜），但两国的人均真实收入却不断上升。张定胜用超边际分析论证，以前说贸易条件恶化会使人均收入下降是因为只用了边际分析。如果用超边际分析，当分工网络扩大时，全社会总生产力增加，只要这种正面的网络效果超过贸易条件恶化的负面效果，则贸易条件恶化以及从分工和贸易得到的好处增加可以同时发生。

Jeffrey Sachs、杨小凯、张定胜在反思传统二元经济理论的基础上指出：由于忽视了劳动分工的自发性演进，因而刘—费—拉模型就不能很好地解释二元经济结构的出现。基于这个原因，他们首先区分了两种类型的二元经济结构：一是发展中国家内部现代商业部门和传统自给自足部门的对立；二是国际贸易收益在发达国家和发展中国家之间分配的差别。然后在新兴古典经济学的分析框架下，利用超边际分析构建了一个一般均衡模型，其中心思想是二元经济结构的出现和演化是个人专业化水平不断演进的结果。具体地说，如果所有国家的交易效率都比较低，那么国内和国际范围中的自给自足将不可避免；交易效率的进一步提高将使发达国家的分工得以演化，而发展中国家仍然处于自给自足状态；交易效率的继续提高将使发达国家完全参与到国际贸易中，发展中国家只有部分居民卷入分工和国际贸易，而其他人仍然处于自给自足状态，此时两种类型的二元经济结构就会同时出现；最后当发展中国家的交易效率充分提高时，其国内和国际范围中的劳动分工就会得以拓展，两种类型的二元经济结构就会趋于消失。由此可见，交易效率的提高和分工水平的演进使二元经济结构经历了一个出现—强化—消失的动态过程。不难看出，这是对亚当·斯密二元经济思想的形式化和模型化，它在开放经济的条件下内生了二元经济结构的演进过程。

2.2.1 对各类次级二元经济结构的最新研究

结构主义经济学家刘易斯、费景汉、拉尼斯、乔根森和托达罗等人，甚至于近来的 Yasusada Murata、Mukesh Eswaran、Ashok Kotwal 等人所探讨的主要是现代工业部门和传统农业部门并存的二元经济结构。事实上发展中国家除了这个最为突出的二元经济结构之外，还存在着其他多种类型的次级二元经济结构，对于次级二元经济结构的研究成为近期发展经济学的热点，这些研究主要集中在两个方面：一是工业内部，二是国际贸易。

在工业内部方面，Magnus Blomstrom 和 Edward Wolff（1997）拓展了刘—费—拉模型中工农业二元经济结构的传统思路，其切入点是发展中国家的工业内部也往往存在着二元经济结构：一是以大规模和资本密集型生产为特点的现代厂商；二是以小规模和劳动密集型生产为特点的传统厂商。在此背景下通过建立模型来分析工业二元经济结构之间的劳动生产率差异和技术扩散问题，并且以 1970—1975 年墨西哥的相关统计数据实证性地表明：发展中国家的二元经济结构转化通常被视为一个现代厂商扩张而传统厂商相对缩减的过程，即大规模企业比小规模企业在二元经济结构转化中更有竞争优势，这个结论并不能获得逻辑推理和实证资料的支持。事实上，发展中国家企业的劳动生产率与规模之间并不存在系统的相关性，尽管在规模经济方面处于劣势，但是由于退出行业的成本较低，小企业往往具有与大企业相同的劳动生产率。这个思路实际上说明了发展中国家的结构转化并不是一个简单的替代过程，而首先是一个促使各类厂商充分发挥自身优势以最终实现优胜劣汰的过程。与 Magnus Blomstrom 和 Edward Wolff 利用规模来划分工业二元经济结构的思路不同，Khalid Saeed 和 Ponthep Prankprakma（1997）则从职能的角度来区分工业部门。他们观察到发展中国家的工业内部存在着两个生产部门：一是以利润最大化为目标的正规部门；二是以消费最大化为目标的非正规部门。在此条件下，他们利用一个系统的动态模型来揭示发展中国家的技术进步效率。模型推导和经验研究的结果都表明：发展中国家选择有效的技术进步政策，不仅会促进本国的经济增长，还会为调整收入分配提供工具。基于这种理解，发展中国家就应该重视技术进步政策的选择和搭配，以加快工业内部二元经济结构的转化。具体说就是在相对垄断的正规部门中不断促使竞争机制发挥作用，同时为竞争性较强的非正规部门提供政策支持。除了工业内部的二元经济结构之外，发展中国家的次级二元经济结构还体现在国际贸易方面，特别是存在着影子汇率和官方汇率的不一致。Chi-Chur Chao 和 Eden S. Yu（1995）探讨了发展中国家二元经济条件下的汇率问题，其思路是发展中国家现代工业部门和传统农业部门的发展并不平衡，其国际贸易的模式是出口低附加值的农产品和原材料，而进口高附加值的工业制成品，但是由于国家贸易中存在的关税、配额和自愿出口限制等壁垒，遂使发展中国家的影子汇率与官方汇率并不一致。模型证明：在二元经济的背景下，影子汇率与官方汇率的关系主要取决于工农业之间资本的流动性。当资本在两部门之间的流动受阻时，影子汇率通常高于官方汇率；当资本在两部门之间可以自由流动时，影子汇率则低于官方汇率。此点对发展中国家而言具有重要的实践意义，既然影子汇率比官方汇率更能反映贸易条件，那么二元经济分析框架就比完全竞争分析框架更能推出行之有效的政策建议。

2.2.2 对二元劳动力市场的深入分析

刘—费—拉模型针对发展中国家的二元经济结构，给出的转化方案是促使农业剩余劳动力的非农化转移，这无疑抓住了发展中国家经济结构转化的一个关键性因素，但是这种思路却隐含着一个假设，即发展中国家存在着一个统一的、有效的劳动力市场。近来许多经济学者注意到发展中国家往往不具备这样一个理想的劳动力市场，事实上存在的却是二元的或者说是分割的劳动力市场（dual or segmented labor markets），而只有在对二元劳动力市场深入分析的基础上，才能更好地理解发展中国家的剩余劳动力转移问题和二元经济结构转化问题。

在考察发展中国家的二元劳动力市场问题方面，Gautam Bose（1996）延伸了刘—费—拉二元经济理论的思路，首先指出发展中国家“二元经济”这个概念的确切含义是城乡劳动力市场的明显分割，因而理解二元经济结构转化的要点是思考城乡劳动力市场的内在关系。Gantam Bose 发现发展中国家的农业中，人们的消费水平与生产效率有着显著的正相关性，因此有理由认为农业雇主支付给农业雇工的是效率工资，由此出发建立的一般均衡模型表明：尽管农业中的高工资可以使农业雇工增加储蓄和加快非农化转移，但是这会影响到农业雇主的长期收益，所以当城市工资上升和非农化转移更富有吸引力时，农业雇主的理性选择就是降低工资水平，这反过来又从推力的角度促使农业剩余劳动力转向其他领域。显然 Gautam Bose 主要说明的是城乡之间的二元劳动力市场。Kazuhiko Arai（1997）则重点分析了发展中国家工业企业的二元劳动力市场：一些企业的劳动力就业状况相当稳定，另外一些企业却经常解雇和聘用员工。这种情况似乎难以纳入新古典经济学的分析框架之中，但是 Kazuhiko Arai 将合作因素引入竞争模型中，得到的结论是正规企业提供较高的工作安全程度，以促进长期合作并获取较高的劳动生产率，次级企业则具有灵活调整员工的优势。

比较发展中国家与发达国家的劳动力市场和工资结构，是深入分析发展中国家二元劳动力市场的一个重要工具。Lars Ljungqvist（1995）观察到发展中国家存在着严重的劳动市场分割和工资水平差异问题，特别是由教育水平所引致的工资差距要远远大于发达国家，换言之，发展中国家的教育回报率超过了发达国家的教育回报率。例如，Psacharopoulos（1985）的工作表明发展中国家中大学毕业生的平均收入是小学毕业生的614倍，但是发达国家的这个收入差距仅为214倍。针对这种情况，Lars Ljungqvist 通过一个静态均衡模型证明：工资结构差异与人力资本投资的隐性保险紧密相关，发展中国家高素质劳动力的稀缺性使其工资存在着上升的可能，造成劳动力工资水平的较大差异，而较大的工资差距又使人力资本投入的风险加大，人们只有在预期收益率较高的前提下才愿意接受教育，教育的高预期收益率反过来进一步强化了工资水平的差异程度。发达国家的情况与发展中国家的上述逻辑恰好相反。这个分析的政策含义是非常明显的，即发展教育是解除二元劳动力市场的基本出路。

2.2.3 对二元经济与收入分配关系的重新思考

结构主义经济学家往往是分散地处理发展中国家的二元经济结构与收入分配差距问题，而对于这两者之间的内在关联缺乏系统性的研究。

随着理论研究的深入推进，人们逐渐意识到发展中国家的二元经济结构和收入分配差距并不是相互独立的，而是存在着紧密的相关性。基于这种背景，对于二元经济与收入分配相关性的探讨也就成为二元经济理论发展的一个重要方面。二元经济结构转化与居民收入分配的变化趋势紧密相关，库兹涅茨的“倒U型”曲线表明，随着二元经济结构转化和经济的发展，收入分配将经历一个先上升再下降的变化过程。原因是：发展中国家农业部门的收入水平低但收入差距小，工业部门的收入水平高但收入差距大，因此在发展初期部分人口由农业部门流向工业部门，将会导致收入增加和经济增长，同时居民的收入差距不断拉大；在最后阶段，当人口的非农化转移大致完成时，居民的收入水平继续提高但收入差距却趋于消失。Klaus Deininger 和 Lyn Squire（1998）认为上述理解的缺陷是假定工农业部门的劳动生产率是外生的，而且也没考虑到人力资本对于人口转移的作用。如果考虑这些因素，那么对多国历史资料的经验研究表明：财富初次分配的不均等与长期经济增长之间有着明显的反相关性，特别是收入分配不均等在更大程度上是抑制了穷人收入增长的速度，这就意味着历史数据仅能为库兹涅茨的“倒 U 型”曲线提供微弱的支持。由此实证分析的结果出发，发展中国家就必须提高低收入者的财富获取能力，以此促进发展和摆脱贫困。

与 Klaus Deininger 和 Lyn Squire 的观点不同，Francois Bourguignon 和 Christian Morrisson（1998）的经验研究表明：与资本产出率和平均入学率等因素相比，二元经济结构是导致发展中国家 20 世纪 70 年代初到 80 年代末收入分配差距的主要变量，其中二元经济结构以农业与非农产业的劳动生产率差别为基本特征。统计检验还显示，在其他条件不变的情况下，农业部门的经济增长比工业部门的经济增长更能缩小收入分配的差距。显而易见，发展中国家的政策制定者应该重视改造传统农业对调整收入差距的意义。尽管如此，我们发现 Francois Bourguignon 和 Christian Morrisson 没有回答一个令人困惑的问题，那就是为什么入学率不能有效地解释发展中国家的收入分配差距问题。对此，Theo S. Eicher 和 Cecilia G. Penalosa（2001）给出了一个解释，他们利用一个内生人力资本和技术进步的均衡模型来展示技术供求与收入分配之间的复杂关系。大致的思想是：对于人力资本的更多供给将会直接降低相对工资的不平等性，但是人力资本积累会间接导致创新和对技术工人的更多需求，这样又可能拉开收入分配差距，因此在教育收益和不平等性之间存在着多样性的关系，此点可以用来说明入学率为何不是收入水平差距的一个有效的解释变量。

2.2.4 中国的二元经济理论研究：借鉴与发展

改革开放以来，中国经济整体保持了持续高速增长的趋势，从世界范围来看，这种经济增长速度可称为一个“奇迹”。然而，经济增长引致的财富分配效应并不是相对均质的，在城镇经济、城镇居民收入和消费水平高速增长的背景下，农村经济、农村居民收入和消费水平却相对增速缓慢。城乡居民名义收入差距、实际收入差距和消费水平差距均表现为以 1984 年、1993 年和 1997 年为拐点的“W 型”变动轨迹，2005 年这三个指标分别为 3.22 倍、2.82 倍和 3.51 倍。这暗示着：中国二元经济结构并不是沿着一条平滑轨道在持续转化，而是表现出波动、迂回、反复甚至强化的趋势。二元经济结构会通过资源配置、收入分配、市场扩展等传导机制对经济的持续发展提出挑战。基于此，中央在科学发展观统领全局的理念下，将统筹城乡经济发展、消减二元经济结构、推进社会主义新农村建设和构建社会主义和谐社会等摆在更突出的地位。

发展中国家通常存在以农业为代表的传统部门和以工业为代表的现代部门的二元经济结构反差（W. A. Lewis，1954；Fei，J. C. H. & G. Ranis，1964；D. W. Jogenson，1967；J. R. Harrist & M. P. Todaro，1970；J. McIntosh，1975；P. Bardhan & C. Udry，1999）。由于经济增长通常源于市场扩展、要素流转这些结构转化因素，因此二元经济结构转化具有显著的增长效应（S. Kuznets，1971；H. B. Chenery，1975；M. Syrquin，1989）。中国经济体制的一个基本特征是存在比较显著的二元经济反差，这促使人们借鉴经典理论来解析中国二元经济结构问题，探究结构转化与经济增长的内在关系。例如，提出了三元经济结构、四元经济结构等形态以修正传统二元经济结构理论（李克强，1991；陈吉元、胡必亮，1994；赵勇，1996；郭克莎，1999；徐庆，1999；高帆，2005）。同时，依据比较劳动生产率、二元对比系数、二元反差指数等指标来测度中国整体或某个省区的二元经济结构状况（陈宗胜，1998；朱宇，2001；张红宇，2004；石磊、高帆，2006）。

上述研究对人们深入理解中国以及各省（区、市）的经济结构转化是有价值的。只要坚持部门划分的“单一”准则，则中国当前整体上仍是二元经济结构，有必要将当前经济结构问题放置在二元经济结构框架下进行解析。基于此，现有研究存在三个值得改进的地方：

其一，针对中国整体或单个省区的相关研究较多，而少有研究基于面板数据综合地比较各省区的二元经济结构转化状况。

其二，通常采用的测度指标是比较劳动生产率、二元反差指数、二元对比系数，但它们不能涵盖二元经济结构部门劳动生产力差异和劳动力配置结构这两个因素。

其三，往往分散地讨论地区经济差距和二元经济结构转化，没有在两者之间找到某种内在的逻辑关系。

从研究方法和研究内容两个层面上来看，近来对二元经济的理论研究已经拓展和完善了结构主义的分析框架，这些努力不仅使二元经济问题成为近期发展经济学的研究热点，而且为人们深入理解二元经济问题提供了理论基础和分析工具。特别是，我国作为具有典型的二元经济结构特征的发展中国家，面临着消减二元经济结构和实现新兴工业化的历史任务，就更要在借鉴二元经济理论发展成果的基础上，处理好工农业发展和收入分配差距等重大问题。当然，理论研究是无止境的，当前二元经济的理论研究工作取得了较大进展，但是仍然存在两方面的不足：一是分散地处理二元经济问题的不同组成部分，而缺乏一个较为系统的理论框架来涵盖二元经济的产生、强化及其解除路径；二是此类研究中一些模型的前提假设与发展中国家的经济现实尚有差距，从而影响理论对经济现实的解释力和指导力。可以设想，对于上述两点的完善将会成为二元经济理论研究下一步的努力方向。

2.3 本研究对多层面二元性非均衡的认识：基于广东的考察

2.3.1 对国内二元结构研究的总结

在国内，“城乡二元结构”由郭书田和刘纯彬（1988）首先提出，他们认为中国社会的结构是二元的，一元是城市居民组成的城市社会，另外一元是广大农民组成的农村社会。这种城乡二元结构以两种户籍制度为基础，形成了二元就业制度、二元福利制度和保障制度、二元教育制度和二元公共事业制度等一系列不平等的社会制度体系，使中国的城市和农村一直处于不同的发展水平、不同的经济体系和不同的社会环境中，日益形成一个高度僵化、严格分离的社会经济结构。目前，这种二元制结构不仅严重损害了农民的利益，使农民增收缓慢，而且影响社会稳定，并严重制约国民经济的整体发展和可持续发展。城市与乡村是中国经济发展和现代化建设不可分割的整体，只有改变城乡二元结构，实现城乡的互动发展，建立城乡良性互动机制，才能实现我国社会的全面发展。

国内学术界对城乡二元结构问题的研究，多半与“三农”问题结合在一起，随着中央对“三农”问题的重视，城乡二元结构问题日益成为国内学术研究的热点问题，各种文献不断涌现，综合起来主要有以下几类：

第一类是对城乡二元结构成因的分析。这类分析不仅散见于各类研究中，而且有学者对此问题进行了专门的探讨。由于解决城乡二元结构问题一般要追溯到其形成机制上，因而国内学者对城乡二元结构的成因问题都有所涉及，如孙建丽从经济层面上分析城乡二元结构的形成；林毅夫将其归结为中国政府实行国家赶超战略的需要；孙自铎则运用西方经济学的理论，具体分析中国城乡二元结构的形成及其特殊性，对我国城乡二元结构出现的原因作了相应的探讨。

第二类是对城乡二元结构影响的分析。与城乡二元结构的起因相比，国内学者对其进行的探讨相对而言比较具体，也比较广泛。不仅分析了城乡二元结构对我国社会经济发展的影响，而且分析了这种不公平体制的种种机制及表现。这方面有代表性的文献有：许明杰的《中国城乡二元经济结构与贫富差距》，该文认为中国城乡二元结构是造成社会收入分配差距的主要障碍；文涛的《二元经济结构下的义务教育弱势群体》，该文主要分析了二元结构对农村义务教育的影响；马慧琴的《二元经济结构遗患难消》，该文重点论述了二元结构问题长期得不到解决的原因及危害；安合祥的《二元经济结构和我国投资结构的非农业化》，该文分析了二元结构对我国资本投资的影响及危害；李郁芳则在《社会保障的二元经济结构分析》中，探讨了城乡二元结构对我国社会保障制度的影响。此外，徐增文的《民工潮与二元经济结构的历史思考》，王明华与王淑贤的《消除城乡二元经济结构推动中国农村现代化》，李成贵与赵完军的《三农困境的主要原因在于二元经济结构》等也对此进行了讨论。

第三类是对城乡二元结构演化的分析。主要分析了伴随着我国改革开放的推进及其所诱发的各种制度变迁，对于了解我国目前城乡二元结构的现状具有重要的意义。徐增文的《民工潮与二元经济结构的历史思考》，从农村联产承包责任制、户籍制度的松动与国家非农业产业垄断的减弱，分析了二元结构的变迁；

陈东琪的《中国二元经济结构转换：对策思路》、彭志远的《积极财政政策与城乡二元经济结构演进》、孙铎的《经济发展中的二元经济结构的羁绊与突破》、温铁军的《半个世纪的农村制度变迁》等，都对此类问题进行了相对深入和具体的分析。

第四类则是对改革中国城乡二元结构的探索。国内学者从不同的角度出发，将“三农”问题与城乡二元结构相结合，探索解决中国城乡二元结构问题的各种途径，具有一定的现实意义和实践价值。从宏观的层面上说，这些措施大致分为三类：建立公平的城乡制度（厉以宁）、建立城乡协调的制度（王梦奎）、建立城乡互动的制度（萧灼基）。从具体的制度和政策层面上说，学者们的研究存在较大的同构性，主要有以下几种类型：①加速城镇化建设，大力发展小城镇。如李欧的《城乡二元经济结构调整的战略构想》、赵力的《城镇化与“二元经济结构”的破解》、刘学愚的《论城乡二元经济结构的矛盾与小城镇建设》和刘志凡的《发展小城市是消除我国城乡“二元经济结构”的新创造》等。②大力发展乡镇企业。如陈家宝的《城乡一体化进程中的资源整合与对接》、韩可卫与黄国庆的《对我国城乡二元经济结构问题的探索》和贾洪文与肖永军的《二元经济结构下甘肃农村非农进程的实证分析》等。③取消不公平的制度。其主要对策有取消农村与城市的户籍差别，在城市与农村实行同样的社会保障制度以及财政与税收政策，加大国家对农村基础设施建设的投资力度等。④增加农业收入。其主要对策有：国家缩减工农业生产的剪刀差，提高对农业的补贴，发展新兴农业，提高农产品的附加值，提高农村依法行政的水平，实行税费改革，降低农民负担。如朱恩涛的《二元经济结构与“三农问题”的探究》和夏英的《中国的“三农”问题的焦点和出路》等。

总的来看，由于长期实行高度集权的计划经济体制，我国的二元结构现象不仅是生产意义上的经济二元（现代和传统），更体现在组织意义上的城乡二元，即商业化的城市部门和传统农村部门并存。因此，传统意义上的二元结构理论，在我国获得了内涵更为丰富的解释力，约定俗成地用来泛指城乡分割的二元经济社会结构现象。改革开放后，我国的农村工业异军突起，以乡镇企业为代表的中国农村工业部门，既不同于传统农业部门，又有别于现代的城市工业部门，成为介于两者之间的新兴部门，从而打破了中国二元结构的原有凝固状态，使国民经济呈现出传统农业、乡村工业和现代工业三大系统并存的新局面，有学者从工业经济的角度称之为中国的三元经济结构。

2.3.2 多层面二元性非均衡：广东的现状

改革开放 30 多年来，广东生产总值年均增长速度达到 13.8%，扣除价格因素增长了 42 倍；人均 GDP 增长 29 倍，地方财政一般预算收入增长 66 倍，进出口贸易总额增长 600 倍，居民可支配收入增长 41 倍，农民人均纯收入增长 28 倍，城乡居民储蓄存款余额增长 1 310倍。广东以占全国 7.3% 的常住人口、1.9% 的国土面积，创造了占全国 1/8 的经济总量、1/7 的财税生成量和 1/3 的进出口贸易总量。在新的历史起点上，广东正面临各种发展机遇，完全有可能实现经济社会的又一次腾飞。机遇同时也带来了挑战。我们应该清醒地认识到广东现阶段面临的各种问题和矛盾，如地区发展不平衡、自主创新能力不强、资源环境制约突出、社会管理水平较低等；还要看到，广东比其他省区更早地来到了一个新的发展历史起点上，阶段性的矛盾十分突出，如“三农”的问题比较棘手、成本竞争优势正在弱化、各种社会矛盾集中凸显、公共服务均等化的欠账较多、抵御国际市场风险和保障经济安全的能力不强、制度创新的压力很大等。区域经济发展不平衡也是困扰广东的一大问题。在经济的高地上着力破解区域的失衡、促进区域的协调发展、构建和谐社会是广东各项工作的重中之重。

作为我国改革开放的先行地区和前沿地带，广东改革开放30多年来所取得的成就有目共睹，成绩无疑是巨大的，但同样也面临着消减二元经济结构和实现新兴工业化的历史任务，这就更要在借鉴二元经济理论发展成果的基础上，处理好工农业发展、区域经济发展和社会发展不平衡以及收入分配差距等重大问题。

广东市场化进程中的二元性表现为多层面二元性非均衡特征，即在市场化改革的进程中，日渐凸显出快速发展的现代发达城市和工业与发展相对缓慢的传统农村和农业并存的二元性非均衡；同时，这种非均衡性还表现在其区域经济社会发展，各级政府的行政效率、制度供给与创新能力，社会公共服务及其宏观管理水平，环境生态建设，以及文化教育、医疗卫生、就业与劳工权益保护、社会保障与福利，利益（收益）分配，户籍制度，生活方式和消费观念等层面。

从近年来公布的经济统计数据来看，广东省东西两翼GDP平均增速在10个百分点左右，而珠江三角洲GDP平均增速为13个百分点左右；由于基数不一样，不同地区每个百分点所含财富的绝对量不一样，财富的聚集差异愈显突出。经济发展区域不平衡问题，已经成为困扰广东经济持续快速健康发展的突出社会问题，自然也成为理论研究和实践工作中的焦点。事实上，广东省内发达地区与贫困地区之间的差距比全国还大，既有位于全国最发达城市序列的广州和深圳以及位于全国经济最发达区域序列的珠江三角洲，又有位于全国最贫困县序列的东西两翼及山区县，体现出很明显的二元经济结构特征。2000年以来，广东省省委省政府为解决省内发展不平衡问题频频出台一些举措，但总体效果不佳，部分山区市县新增财力有限，收支矛盾十分突出，发展差距仍在拉大。在对广东省23个县级市、41个县、3个自治县、54个市辖区的经济总量和人均状况进行分析时表明，2000—

2006 年，东西两翼与珠江三角洲人均地区生产总值的差距由 3 倍扩大到 4 倍，山区县与珠江三角洲的差距仍然保持为 5 倍，省内区域发展不平衡的趋势仍在加剧（见表 2-1）。

表 2-1　东西两翼、山区与珠三角经济总量

指标	单位	东西两翼合计	东翼	西翼	山区			珠三角		
					2005 年	2006 年	2006 年比 2005 年增长（%）	2005 年	2006 年	2006 年比 2005 年增长（%）
土地面积	平方千米	47 418	15 676	31 742	114 414	114 414		16 000	16 000	
地区生产总值	亿元	3 833. 7	1 801. 07	2 032. 63	2 397. 68	2 808. 15	15. 2	18 059. 38	21 424. 28	16. 9
人均地区生产总值	元	12 443	11 325	13 637	8 777	10 189	14. 2	41 990	49 153	15. 3

资料来源：广东统计年鉴 2007

注：本表地区生产总值绝对数按当年价格计算，增长速度按可比价格计算。

另外，通过对以上各地的经济发展状况（1980—2006 年）分析发现：广东省区域发展不平衡中受要素禀赋和自然因素的影响较大，特别是欠发达地区受生态环境因素的制约明显，这些地区多属于生态脆弱地带，一类是河源那样的生态敏感区（东江水源保护区），一类是梅州那样的生态脆弱区（水土流失严重），一类是湛江那样的水资源短缺地区。这些地区的发展受生态环境的制约特别明显，环境容量非常有限，同时这些地区又是全省的河流上游和绿色生态屏障（见表 2-2）。这几年以政府资源为引导的各项资源在这些地区的投入不可谓不大，但效果却乏善可陈。

表 2-2　广东省 21 个经济落后县市各年度经济总量、人均状况及总人口变化

地区特点	县市名称	土地面积（平方千米）	地区生产总值（亿元）		人均地区生产总值（元）				人口（万人）		人口增加（%）
			2000 年	2006 年	1980 年	1990 年	2000 年	2006 年	2000 年	2006 年	
韩江上游生态脆弱区	五华	3 226	23.3	41.8	205	610	3 026	4 070	114.89	125.97	11.08
	丰顺	2 691	17.7	35.1	175	699	2 726	7 352	64.77	67.63	2.86
	兴宁	2 105	35.0	55.4	301	790	3 132	6 024	111.73	113.97	2.24
	大埔	2 476	16.3	26.1	166	808	3 141	6 928	51.81	53.21	1.4
东江上游生态敏感区	和平	2 311	11.1	26.6	218	726	2 339	6 826	47.4	49.06	1.66
	东源	4 049	12.3	31.2	161	965	2 552	7 617	48.15	55.45	7.3
	紫金	3 621	19.3	39.9	157	822	2 596	5 919	74.35	79.28	4.93
	龙川	3 089	24.9	59.4	247	693	2 950	8 858	84.36	89.23	4.87
	连平	2 365	13.3	35.7	224	807	3 665	10 771	36.26	38.3	2.04
粤北石灰岩区	连南	1 290	4.1	8.4	269	1 003	2 732	5 952	15.12	15.8	0.68
	阳山	3 420	17.0	32.4	316	934	3 298	7 502	51.58	53.6	2.02
	清新	2 579	22.7	73.7	474	1 430	3 456	11 066	65.73	72.6	6.87
	英德	4 952	3 702	84.5	288	1 339	3 566	8 952	104.29	106.7	2.41
	连山	1 164	4.1	7.8	441	1 483	3 652	7 162	11.26	11.6	0.34
	连州	2 665	19.1	48.3	243	1 130	3 821	11 197	50.11	51.1	0.99
粤北山区	乐昌	2 421	19.1	31.0	382	1 284	3 803	6 577	50.23	52.33	2.1
	翁源	2 158	13.8	23.1	239	1 083	3 823	6 518	36.21	38.75	2.54
	佛冈	1 294	11.8	45.4	234	895	3 909	15 730	30.19	31.7	1.51
干旱区	雷州	3 532	48.2	72.0	215	1 511	3 350	5 044	143.96	156.6	12.64
人口稠密区	吴川	849	29.1	76.2	217	1 044	2 989	5 744	97.25	164.1	66.84
	陆丰	2 115	37.3	52.6	240	763	2 708	5 713	137.73	105.2	-32.5
21 县市合计		54 378	436.7	906.7			3 059	5 918	1 427.38	1 532	104.8
对照区	广东	179 752	10 741	26 204	481	2 541	12 736	28 332	8 650	9 304	654
	深圳	1 953	1 666	5 813	835	8 724	39 745	69 450	419.04	846.4	427.4

资料来源：广东统计年鉴（各年度）

注：表中广东、深圳为常住人口，21 个 县（市）为户籍人口。

上述情况使我们进一步认识到：第一，各地区的要素禀赋和自然资源条件在很大程度上制约了区域资源的开发和利用，是各地经济发展不均衡性的重要原因之一。目前广东省农村贫困人口大部分居住在生态环境恶劣的地区，在贫困人口与生态环境之间正在形成一种“环境脆弱—贫困—掠夺资源—环境退化—进一步贫困”的恶性循环关系，所以必须结合全省实际制订总体规划和具体措施，寻求符合国情、省情的现代化实现方式。第二，区域间的发展差异和二元性是客观的、不可避免的，但不能任其这样发展下去，而应根据区域承载的功能制定相应的发展评价指标。第三，政府作用至关重要，因为市场机制并不具有自动削减贫富差距、促进社会公平的功能，要实现市场导向作用下的区域经济协调发展，离不开地方政府对市场运行的合理调控。第四，由广东省20多年来的区域经济发展轨迹可以初步判断，省内经济的发展具有混沌特征，因为混沌系统的显著特征之一就是对初始条件的敏感性，微小的差异可能引起巨大的变化，改革开放之初的自然条件差异构成了区域经济发展不平衡的初始条件，并在其后的发展过程中不断强化其作用，形成了区域发展的路径依赖。

因此，要改变这种多层面二元性非均衡状态，促进广东市场化进程中经济社会的全面发展与进步，做到率先发展、科学发展、和谐发展与可持续发展，继续在全国保持领先位置和排头兵地位，就必须进行全方位的制度创新，推出全新的思路和举措，不断探索和建立一整套适应广东经济发展与和谐社会建设的体制和机制，以社会发展、社会分配、社会公正、利益均衡等为基本内容，从物质层面、体制层面、价值层面进行全方位的变革，以期在经济效益与社会公正之间获得平衡。

经济转轨必然是一个过程，非均衡运动的过程是转型期经济运行的基本特征。经济社会的发展从来都不是直线型稳定均衡的，均衡与非均衡发展之间总是存在着辩证的对立统一关系，而经济社会的发展必是由非均衡到均衡再到非均衡状态的一个循环，但政府的调控手段和方法的实施则应遵循逆向调节的基本原则，力求进入均衡，再突破均衡，再达到新的均衡。广东省城乡经济社会发展的非均衡一方面为形成新的均衡创造突破口和条件，另一方面又带来诸多难题制约经济社会进一步发展，从而要求必须对非均衡进行调整。

3 广东经济社会发展呈现的多层面二元性非均衡现状

3.1 现代城市快速发展与农村发展相对缓慢并存

随着改革开放程度的不断提高，广东省城市建设和发展实现了较大的跨越，特别是珠三角地区，发展速度非常之快，成为中国甚至世界上具有重要影响的现代城市群。广东省不仅建立起适应城市发展、工业发展需要的基础设施，也形成了现代城市生活方式市场化、社会化、集中化所要求的基本服务体系，还拥有发达的交通设施、高水平的医疗服务体系、豪华的文化娱乐场所、优质的教育服务资源、便捷的商业贸易环境等。以商贸为例，全球十大购物广场仅珠三角城市就占据了两席——使用面积达 66 万平方米的东莞华南购物中心和使用面积达 28 万平方米的广州正佳广场。珠三角地区多个城市以提高城市综合竞争力为核心，先后荣获“中国优秀旅游城市”、“国家卫生城市”、“国家园林城市”、“国家环保模范城市”等荣誉，还获得“全国双拥模范城”、“中国人居范例奖”、“广东省文明城市”等殊荣，有的城市还被评为“全国文明城市”。以代表珠三角地区乃至广东省城市发展最高水平之一的深圳为例，30 多年来，深圳的基础设施日臻完善，城市功能不断增强，投资环境不断改善。深圳这座新兴城市，拥有书城、大剧院、图书馆等现代化文化设施，并拥有交响乐团、歌舞团等高水平文艺团体，也有如锦绣中华、世界之窗、民俗文化村、青青世界、野生动物园、银湖旅游度假村、香蜜湖旅游度假村、仙湖植物园、小梅沙海滨旅游中心、观澜湖高尔夫乡村度假中心等旅游景区，每年都吸引了大批的海内外游客。今天的深圳已经确定了建设园林式、花园式城市、区域经济中心城市和现代化国际性城市的发展目标，正在一步步建设成为中国高新技术产业基地和区域性金融中心、信息中心、商贸中心、运输中心及旅游胜地，成为现代化的国际性城市。广州市是珠三角地区的另一个代表性城市，改革开放以来一直受到全国的高度关注，而今有诸多“世界之最”是谈论广州城市建设和发展时不得不被提到的，如世界最高塔——新广州电视观光塔610米（包括天线）、世界最大摩天轮——白鹅潭150米的摩天观光轮、世界最长三跨拱桥——新光大桥、世界最大会展中心——广州国际会展中心、世界最大“硅谷”——天河软件园、世界最快地铁——广州地铁三号线、亚洲最大火车站——新广州火车站等，足以显示其城市建设与发展的层次与水平。随着《珠江三角洲地区改革发展规划纲要》的实施，珠三角城市“同城化”进程不断加快，未来珠三角地区城市群发展会更加迅速，城市建设水平将更加提高。不仅高速公路网络更加完善，铁路建设也不断传出新的消息，珠三角地区城市间建设城际轻轨，机场也在探讨如何加深彼此的合作。而具有标志性意义的事件是，广佛年票开始正式互认，备受期待的珠三角一体化在交通领域已迈出了实质性的一步，广州上班、南海买房，深圳上班、家住惠州的“珠三角居民”美梦正渐渐成真。在城市化进程中，广东省城市化水平提升的速度已经远远高于全国水平。根据“中国城市化发展战略研究工程”项目的结论，2000—2006年，广东城市化率从31.18%提高到51.55%，提升了20.37个百分点，而全国城市化率则从26.08%提升到32.53%，仅提升了6.45个百分点。珠三角地区各城市提升速度更快，如深圳的城市化水平已达到100%，其他多数城市早已超过50%。

应该说，同一时期广东省的农村建设也取得了较大成就，经济与收入水平显著提高，基础设施建设取得了一定成效。2007—2008年，本课题组对全省127个自然行政村进行调查，92%的村实现统一供电，57%的村实现集中供水，80%的村内水电设施完善，78%的村已安装共用有线电视设施，83%的村有商店能满足居民的日常生活基本需要，74%村内道路实现硬化，通畅易行，65%的村已通公路；生产技术手段与生产经营模式得到不断改善，一批龙头企业以“公司+基地+农户”的新体制促进特色农产品生产；农村居民生活条件等均有显著变化。

但是广东省作为我国改革开放的先行军和中国实现现代化的排头兵，随着经济的突飞猛进，城乡发展中相对水平差异却在拉大。城市日益先进，而农村相对落后。早在“九五”期间，广东省内最发达的市与最落后的市之间的差异就在不间断地拉大，且经济不均衡的状态是连续加剧的。2008年11月底，广东省计委提交给广东省人大的一份报告指出，广东中心城市广州、深圳以及珠江三角洲地区经济发展势头强劲，2008年1至10月广州和深圳的国内生产总值增长率分别达到12.4%和12.5%，珠江三角洲地区约占全省经济总量的70%，占经济增量的80%和财政增量的90%。该报告同时指出，与珠江三角洲地区的迅猛发展相反，人口占全省70%的东西两翼和粤北部分市县经济则出现了不同程度的回落。在珠三角地区，9个城市中有6个城市人均GDP在30 000元以上，深圳为全国之最，为46 388元。2009年最富裕的广州市生产总值为9 138.21亿元，是最贫困市——云浮市生产总值344.51亿元的26.52倍。

长期以来，中央、省财政对城镇基础设施建设、公共服务投入了大量资金，而农村基础设施建设和公共设施服务基本上靠农民自己投入，这导致城乡在基础设施建设、公共服务方面的差距不断拉大。2008年，全社会固定资产投资11 181.38亿元，其中：基本建设投资5 231.63亿元，更新改造投资1 396.54亿元，房地产开发投资2 932.34亿元。分城乡看，城镇投资8 801.40

亿元，增长17.0%；农村投资2 379.98亿元，增长14.8%。农村的基础设施建设相对缓慢，生产、生活条件建设需加快进行。2007—2008年，本课题组对全省127个自然行政村进行调查，31%的村没有完善的农业生产水利设施，虽然83%的村已通公路，但只有33%的村已连通公共交通，文化及医疗服务设施的建设也与城市存在很大差距。

由于我国城乡之间以及城乡内部在制度、市场和公共服务方面存在分割问题，在城市被认定为公共产品的东西，在农村可能就不再具有公共产品的性质，公共产品具有了排他性，因而从这个意义上说，可以将其看作是个人收入。我国城乡收入中对这部分个人收入都存在不同程度的低估计问题，且城市较农村的低估计更大。

从人民生活水平主要指标来看，城乡居民差别很大。根据《广东统计年鉴2010》资料显示，2009年城镇居民家庭人均可支配收入21 574.72元，农村居民人均纯收入6 906.93元，城镇居民是农村居民的3.12倍；城镇居民人均消费支出为16 857.51元，农村居民人均生活消费支出为5 019.81元，城镇居民是农村居民的3.36倍。2009年，每百户城镇居民家庭拥有彩色电视机142.77台、电冰箱95.54台、家用汽车23.21辆，家用电脑91.54台；而每百户农村居民家庭拥有彩色电视机116.6台、电冰箱41.33台、生活用汽车2.7辆、摩托车101.56辆，家用电脑仅16.21台。从城乡居民家庭平均每人全年消费性支出构成看，城乡生活方式差异更为明显(见表3-1)。

表 3-1 2009 年广东省城乡居民家庭平均每人全年消费性支出构成（%）

项 目	城镇	农村
食品	36.93	48.32
衣着	6.31	3.84
居住	10.76	18.85
住房	3.33	11.39
医疗保健	5.49	4.62
交通和通信	17.68	11.13
教育文化娱乐服务	12.87	4.93

资料来源：广东统计年鉴 2010

广东省农村居民收入水平远远低于城市居民。从表 3-1 中可以看到，在消费性支出中，农村居民近七成的支出要用在吃和住上。在食品的支出上，农村居民的消费支出比重比城市居民高出近 11.5 个百分点；在住房方面，农村居民支出的比重是城市居民的 3.4 倍，城市居民可以通过银行信贷解决前期住房支出的负担，但农村居民基本上依靠自身收入来解决全部住房问题。而在体现现代生活方式与质量的医疗保健、交通和通信、教育文化娱乐服务等消费方面，农村居民的消费支出比重大大低于城市居民。不仅如此，目前在粤东、粤西、粤北农村，尤其是大量山区农村，农村居民生活方式仍然是分散化、个体化、自发性的，与城市的集中化、社会化、市场化的生活方式存在巨大差异。

3.2 发达的工业与传统农业并存

20 世纪 70 年代，广东省还是“农业省”，30 多年后的今天已是闻名遐迩的“制造业中心”，在市场作为资源配置的基础性手段的调解下，大力引进资金技术，把工业作为主导产业。广东省找准了一条坚持发展制造业，重点发展先进电子和临海重化工业，大力发展石化、数码产业、高新技术产业、科技信息产业等支柱产业的发展路子。与 30 多年前相比，广东省不仅电子工业规模急剧扩大，已经形成以大集团为龙头、中小企业配套的产业集群，形成了完善的产业链，而且创立了比亚迪、TCL、德赛、华阳、侨兴等著名自主品牌。例如，在广州，汽车工业总产值跃居全国第一，广日电梯立体停车库市场占有率全国第一，广州数控产品连续四年在国内市场占有率排行第一。在深圳，模具工业生产规模堪称全国之首，程控交换机、微型计算机、彩色电视机、电话机的产销量居全国同行的第一和第二名，显示器、电脑主机板、计算机磁头、硬盘驱动器、高档无绳电话、激光拾音头等产品的年产量亦居全国之首。在东莞，也曾创造出多个产品产量的世界第一，如年产电子计算机、年产电子烟雾器、年产研磨镜片、年产直流机电马达、年产网络卡、年产集线器、年产电源供应器、年产芭比玩具等。在惠州，有首批国家电子信息产业制造基地，这是世界最大的电池和镭射光头生产基地之一，是亚洲最大的电话机、电脑主板生产基地之一，是中国最大的电视机、汽车音响、高级电工产品生产基地之一。在珠海，享誉世界的格力产品具有强大的竞争力。

有“中国家电之都”美称的顺德汇聚中外名牌企业，构筑国际交易平台。表3-2中广东省工业总产值及占全国比重的变化可以清晰地反映出广东省工业发展的速度。

表3-2　广东省工业总产值及占全国比重

年份	1952	1978	2000	2008
工业总产值（亿元）	15.7	206.56	16 904.47	65 424.61
占全国工业总产值的比重（%）	4.5	4.9	14.6	12.9

资料来源：广东统计年鉴2010；中国统计年鉴2001

注：2000年后为规模以上工业企业总产值。

1978年，广东省工业总产值在全国各省市排位中列第七位。2002年，广东规模以上工业企业数、资产合计、就业人数、全年工业总产值、工业增加值、产品销售收入、利润、利税总额等八大指标均已位列全国各省市之首，同期广东进出口总额为

2 211.05 亿美元，占全国进出口总额的 35.6%，连续 17 年位居中国外贸十强省市之首，其中出口 1 184.7 亿美元，首次突破 1 000 亿美元大关。21 世纪初，广东已初步实现了由农业省向工业省的转换，进入工业化的中后期阶段。2009 年，广东省实现全部工业总产值 75 886.62 亿元，相当于 1978 年的 367.38 倍，占全国工业总产值的 13%。工业增加值自 1996 年、产品销售收入自 1997 年超过江苏后，已连续多年居于全国首位。21 世纪初，广东省的电视机、发电量、成品钢材、水泥等产品与 1978 年相比，分别增长了 1 041.8 倍、13.6 倍、12.0 倍、14.7 倍，主要工业产品中有 14 种产品产量全国第一，7 种产品产量占全国 30% 以上，电饭锅、电风扇产量超过全国的 90%，微波炉产量超过全国的 50%。多年以来，广东工业产品的市场占有率在全国排名位居前列，与地处东亚及东南亚的韩国、印度尼西亚、马来西亚、泰国、菲律宾和中国台湾相比，广东的经济发展水平和工业化程度处于中游水平，高于印度尼西亚和菲律宾，与泰国相当，但与中国台湾、韩国和马来西亚相比存在一定的差距。

目前广东省工业产业的大部分行业的技术装备水平较高，许多行业居于国内领先地位，部分行业达到国际先进水平，多数行业采用了以自动控制和流水线生产为标志的现代制造技术。广东已初步形成以企业为主体的技术创新体系，70% 左右的科研开发机构、科技人员、科技经费、高新技术产品开发来自企业。专利申请量多年蝉联全国第一，科技成果商品化机制初步形成，深圳高交会、广州留交会等技术交易会在海内外享有盛名。在行业结构上，广东的优势比较明显。广东省工业产业已形成地位明确的支柱产业，新兴支柱产业具有资本、技术密集型产业特征，电子及通信设备制造业、电气机械及器材制造业、化学原料及化学制品制造业这三个主要工业部门产值约占整个制造业产值的 50%。高技术制造业总产值在全国各省市居于前列。同时，广东省工业产业发展在其内外部条件方面表现出明显优势：技术装备总体水平较高，以企业为主体的技术创新体系已初步形成，科技创新及成果市场化表现较突出；产业结构优势明显，支柱产业地位明确，结构高度化趋势渐强；产业集群发育良好，专业镇工业化模式具有特色；储蓄量大，吸引外资能力强，资本资源供给相对充足；劳动力资源丰富；市场化程度高，市场观念深入人心；民营经济发展比较迅速；政府职能调整较快。

相比之下，农业的发展和变化进展则相对缓慢，尽管从总量上看，广东省农业亦有较大发展，但从农业产业水平、生产技术、劳动资源水平等多方面看，农业的发展变化仍相对缓慢和落后。

从经济总量增长上看，农业发展速度远远低于工业。2009年农业增加值为2 010.27亿元，30年增长29倍，与同期广东省全部工业总产值比1978年增加366.38倍的发展速度比较，相差甚远。从11个沿海省市主要农产品人均占有量比较看，广东省农业发展显现出不足(见表3-3)。

表3-3 沿海各省市主要农产品人均占有量（单位：千克）

	粮食		油料		猪、牛、羊、肉		水产品		牛奶	
1	山东	453.6	山东	36.3	辽宁	59.2	海南	164.1	河北	72.4
2	辽宁	432.0	河北	21.9	广西	48.8	福建	150.9	天津	60.9
3	河北	417.1	江苏	19.6	河北	47.2	辽宁	87.7	山东	24.5
4	江苏	415.0	辽宁	11.3	海南	47.2	浙江	82.3	辽宁	23.5
5	广西	291.0	海南	10.2	福建	39.1	山东	77.8	上海	12.4
6	海南	216.0	广东	8.6	广东	27.4	广东	71.6	江苏	8.0
7	福建	181.6	浙江	8.1	江苏	26.8	江苏	55.5	浙江	4.4
8	浙江	152.4	广西	7.8	浙江	25.5	广西	52.2	福建	4.0
9	广东	130.9	福建	7.1	天津	25.0	天津	28.2	广西	1.6
10	天津	130.0	上海	1.9	山东	15.8	上海	17.3	广东	1.4
11	上海	61.7	天津	0.4	上海	9.6	河北	13.9	海南	0.3

资料来源：中国统计年鉴2009

从表3-3中可以看到，在11个沿海省市主要农产品人均占有量方面，广东省并未显示出明显优势与较高水平，不仅粮食、牛奶的排位靠后，而且人均占有量很低。广东省粮食人均占有量不及山东、辽宁、河北、江苏的1/3，牛奶的人均占有量更低。水产品的人均占有量也不到海南、福建的1/2，位于海南、福建、辽宁、浙江、山东之后，排在第六位。

不仅广东省农业整体发展的速度相对较慢，而且传统农业生产特征仍较明显。

首先，"糊口农业"、产品农业的传统农业特征仍存在。从生产目的来说，传统农业是"糊口农业"、产品农业；处于传统农业中的生产者，其生产和经营的目的，是为了满足自身和家人的生存需要。虽然传统农业不乏精耕细作，但结构较单一，生产规模较小，经营管理和生产技术仍较落后，抵御自然灾害能力差，农业生态系统功效低，以自给自足的自然经济为主，商品经济十分薄弱，基本上没有形成生产的地域分工。现代农业是商品农业、市场农业，现代农业表现的形式是农业生产逐步形成地域化、专业化和农工商一体化的社会化大生产。随着社会分工越来越细，协作范围越来越广，社会上形成产、供、销紧密联系的经济体系。这是农村经济走向综合发展的标志，它已远远超出了传统农业的范畴。因此，社会化是现代农业的基本特征之一。在广东省粤东、粤西、粤北的许多农村地区，虽然其产品也有剩余，并拿到市场上出售，但主要不是为了交换其他产品或实现生产的交换价值和社会价值，而是为了自身生产和简单再生产的需要。这种传统农业的生产，其商品率相对较低，农民的收入也不高。而现代农业则相反，它是为了实现商品交换价值和社会价值而生产，是为出售和市场而生产，其交换所得不仅可以维持扩大再生产，还可以增加教育、健康和文化等方面的投入，提高自身素质和发展水平。因为现代农业为市场而生产，所以其商品率也相对较高，从事农业生产和经营的农民收入水平也较高。可以说，在广东的粤西、粤北等一些农业生产区域，现代农业特征并不突出，农民的收入很低，农业生产的市场化水平也较低。

其次，农业生产技术手段相对落后。传统农业使用的动力主要是人力和畜力，往往手段落后、物质装备落后，生产方式还是以人力、畜力和各种手工工具为主，劳动率低下，基本上还处于靠天吃饭的局面。而现代农业是用现代物质技术武装起来的农业，现代农业使用的动力主要是机械力和电力，生产工具主要是各种机器。欧美的一些国家已拥有足够数量的农用拖拉机和各种农业机具。种植业中的大多数作物从田间作业、运输、精选到烘干、入库的整个过程实现了机械化和电气化。畜禽业、林业、渔业等部门的产品生产、加工、运输也基本上实现了机械化。近些年来，一些发达国家又将飞机用于农业，这标志着农业机械化的水平又向前发展了一步，机械化是现代农业的基本特征之一。科技在农业领域的广泛应用，不仅提高了劳动生产率，而且改变了落后的生产经营方式。所以，人们评述现代农业的生产方式时，使用的是机械化、水利化、化学化、生物技术化等非常有现代气息的词语。《中国统计年鉴2009》相关数据显示，将沿海9个省份2008年主要农业机械拥有量进行对比，广东省在拥有农用机械总动力（万千瓦）、农用大中型拖拉机数量（台）、大中型拖拉机配套农具（部）、农用排灌柴油机数量（台）等方面，都未排在前位，占全国总拥有量的比重较低(见表3-4)。

表 3-4 2008 年主要农业机械拥有量（年底数）

农用机械总动力（万千瓦）		农用大中型拖拉机数量（台）		大中型拖拉机配套农具（部）		农用排灌柴油机数量（台）	
全国	82 190. 41	全国	2 995 214	全国	4 353 649	全国	8 983 851
山东	10 350. 00	山东	365 500	山东	659 200	山东	1 791 400
河北	9 525. 38	河北	136 200	河北	260 500	河北	1 179 000
江苏	3 630. 86	辽宁	117 600	辽宁	155 100	广西	421 600
广西	2 373. 56	江苏	71 700	江苏	110 100	广东	352 400
浙江	2 343. 45	海南	17 600	广西	25 000	辽宁	194 100
广东	2 093. 91	广西	17 100	广东	21 300	江苏	177 700
辽宁	2 042. 68	广东	13 600	海南	10 700	海南	155 900
福建	1 112. 47	浙江	5 842	浙江	8 300	福建	90 673
海南	373. 06	福建	1 636	福建	1 921	浙江	87 400

资料来源：中国统计年鉴 2009

资料显示，在沿海 9 个省份中，广东省 2008 年农用机械总动力（万千瓦）拥有量排在第六位，农用大中型拖拉机数量（台）拥有量仅排在第七位，大中型拖拉机配套农具（部）拥有量也排在第六位，只有农用排灌柴油机数量（台）拥有量排位略好些，排在第四位。不仅如此，重要的是广东省主要农业机械拥有数量与其他省份存在极大差距，例如，山东省拥有的农用大中型拖拉机数量（台）是广东省的 26. 9 倍，大中型拖拉机配套农具（部）数量是广东省的 30. 9 倍。农业生产手段、物质技术装备水平的不足在一定程度上制约了农业的发展。

再次，农业劳动者专业素质有待提高。传统农业生产技术主要靠世世代代积累下来的传统经验，农民生产也主要靠经验。从作为生产经营者的农民来说，从事传统农业的农民文化水平较低，或者没有文化，极少人力资本投入，很少或没有专业分工；而现代农业对生产者提出了较高的要求，需要的是新型农民，需要的是有文化、懂技术、会经营的农民。现代化农业依靠的是现代科学技术，也就是各种先进科学技术在农业中的广泛应用。高产良种的推广，化肥农药的使用，生物技术的实施，“免耕”、“少耕”法的推行，都大大提高了生产力，迅速改变着生产的面貌。因此，科学化是现代农业的另一基本特征。但现实中从事农业生产的务农人员，高层次、高学历的专业人员数量很少。在本课题组对 10 个市的 127 个自然行政村所作的专项调研中，54 个村有受过高等教育的村级管理人员，占 43%；43 个村改革开放以来有大学以上毕业生回村工作，占 34%；33 个村有自己的专业科技人员，占 26%；50 个村有政府部门专业科技人员定期为村民进行技术指导，占 39%。从 2000 年到 2009 年广东省从事第一产业的劳动力文化程度看，文盲与半文盲所占比例不仅没有下降，反而上升，具有初中文化程度的比例明显上升，几乎占到一半，而具有中专和大专及以上文化程度的劳动力所占比例极小（见表 3-5）。

表 3-5　广东省从事第一产业劳动力素质结构（%）

	从事第一产业的劳动力			
	2000 年	2005 年	2008 年	2009 年
文化程度	100	100	100	100
文盲与半文盲	6.2	6.6	7	6.3
小学程度	43.7	36.3	34.4	34.7
初中程度	40.2	46.2	46.9	47.6
高中程度	8.1	9.9	10.3	10.1
中专程度	1.1	0.7	1	1.1
大专及以上程度	0.1	0.3	0.3	0.2

资料来源：广东统计年鉴 2010

注：本表数据为抽样调查数。

从表3-5可看到，从事第一产业的劳动力中具有大专及以上程度的比重极低，趋近于零，近10年间仅在2005至2008年间略有提高，尽管仍仅有0.3%，但遗憾的是到2009年又下降到0.2%。

3.3　社会经济发展的硬环境快速建设与制度保障软环境建设相对滞后并存

3.3.1　广东省硬环境建设快速提升

广东省是中国基础设施最完备、最便利的地区之一，交通便捷、通信发达，拥有通往世界各大洲的国家和地区的海空航线，拥有铁路主骨架和四通八达的公路网，拥有以微波、光缆、卫星传输、宽带网络等为主体的先进的通信网络。以省会城市广州为中心的海、陆、空交通运输网四通八达，基础设施处于国内先进水平。2003年年底，全省公路通车里程达110 254千米（其中高速公路2 300千米），发电装机容量3 920万千瓦，电话普及率83.3%，互联网注册用户人数超过1 107万人。2003年，广州港吞吐量达1.7亿吨，已跻身世界港口十强；深圳港集装箱吞吐量达1 065万标箱，居世界集装箱枢纽第四位。广东对外开放口岸150个，与世界130多个国家和地区的1 100多个港口通航；有七大民用航空机场，是中国机场分布最密的地区。截至2009年8月底，全省交通基础设施建设当年共完成投资354.1亿元，公路建设完成投资324.7亿元。其中高速公路完成212.1亿元，国省道公路建设完成24.9亿元，地方公路建设完成87.6亿元，公路站场建设完成6 967万元；港口建设完成23.9亿元，航道建设完成3.6亿元；更新改造、车船购置及其他建设完成1.3亿元。

3.3.1.1　公路建设飞跃发展

20世纪80年代末，全国第二条、广东省第一条高速公路——广（州）佛（山）高速公路建成通车，拉开了广东高速公路建设的序幕。2003 年年底，全省相继建成广（州）惠（州）、梅（州）揭（阳）、揭（阳）普（宁）、惠（州）河（源）二期高速公路，取得了通山区高速公路建设的阶段性成果。经过 30 多年的建设，广东省的公路运输发生了翻天覆地的变化，广东高速公路建设从无到有，并取得了辉煌成就，多项指标名列全国前茅。目前已形成了纵横交错的高速公路网，高速公路的通达程度逐渐完善，已打通与周边除海南以外省（区）的高速公路通道，不但增强了辐射能力，也基本形成了以珠江三角洲为中心，连接港澳、以沿海为扇形面向山区和内陆省份辐射的高速公路网雏形。1984 年以前，从广州到深圳，至少需要五六个小时，现在从广州出发，到珠三角的任何一座城市，车程都不会超过 3 个小时。在过去 30 年间，广东桥梁建设也取得了系列突破，实现了飞速发展，为广东的经济发展打通了“脉络”，也使珠三角的各个城市之间不再遥远，甚至是同城化。今天，不仅珠三角区域内交通便捷，驱车从省会城市广州出发，沿广佛高速公路西行半小时内可到广东第三大城市佛山；沿广清高速公路北行 40 分钟可到“广州的后花园”清远市；沿京珠高速公路北行 3 小时可达广东北大门韶关市；往东南 4 ~ 5 小时可到东南门户湛江市；往东北 4 ~ 5 小时可到汕头市、梅州市。广东已形成了以广州为中心的“4 小时交通圈”和珠三角城际的“1 小时交通圈”。

广东省 21 个地级市之间全部实现通高速公路、市到县通二级以上公路、县到镇基本通三级以上公路。主干线公路消灭了渡口，高等级公路所占比例大大增加，路面状况得到明显改善。广东省的公路密度、通车里程、高速公路、一级公路、等级公路和桥梁拥有量均列全国前茅。1978—2008 年，全省公路固定资产投资额达 3 143. 24 亿元，2008 年全省的公路通车里程为 183 155

千米，比1978年增长2.5倍；高速公路从无到有，2008年年底达到3 823千米，占公路通车总里程的比重达2.1%；一级公路9 052千米、二级公路18 272千米、三级以下等级公路达152 008千米。公路密度由1978年的29.3千米/百平方千米发展到2008年的102.2千米/百平方千米。桥梁由1978年的9 392座增加到2008年的38 926座，桥梁长度由1978年的236 999米增加到2008年的1 911 435米。广东省公路里程总数、等级质量及公路密度均居全国前列。

3.3.1.2 铁路建设不断完善

改革开放后，广东省积极加快铁路建设。三茂铁路、衡广复线、广深准高速线、平南铁路、平盐铁路、广梅汕铁路和京九铁路等先后开通营运，填补了广东铁路运输的多项空白，运输能力大大提高。以这些铁路干线为基础，一个以广州为中心，横跨东西、纵贯南北的铁路运输网基本形成。2008年，全省铁路营业里程达1 859千米，比1978年增长85.3%，铁路密度达到1.04千米/百平方千米，增长85.7%。其中，中央铁路629千米，占铁路营业里程的33.8%，地方铁路1 230千米，占66.2%；电气化铁路470千米，占25.3%。特别是在最新的珠三角城轨同城化规划中，未来的珠三角地区将形成以广州、深圳、珠海为中心，覆盖珠江三角洲地区主要城市的“三环八射”路线图。根据规划的时间安排，至2010年，广珠城际和广佛地铁建成，总长178.8千米，投资273.74亿元；至2015年，建设完成穗莞深城际、东莞至惠州、广州—花都—清远线、中山—南沙—虎门线，总长340千米，投资700亿元；余下的线路，计划在2015年以后适时建设，总长1 443千米，投资2 670亿元。未来的珠三角可能出现一种新的居住模式——“城市群居住”，市民可以在中心城市工作，到副中心城市居住，中心城市与副中心城市共处一个城市群落，交通非常便捷，只有1小时。根据铁道部和广东省签署的《关于进一步加快广东铁路建设有关问题的会议纪要》，以轨道交通推动珠三角的同城化，把珠三角建设成为一个城市群的进程日益加快。随着珠江三角洲城际快速轨道交通网规划的全面铺开，粤港澳正迎来“珠三角村”时代。

3.3.1.3　机场建设密布通达

改革开放后，广东省对原有的湛江、汕头机场进行改建和扩建，兴建了梅县、深圳、珠海机场和广州新白云国际机场等，机场吞吐能力大大提高，形成以广州新白云机场为枢纽，深圳机场为干线，湛江、汕头、梅县、珠海等机场为支线的民航运输格局，民航航线通达国内各大中城市及一些国外重要城市，机场分布密度为全国之最。2008 年，广东省各机场飞机起降架次达 49.33 万架次，比 1980 年增加 30.8 倍；机场旅客吞吐量达 5 738 万人，比 1980 年增加 34.6 倍；机场货物吞吐量达 130.5 万吨，比 1980 年增加 45 倍。

3.3.1.4　港口航道建设快速推进

广东省大力发展以枢纽港为中心的港口体系，重点加强广州、深圳、汕头、湛江和珠海五个枢纽港口建设，特别是把枢纽港大型集装箱专业化码头的建设放在突出战略地位，带动支线港、喂给港发展，形成以枢纽港为龙头，层次分明、功能完善，各种运输方式相互衔接的集装箱运输系统。2008 年，全省港口货物吞吐量达 98 795 万吨，比 1978 年增长 12.9 倍，年均增长 9.2%。与此同时，广东省加强航道建设，进一步疏浚挖深广州、深圳、汕头、湛江等枢纽港出海航道，积极进行西江等主要水道建设，目前全省已建成以西江水运主要通道和珠江三角洲地区千吨级以上航道为骨干、300 ~ 500 吨级航道为基础的珠江三角洲航道网，并以该航道网为中心，向北江、东江等周边地区辐射，形成干支相通、江海直达的高标准内河航道网。到 2008 年年底，全省内河航道里程达 13 596 千米，拥有港口码头泊位 2 995 个，其中万吨级深水泊位222个，港口航道的设施完善也促进了整个珠三角经济区域的快速发展。

3.3.1.5 邮电通信建设突飞猛进

1978—2008年，广东省邮电通信业固定资产投资额达2 860.03亿元，30年间全省新增长途电话业务电路156.94万路，新增长途电话交换机容量275多万路端，新增本地电话交换设备容量5 374多万门，新增邮路长度22.19万千米。移动电话从无到有，发展迅速，移动电话交换机容量至今已达12 833.96万户。目前全省已实现电话交换程控化、长途传输数字化，已建成国内领先、初步达到世界先进技术水平的电信通信技术网络体系，全省通信网络能力正以适度超前用户增长规模的速度发展。2007—2008年，本课题组对广州、深圳、东莞、惠州、河源、韶关、梅州、汕头、肇庆、湛江等10个市1 090户居民进行调查，认为目前通信方便快捷的占80%以上。

3.3.1.6 基础产业获得长足发展

2008年，广东省一次能源生产量为4 414.59万吨标准煤；炼油企业原油年加工能力已达到3 150万吨。广东南部沿海从东到西，已形成由惠州大亚湾石化基地、广州石化基地、茂（名）湛（江）石化基地组成的沿海大石化产业带。2008年，电力装机容量达6 007.85万千瓦（占全国总量的7.6%，居全国第一位）；发电量达2 681.96亿千瓦时（占全国总量的7.8%，居全国第三位）。1994年，广东省建成全国首个百万千瓦级的核电站大亚湾核电站。广东省是全国电力装机容量、电力生产量和消费量最大的地区之一；电网覆盖了全省所有城乡，连接省内外和港澳地区。随着2009年《珠江三角洲地区改革发展规划纲要》的实施，根据纲要提出的“集约发展石化产业，集中力量在深水港口条件好、环境承载能力相对较大的沿海地区，依托条件较好的现有企业，高标准建设2～3个千万吨级炼油、百万吨级乙烯炼化一体化工程，力争形成世界先进水平的特大型石油化工产业基地”的目标，不仅已有的石化项目继续扩大产能，还将建设规模更大的石化产业和电力建设项目，如揭阳（惠来）总规划建设年炼油能力6 000万吨的世界级超大型石化项目，并配套建设300万吨级乙烯项目等，惠州抽水蓄能电站、平海电厂、国华（大亚湾）热电联产等一批在建电源项目和深能源煤码头、平海电厂煤码头、国华（大亚湾）热电煤码头等配套项目等，必将进一步增强基础产业的支撑能力。

3.3.2 广东软环境建设不能满足经济社会发展的需要

在基础设施硬环境建设获得长足发展的同时，广东省的公共保障、政府部门提供的公共服务、公共管理、办事效率、法制环境等软环境建设等未能满足经济社会发展的需要。

3.3.2.1 社会公共保障整体水平与均等水平较低

社会公共保障体系的建设是否完善，是市场化改革进程中体制建设程度的重要体现。改革开放后相当长一段时间内，广东省社会公共保障整体水平与均等水平一直处于相对较低的发展层次，与硬环境建设和经济社会发展需要形成较明显的反差，农村地区的差异更为突出。长时期以来，广东省财政中用于一般公共支出以及社会公共保障支出占GDP比重普遍偏低，到2008年，虽然从总支出水平上看，广东省财政用于一般公共支出达629.023 1亿元，位于全国各省市第一位，社会保障与就业支出362.834 5亿元，仅低于辽宁省（469.967 5亿元），位于全国各省市第二位。但从各项支出占GDP比重上看，广东省大大低于全国平均水平，2008年全国各地区财政用于一般公共服务支出总和占全国GDP的比重为2.48%，广东省仅为1.76%；各地区财政用于社会保障与就业支出总和占全国GDP的比重为2.15%，而广东省仅为1.02%。在全国各省市排序中，广东省这两项支出比重仅分别位于第25位和27位。可见公共保障与服务的整体

（续上表）

	2000 年	2005 年	2008 年	2009 年
城镇最低生活保障金支出（万元）	11 460	39 206	69 705	80 061
城镇居民最低保障金人均数额（元）	769. 13	929. 93	1 757. 1	1 957. 48
农村居民最低生活保障人数（万人）	23. 1	125. 43	160. 6	171. 2
农村居民最低生活保障金支出（万元）	7 874	42 049	129 526	163 123
农村居民最低保障金人均数额（元）	340. 87	335. 24	806. 51	952. 82

资料来源：广东统计年鉴 2010

从表3-6 可以看出，近十年，农村居民最低保障金人均获得的保障金数额一直低于城乡平均水平，不到城镇居民人均保障金数额的一半。

当然，存在这种状况的原因不排除许多农民对参与社会保障还持观望态度。例如，在养老保险方面，许多农民把自己未来养老的希望寄予后代，他们对养老保险存在疑虑心理；在农村合作医疗方面，农民对新型合作医疗缺乏信任，甚至存在抵触情绪。但城乡公共保障存在的差异与非均等化是经济社会发展中必须加快解决的不容忽视的重要问题。

3. 3. 2. 2　公共服务发展相对滞后

在市场化改革进程中，市场对私人物品及私人服务的调节程度不断提高，这要求政府公共服务与管理职能进行相应变革，且公共服务的范围和水平需要提升。

政府某些公共服务供给不足。随着市场化进程的推进，市场愈来愈远离对公共服务与公共物品供给的调节，但随着广东经济社会的发展，居民及社会对公共服务的需求越来越大，公共服务供给能力的有限性与市民需求的无限性的矛盾仍然存在，且日益显示社会公共资源配置明显不足，社会事业发展相对滞后，政府公共服务供给能力跟不上发展需求。2007—2008 年，本课题组对全省 10 个市进行调查，许多家庭认为现有的公共服务不能满足居民的需要（见表 3-7）。

表 3-7 各地区居民家庭对公共服务需求状况调查

地区及户数	求职时获得过社区及相关部门职业信息介绍和就业指导	家庭成员曾得到有关部门提供的就业培训（无偿）	本居住区就业岗位开发较好	政府相关部门就业、再就业工作做得好	卫生食品生产等方面的公共安全有保障	对政府在公共安全方面的投入感到满意	居住地有关政府部门定期组织法律知识教育活动	居住地有关政府部门定期组织科技知识宣传活动
广州 101 户	29%	23%	26%	17%	56%	55%	36%	43%
深圳 98 户	30%	24%	49%	43%	48%	44%	44%	51%
东莞 97 户	36%	27%	60%	51%	70%	56%	59%	56%
惠州 166 户	20%	10%	31%	19%	45%	35%	25%	34%
肇庆 100 户	11%	12%	20%	12%	31%	23%	27%	30%
汕头 101 户	11%	12%	20%	6%	32%	19%	30%	29%
梅州 105 户	25%	10%	23%	15%	53%	38%	39%	45%
河源 101 户	18%	10%	18%	12%	32%	18%	18%	14%
韶关 121 户	31%	22%	24%	11%	40%	33%	31%	36%
湛江 100 户	11%	9%	14%	10%	31%	22%	18%	20%

资料来源：本课题专项调研（2007—2008 年）

不仅公共服务供给不足，其效率与服务水平也有待提高。由于审批、服务事项项目多，部门受理办理点分散，且程序复杂，市民办理各种事项存在多头问、多头跑的现象，既给居民特别是农村居民带来不便，也影响了公共服务机构自身的工作效率。政府服务的网络系统各自为政，自成体系，各中心在采集信息、资料归档等方面，信息资源不能共享，客观上造成了信息资源设施的浪费。办事地点、名称、服务窗口标志不规范，指南和告知单不统一，如法律咨询窗口的名称有“司法110联动”、“人民调解”、“安置帮教”、“法律服务”、“法律援助”、“法律宣传”、“律师接待”等，这些都会影响政府公共服务的工作效率。广东省省情调查研究中心民调所的抽样调查显示，在评价政府职能部门的工作时，69.4%的受访企业表示“满意”或“较满意”（而社会服务机构得到的评价则多为“一般”或“较差”）。值得注意的是，本次调查发现，受访企业认为，无论是政府职能部门还是社会服务机构，其服务水平都远不及服务态度。在调查中，67.7%的企业反映，在办理相关证照或年审时遇到过“办事程序繁杂、手续多、环节多、重复管理”等问题；41.9%的受访者指出“业务周期长，很难在承诺的时限内办结相关的工作事项”；近一半企业认为自己遇到过“简单应付”及“办事拖拉疲沓、推诿”等问题。

社会治安及安全保障需要加强。改革开放30多年来，广东省法制建设取得长足进步。广东地方性立法数量为全国最多，属于先行性、试验性、自主性的立法超过总数的一半，新出台的地方法规半数以上与市场经济相关，日益优化的法治环境成为广东在新一轮竞争中继续保持先行一步的新优势。但是，从整体上看，投入依然不足，2008年广东省地方财政用于公共安全的支出占GDP的比重低于同期全国的水平（见表3-8）。

表 3-8　2008 年公共安全支出及占 GDP 比重

	GDP（亿元）	财政用于公共安全支出（亿元）	公共安全支出占 GDP 比重（%）
全国	300 670. 00	4 059. 76	1. 35
广东	35 696. 46	393. 21	1. 10

资料来源：中国统计年鉴 2009

尤其是广东省的社会治安及安全保障需要进一步加强，虽然相关部门已加大力度以改善社会治安环境，但治安安全形势依然严峻。在抽样调查中，我们感受到居民对安全环境的渴望感较为强烈。在被调查的居民家庭中，除韶关市外，其他各市均有超过 20% 的家庭中，其成员至少有一人有过被偷（或盗、抢）的经历，甚至有的家庭多人次遭遇过被偷（或盗、抢）的经历（见表 3-9）。

表 3-9　家庭成员被偷、盗、抢人次数的家庭比率调查

地区及户数	家庭成员有被偷、盗、抢经历 1 人次	家庭成员有被偷、盗、抢经历 2 人次	家庭成员有被偷、盗、抢经历 3 人次	家庭成员有被偷、盗、抢经历 4 人次	家庭成员有被偷、盗、抢经历 5 人次
广州 101 户	22%	22%	10%	4%	1%
深圳 98 户	21%	24%	6%	5%	5%
东莞 106 户	38%	6%	6%	1%	1%
惠州 166 户	20%	13%	11%	5%	2%
河源 101 户	29%	19%	8%	2%	3%
韶关 121 户	12%	18%	10%	4%	4%
梅州 113 户	21%	13%	9%	3%	4%
汕头 101 户	25%	18%	7%	4%	8%

（续上表）

地区及户数	家庭成员有被偷、盗、抢经历 1 人次	家庭成员有被偷、盗、抢经历 2 人次	家庭成员有被偷、盗、抢经历 3 人次	家庭成员有被偷、盗、抢经历 4 人次	家庭成员有被偷、盗、抢经历 5 人次
肇庆 100 户	24%	11%	8%	2%	6%
湛江 100 户	29%	18%	13%	2%	6%

资料来源：本课题同其他专项调研（2007—2008 年）

除刑事治安安全问题外，随着信息科技的进步，各类网络、通信及其他运用高科技手段的犯罪活动也是对安全环境的威胁。

3.4 物质生产迅速发展与文化教育、科技投入、医疗服务发展相对滞后并存

3.4.1 物质产品生产迅速发展

随着市场化改革的推进，经济建设快速发展，广东省物质产品生产增长极为迅速，在许多产品生产上，从无到有，直至成为中国、亚洲乃至世界最大生产基地之一，经济保持持续较快增长，实力大大增强，并力求经济结构不断优化升级，以实现从数量、速度型向质量、效益型转变。2008 年，广东人均地区生产总值是全国平均水平的 1.66 倍，超过中等收入国家平均水平。2008 年，广东完成地区生产总值 35 696.46 亿元，按可比价格计算，比 1949 年增长 254.9 倍，年均增长 9.9%；比 1978 年增长 46.7 倍，年均增长 13.7%，高于全国约 4 个百分点。从经济总量在全国所占地位看，1952 年广东仅占全国的 4.3%，1978 年占 5.1%，2008 年占 11.9%，1989 年至今连续 20 年保持全国第一位。地区生产总值 1998 年超过新加坡，2003 年超过中国香港地区，2007 年超过中国台湾地区。如果将广东作为单独经济体加入世界国家经济总量排名，按购买力平价计算，2007 年排世

界第14位。广东经济增长速度远高于20世纪新加坡、韩国、日本起飞时期的平均增速，高速增长持续时间已经两倍于上述国家。

今天，珠三角的任一城市都有物质产品生产的标志性领域。如东莞已成为国际城市，有世界40多个国家的1.6万家企业在这里安家落户，飞利浦、诺基亚、杜邦等世界500强企业中的45家企业在这里进行投资。于是，东莞成了外企的角逐场，东莞凭借这些外企正在腾飞发展。在东莞生产的产品经高速公路运至深圳港出口到世界各地。有话称，一旦这条高速公路拥堵，世界电脑价格就震荡。这不完全是戏言，因为世界95%的台式电脑配件在东莞生产，个人电脑6台中就有1台是“东莞制造”，目前在东莞的1.6万家企业中6 000多家是有关IT产业的企业。再如惠州，这是世界最大的电池和镭射光头生产基地之一，亚洲最大的电话机、电脑主板生产基地之一，中国最大的电视机、汽车音响、高级电工产品生产基地之一等。

3.4.2 文化教育、科技投入、医疗服务发展相对滞后

与广东物质生产迅速发展形成鲜明对比的是，文化教育、科技投入、医疗服务等方面的发展仍然显现出相对滞后的特征。

3.4.2.1 文化教育投入不足

改革开放后，各级党委政府空前重视教育工作，教育经费投入大幅度增加，学校办学条件得到明显改善。1978年，全省教育经费支出仅19.9亿元，到2008年，全省教育经费支出达到1 214.7亿元，是1978年的60.9倍，年均增长14.7%，教育经费支出名列全国第一（见表3-10）。但一直以来，广东省教育投入占地区生产总值的比重低于全国平均水平，直至2008年也与全国许多省市存在差距。

表 3-10 2008 年广东省财政支出占 GDP 比重与全国比较

	教育支出占比	科技支出占比	文化体育与传媒支出占比	社会保障与就业支出占比	医疗卫生支出占比	环境保护支出占比
全国	2.83%	0.35%	0.32%	2.15%	0.90%	0.46%
广东省	1.97%	0.37%	0.19%	1.02%	0.56%	0.13%

资料来源：中国统计年鉴 2009

普通高校、中等职业学校、普通高中、初中、小学人均教育经费分别达到 23 185.4 元、9 148.6 元、8 004.7 元、4 327.8 元、3 367.4 元。到 2008 年，全省小学学龄儿童入学率已达到 99.7%，小学毕业生升学率达 96.6%，初中毕业生升学率达 83%，高中阶段毛入学率上升到 72%，高等教育毛入学率提高到 27%；每万人口在校大学生数为 127.5 人，比江苏、浙江、上海略高于 40% 的毛入学率相比还处于较低水平。此外，广东省教育投入机制的某些环节不够完善，义务教育发展不够均衡，师资缺乏，高中阶段教育瓶颈突出，教育体制中还存在影响发展的障碍，某些重要指标在全国排位靠后等。以各级普通学校生师比为例，2008 年全国小学的生师比为 18.38∶1，而广东省达到 22.96∶1，在全国各省市中生师比之高仅次于贵州省，排在全国第二位；初中生师比全国为 16.07∶1，广东却高达 20.13∶1，是全国各省市中最高的。广东省普通高中的生师比与全国平均水平接近，但普通高校的师生比高于全国水平，只有职业高中、普通中专的生师比明显低于全国水平。

3.4.2.2 科技投入与高新产业发展有待进一步提升

改革开放以来，广东科技事业蓬勃发展。科技投入不断增加，2008 年广东科技活动经费额 844.65 亿元，比 1985 年增长 225.45 倍；研究与发展经费支出（R&D）504.57 亿元，是 1995 年的 48 倍，占当年地区生产总值总量的比重从 1995 年的 0.2%

提升到1.37%。科技机构和队伍不断扩大。改革开放前的1977年，广东省仅有科研机构350多家，科技人员18.12万人；2007年，全省科技活动人员达38万人，其中从事研究开发人员7万人；共有1.35万家科技型企业，其中，经认定的省级以上高新技术企业5 231家；共有高等院校100多所，其中列入国家"211"工程高校7所，"985"工程高校2所；已建立省级以上工程技术研究中心城市91个，省级以上企业技术中心183个，国家重点实验室8家，省级重点实验室101家，省公共实验室16家。2008年，高新技术产品产值占工业总产值比重30.1%，比1991年提高26.9个百分点，高技术产品出口额占全省出口额的36.8%，这两项指标均居全国首位。

然而，广东在科技投入和高新产业发展方面仍然存在不足，其中最为突出的是关键技术的自主创新意识和能力仍然较弱，核心技术长期严重依赖国外。造成这种局面的一个主要原因，是R&D投入长期不足，尽管R&D投入占GDP比重近年来有上升趋势，但长期低于全国平均水平，远落后于上海，与发达国家平均R&D投入的2.3%相比尚有较大差距。其中，作为自主创新重要保障的创新投入少、强度低、渠道少等问题较为突出。这最直接表现在研发经费投入上。2006年，全省R&D投入的总量为313亿元，低于北京的433亿元，不到美国辉瑞公司当年研发经费（81亿美元）的一半。2000年以来，广东R&D/GDP比例连续低于全国平均水平，更远低于发达国家和地区2%以上的水平（见表3-11）。

表3-11　研究与试验发展经费支出相当于国内生产总值比例（%）

	2005年	2006年	2007年	2008年
全国	1.34	1.42	1.49	1.54
广东	1.12	1.19	1.3	1.41

资料来源：中国统计年鉴2009；广东统计年鉴2010

值得注意的是，广东省在创新投入上陷入“追兵反超、标兵走远”的困境。2000 年广东省 R&D/GDP 比例达到 1%，当年江苏仅为 0.85%，浙江仅为 0.60%；但到 2006 年，江苏、浙江已分别反超广东 0.41 和 0.24 个百分点。上海的 R&D 投入一直走在广东前面，2000 年上海的 R&D/GDP 比例为 1.61%，仅比广东高 0.61 个百分点，但 2006 年时却比广东省高 1.29 个百分点。同样，2000—2004 年，广东与我国台湾地区的 R&D/GDP 比例差距从 0.97 个百分点扩大到 1.28 个百分点，与韩国的 R&D/GDP 比例差距从 1.39 个百分点扩大到 1.71 个百分点。

广东省自主创新能力与产业转型升级离建立现代产业体系的要求还有一定的差距。广东省的主要产业普遍陷入自主技术和自主知识产权缺乏的困境，导致产业在世界分工体系中处于低端化和边缘化，缺乏国际竞争力。据统计，广东省具有战略意义的精密仪器制造、医疗设备、重大工程机械等 80% 依赖进口；重大装备制造业中 70% 的数控机床和石油化工装备、80% 以上的集成电路芯片制造装备、100% 的光纤制造装备为国外产品占领。在高新技术领域，来自外国跨国公司的发明专利占 90%，其中，信息技术占 90%，移动通信占 92.2%，生物技术占 87.3%。从专利申请受理数（件）看，2005 年广东省专利申请受理数有 72 220 件，占全国 476 264 件的 15.16%；到 2008 年，广东省专利申请受理数虽然增加到 103 883 件，但占全国 828 328 件的比重却下降为 12.54%。广东省的自主创新机构、硬件设施等资源总量相对较少，而且层次不高。在国家重点实验室建设方面，到 2007 年年底，全国共有 200 多个国家重点实验室，8 个在广东，而 70 个在北京，29 个在上海、15 个在江苏、9 个在浙江。中国科学院分布在广东的科研机构数量和实力，也明显不如上海、北京、辽宁、吉林等省市。广东省创新人才总量虽然位居全国前列，但人才密度低、高端少的问题比较突出。2006 年，每万名劳动力中从事 R&D 人员数广东省为 28 人，低于上海、江苏等省市的人才密度，与日本 35 人、法国 127 人、德国 120 人、韩国 83 人相比差距更大。

此外，广东省自主创新区域发展差距大且不协调。全省各区域自主创新的差异非常明显。2006 年，全省科技经费、R&D 经费、新产品开发经费分别为 93.1%、94.1%、94% 集中在珠三角。粤东、粤西、粤北地区的科技经费、R&D 经费、新产品开发经费之和均只占全省的 6% ~7%。全省 95% 的高新技术产业集中在珠三角地区，东西两翼和粤北山区仅占 5%。大学、科研机构、高新技术企业、科技中介服务机构等资源也主要集中在珠三角地区。

3.4.2.3 医疗服务事业难以满足需求

截至 2008 年，广东省共有各类卫生机构 15 821 家；人口死亡率由 1949 年的 15.0‰下降到 2008 年的 4.6‰，人均期望寿命由 1949 年的 31 岁提高到 75 岁。近年来，广东用于医疗卫生的支出占财政收入的 2.5% 以上。截至 2008 年年底，全省有 123 个县（市）开展新型农村合作医疗试点工作，实际参加农村合作医疗的农民为 4 834.30 万人，参合率为 95.4%。

但目前医疗卫生事业发展仍与社会需求不相适应，城乡医疗卫生事业发展不平衡，医疗保障水平低，看病贵、看病难的现象仍然较为严重。2008 年，广东省拥有的医院、卫生院床位数为 23.2 万张，每千人拥有的医生数为 1.73 人，医疗卫生基本资源难以满足老百姓看病住院的需求。表 3-12 是全国各地区分市县医疗机构床位情况的比较，广东省每千人口医疗机构床位（张）位居第 17 位，不足最高水平的一半；从每千人口医院和卫生院床位（张）情况看，城市略好于县的水平，但城市每千人口医院和卫生院床位（张）仅有 3.54 张，位于全国第 25 位，县每千人口医院和卫生院床位（张）更少到仅有 1.25 张，位于全国倒数第二位。

表 3-12 2008 年各地区分市县医疗机构床位情况

序号	地 区	每千人口医疗机构床位（张）	每千人口医院和卫生院床位（张）					
			合计		市		县	
1	上海	7.00	北京	6.65	青海	7.22	上海	3.02
2	北京	6.99	上海	5.55	西藏	7.14	新疆	2.90
3	天津	4.73	新疆	4.48	北京	6.92	西藏	2.44
4	新疆	4.65	天津	4.22	新疆	6.82	山西	2.22
5	辽宁	4.31	辽宁	3.92	上海	5.68	北京	2.21
6	山西	3.71	山西	3.47	山西	5.38	陕西	2.16
7	吉林	3.66	吉林	3.45	云南	5.26	吉林	2.06
8	黑龙江	3.54	黑龙江	3.29	内蒙古	5.17	山东	2.06
9	浙江	3.43	浙江	3.19	宁夏	5.00	青海	2.04
10	山东	3.41	山东	3.17	天津	4.78	辽宁	2.01
11	宁夏	3.35	宁夏	3.16	陕西	4.74	浙江	2.01
12	内蒙古	3.33	陕西	3.10	辽宁	4.70	河北	1.92
13	陕西	3.28	青海	3.09	甘肃	4.58	云南	1.92
14	青海	3.26	江苏	3.01	河北	4.24	黑龙江	1.87
15	江苏	3.20	内蒙古	3.01	黑龙江	4.24	甘肃	1.81
16	西藏	3.10	西藏	2.97	吉林	4.08	内蒙古	1.80
17	广东	3.03	广东	2.80	河南	4.05	四川	1.80
18	河北	3.00	河北	2.77	贵州	4.05	海南	1.77
19	云南	2.89	甘肃	2.70	湖南	4.02	湖南	1.74
20	甘肃	2.86	云南	2.69	山东	4.01	天津	1.70
21	湖北	2.74	四川	2.58	四川	3.90	福建	1.65
22	四川	2.74	湖北	2.52	浙江	3.77	江苏	1.64
23	湖南	2.70	湖南	2.52	安徽	3.71	湖北	1.64
24	河南	2.55	河南	2.40	江苏	3.66	重庆	1.62

（续上表）

序号	地　区	每千人口医疗机构床位（张）	每千人口医院和卫生院床位（张）					
			合计		市		县	
25	福建	2.55	重庆	2.39	广东	3.54	河南	1.55
26	海南	2.53	海南	2.39	广西	3.27	广西	1.51
27	重庆	2.52	福建	2.37	重庆	3.26	安徽	1.51
28	安徽	2.37	安徽	2.23	江西	3.22	江西	1.46
29	广西	2.30	广西	2.13	福建	3.05	宁夏	1.42
30	江西	2.29	江西	2.05	湖北	3.00	广东	1.25
31	贵州	2.06	贵州	1.94	海南	2.78	贵州	1.22

资料来源：中国统计年鉴 2009

表 3-13 反映了广东省财政用于教育支出、科技支出、文化教育传媒支出、医疗卫生支出等占地区生产总值的比重与其他各省市区的比较，可以清晰地看到广东省在上述领域投入的不足。

表 3-13　2008 年各地区财政支出占地区生产总值比重

教育支出占地区生产总值的比重（%）		科技支出占地区生产总值的比重（%）		文化体育传媒支出占地区生产总值的比重（%）		医疗卫生支出占地区生产总值的比重（%）	
西藏	11.89	北京	1.07	西藏	2.33	西藏	4.13
贵州	6.89	上海	0.88	青海	1.03	青海	2.56
甘肃	5.76	西藏	0.73	新疆	0.66	贵州	2.02
青海	5.08	天津	0.45	宁夏	0.65	甘肃	1.84
宁夏	4.92	青海	0.41	甘肃	0.61	云南	1.83
新疆	4.74	浙江	0.40	北京	0.58	宁夏	1.56
云南	4.24	宁夏	0.39	贵州	0.54	新疆	1.40

（续上表）

教育支出占地区生产总值的比重（%）		科技支出占地区生产总值的比重（%）		文化体育传媒支出占地区生产总值的比重（%）		医疗卫生支出占地区生产总值的比重（%）	
陕西	3.87	贵州	0.39	云南	0.49	北京	1.38
海南	3.81	广东	0.37	海南	0.47	海南	1.28
广西	3.50	辽宁	0.36	陕西	0.46	江西	1.19
山西	3.39	新疆	0.35	吉林	0.44	安徽	1.17
安徽	3.23	云南	0.31	广西	0.41	四川	1.15
江西	3.19	海南	0.31	内蒙古	0.41	陕西	1.14
黑龙江	3.09	江苏	0.30	山西	0.39	广西	1.10
北京	3.02	甘肃	0.30	安徽	0.37	山西	1.03
重庆	3.01	重庆	0.30	上海	0.36	重庆	1.01
四川	2.95	安徽	0.27	重庆	0.32	吉林	0.93
吉林	2.93	山西	0.25	浙江	0.30	上海	0.89
湖南	2.79	陕西	0.25	江西	0.29	黑龙江	0.86
内蒙古	2.66	黑龙江	0.24	黑龙江	0.29	湖北	0.84
湖北	2.51	湖南	0.24	天津	0.28	河南	0.79
河南	2.41	福建	0.24	四川	0.28	湖南	0.79
上海	2.38	广西	0.23	湖南	0.23	内蒙古	0.77
河北	2.33	吉林	0.21	河南	0.23	河北	0.74
辽宁	2.28	四川	0.21	湖北	0.22	福建	0.69
天津	2.23	湖北	0.20	辽宁	0.22	浙江	0.66
福建	2.16	内蒙古	0.20	江苏	0.22	天津	0.66
浙江	2.11	山东	0.18	福建	0.21	辽宁	0.62

（续上表）

教育支出占地区生产总值的比重（%）		科技支出占地区生产总值的比重（%）		文化体育传媒支出占地区生产总值的比重（%）		医疗卫生支出占地区生产总值的比重（%）	
广东	1.97	江西	0.17	广东	0.19	广东	0.56
江苏	1.95	河南	0.17	河北	0.18	江苏	0.49
山东	1.77	河北	0.13	山东	0.18	山东	0.45

资料来源：中国统计年鉴 2009

3.5 经济快速增长与资源支撑能力下降并存

3.5.1 经济快速增长与自然资源供给不足并存

3.5.1.1 土地资源供给压力日益增大

在珠三角地区，土地资源的供给问题已严重制约经济持续增长。截至 2008 年年末，广东省有常住人口 9 544 万人，耕地面积 2 843 904.85 公顷，比上一年减少 9 145.35 公顷，人口增加与耕地减少的矛盾十分突出。广州的土地消耗已达到极限，规划用地 380 平方千米已基本用尽。深圳土地只有 2 020 平方千米，相当于其他城市的一个县，仅为北京的 1/8、杭州的 1/8、上海的 1/3、广州的 2/7，而且大部分是高山丘陵。其中，可建设用地总量为 767 平方千米，已占用的建设用地达 513 平方千米，仅剩 254 平方千米的建设用地，土地资源非常紧张。1996—2002 年，深圳市年平均出让土地约为 13.03 平方千米，开发量比较大，这已严重影响到未来可持续发展。狭小的土地已经严重制约着深圳经济的持续发展，成为深圳发展的瓶颈。城区的土地基本开发完毕，新的土地又生长不出来，可供土地逐步减少，深圳新建的商品房呈下降趋势，有些房地产商转移到外地发展。目前，深圳市土地面积为 2 020 平方千米，约 370 万亩。东莞已占用的建设用地为 145 万亩，占土地总面积的 39.2%，其中工矿和居民用地 122.8 万亩，工矿建设用地占到一半，交通运输道路用地 14.1 万亩，水利用地 8.1 万亩。目前全市农用地面积 184.2 万亩，占土地总面积的 49.7%。1999 年广东省下达东莞市基本农田保护区 60 万亩，截至 2004 年，东莞市纯耕地实际只有 22.77 万亩。东莞市人多地少，后备土地贫乏，土地资源成为今后发展经济的主要瓶颈。

3.5.1.2 淡水资源愈见紧缺

广东省全年水资源总量 2 263.51 亿立方米，人均水资源 2 369 立方米。近年来由于工业污染和无节制用水，广东省 40 座城市中有 30 座供水量紧缺，3/4 的城市频亮水荒红灯。广东省水利厅发布的《广东省水资源公报》显示，目前广东人均水资源利用量已达 535 立方米，居全国之首，但在节约用水方面还没有形成完善的政策法规以及有效的管理机制、经济措施和技术手段。水利专家指出，除工业污染造成广东可利用淡水资源减少的因素外，全民节水意识淡薄是广东缺水的重要原因之一。如广州市人均用水量每天高达 350 升，居全国之最。而同样是特大城市的北京，人均用水量则只有 250 升左右，上海只有 150 多升。

3.5.1.3 能源供给约束趋紧

2004 年，广东省能源消费总量为 15 210.47 万吨，比 1990 年增加 11 147 万吨标准煤，年均增长 9.9%；全社会用电量 2 387.14 亿千瓦时，比 1990 年增加 2 028.14 亿千瓦时，年均增长 14.5%。与常规能源资源十分匮乏不相称的是，广东省的 GDP 的能耗仍大大高于国内一些发达省市水平。2003 年，广东省万元 GDP 能耗为 0.96 吨标准煤，比江苏高 8%，比浙江高 18%。根据能源利用效率的测算，广东省平均为 36%，上海市为 39%，浙江省为 40%，而发达国家一般为 50%。由于本地能源产量有限，随着消费总量快速增加，广东省一次能源自给率持续下降，从1990年的25%下降至2004年18%；同期煤炭的自给率由30%下降到11.9%，外省调入及进口能源的比重和数量迅速攀升，能源安全供应压力较大。国家发展和改革委员会能源研究所副研究员杨青认为，广东省对外能源依赖度高达90%以上。随着惠州石化项目的投产以及正在启动建设的揭阳惠来石化项目，在确定广东省能源生产战略地位的同时，环境及安全等重大压力也将随之加大。

3.5.2 经济快速增长与资本资源供给势头减弱并存

在新一轮世界产业转移与分工中，长江三角洲地区异军突起，成为外资追逐的重要地区。总体上珠江三角洲吸引国内外资金的力度在减少，外资投入势头有所减弱，一些大跨国公司进入我国的首选地不再是珠江三角洲地区，而是长江三角洲地区，台资企业开始由珠三角地区向长江三角洲地区转移，外国资本投入平均规模比不上长江三角洲地区，世界大企业集团在珠江三角洲地区的投资力度小于长江三角洲地区。近年来广东吸引外资受到了长三角等地区的赶超挑战，尤其在起点高、技术先进、来自欧美跨国公司的外商投资大项目以及外企地区总部与技术研发中心设立上有所落后。《广东统计年鉴2010》资料显示，自2004年以来，广东省利用外资签订的项目数量没有大幅度的增加，到2007年仅从10 530个增加至11 705个，但2007年以后就大幅度减少了，到2009年仅有5 639个项目，比2007年减少了一半。合同外资额在2007年时达到364.66亿元，但2009年减少至182.41亿元（见表3-14）。

表 3-14 广东省利用外资情况

年份	签订项目（个）	外商直接投资项个（个）	合同外资额（万美元）	外商直接投资（万美元）	实际利用外资（万美元）	外商直接投资（万美元）
2004	10 530	8 322	2 217 800	1 936 046	1 289 900	1 001 158
2005	11 786	8 384	2 675 695	2 374 365	1 517 358	1 236 391
2006	11 276	8 452	2 838 923	2 456 820	1 780 780	1 451 065
2007	11 705	9 506	3 646 583	3 393 817	1 961 771	1 712 603
2008	8 980	6 999	3 071 447	2 863 991	2 126 657	1 916 703
2009	5 693	4 346	1 824 109	1 755 834	2 028 688	1 953 460

资料来源：广东统计年鉴 2010

注：2004 年起签订项目数、合同外资额、实际利用外资不包含对外借款。

3.5.3 经济快速增长与人力资源供给不足并存

高科技人才、高层次人才缺乏，科技人才断层。随着上海浦东新区建设以及长三角地区的快速发展，随着天津滨海新区进入快速建设轨道以及环渤海经济圈的崛起，广东省对国内外高科技、高层次人才的吸引力也相对减弱，优质人力资源供给面临巨大挑战。广东省不仅科技人员数量相对缺乏，而且人才质量和结构也不能满足经济社会发展的需要。第五次人口普查结果显示，2000 年全省具有大专以上文化程度的人口仅占 3.9%，具有高中和中专以上文化程度的人口也仅占 14.0%。根据国家统计局 2008 年全国人口变动情况抽样调查（抽样比为 0.887‰）样本数据，各地区 6 岁及以上人口受教育程度数据显示，虽然广东省被调查人口中接受高中教育的比例提高到 17%，接受大专及以上教育的人口提高到 7.035%，但与其他省市区比较，接受大专及以上教育的人口比例仅排在全国各省市区第 15 位（依次为北京 28.122%、上海22.662%、天津15.458%、辽宁11.005%、新疆 9.703%、浙江9.530%、陕西 8.684%、湖北 8.076%、宁夏 7.655%、吉林 7.567%、青海 7.474%、内蒙古 7.420%、山西 7.199%、江苏 7.043%），远远低于北京、上海、天津及辽宁等省市。2008 年，广东省平均每十万人口高等学校在校学生数只有 1 820.51 人，排在全国各省市区第 17 位(见表 3–15)。

表 3–15　2008 年广东省平均每十万人口高等学校在校生数（单位：人）

序号	地区	在校生数	序号	地区	在校生数
1	北京	6 749.96	10	浙江	2 323.96
2	天津	4 534.19	11	重庆	2 192.49
3	上海	4 371.18	12	山东	2 071.14
4	陕西	2 879.91	13	江西	2 061.97
5	湖北	2 724.12	14	山西	1 979.40
6	江苏	2 679.20	15	湖南	1 965.78
7	吉林	2 659.07	16	福建	1 936.66
8	辽宁	2 620.51	17	广东	1 820.51
9	黑龙江	2 351.79			

资料来源：中国统计年鉴 2009

2007 年广东省普通高等学校专任教师数量 6.71 万人，仅占全国 116.8 万人的 5.74%；2009 年广东省普通高等学校专任教师数量有所增加，达到 7.39 万人，也仅相当于 2008 年全国高校专任教师总量（123.7 万人）的 5.98%。

2002 年，广东省在科研与开发机构、高校和大中型企业从事科技活动的人员仅 15.6 万人，其中科学家和工程师仅 11.6 万人。2008 年，在科研与开发机构、高校和大中型企业从事科技活动的人员数量有了较大增加，但是与全国从事科技活动人员情况比较，仅在大中型企业从事科技活动人员的比例比较高，其他领域从事科技活动人员占全国从事科技活动人员的比例都很低（见表3-16）。

表3-16 2008年从事科技活动人员（单位：万人）

	科学研究与技术开发机构	全日制普通高等学校	大中型工业企业
全国	48.80	58.02	246.78
广东	1.58	3.43	34.14
广东占全国比例	3.24%	5.90%	13.84%

资料来源：中国统计年鉴2009；广东统计年鉴2010

从以上资料可以看到，广东省在高层次人力资源上不仅外部供给渐弱，内部储备也显不足，现有科技人员队伍与其经济总量占全国总量近1/8的经济地位很不相称。

广东省普通劳动力供给较充足，专业技工人员仍不足。从广东省普通用工情况看，本地劳动力存量和外来劳动力流量都很大，但是，随着经济快速增长以及产业结构的调整，日益显现出劳动力整体素质偏低、劳动力工资成本逐渐攀升的问题，而技术工人，尤其是高级技工供给普遍不足，在一定程度上制约了经济的发展。从技术含量和综合素质来看，广东省现有人力资源要素状况与产业结构升级、迎接高新技术产业转移的要求存在较大差距。具体表现为劳动力整体素质偏低，体力型劳动力占九成。技术工人规模和整体素质难以适应工业产业发展的需要。技术工人不但数量少，且整体素质较低，高级工以上的技术工人仅占24.2%，而发达国家的这一比例达45%。此外，近年来广东省工资成本逐渐攀升对工业产业竞争力构成一定的负面影响。目前广东省珠三角的劳动力平均工资是内地的两倍，导致一些工业向内地转移。

3.6 面对国际市场的高度开放与省内要素流动不足并存

3.6.1 广东省对外开放度高

自1978年改革开放至今，广东省一直是全国对外开放度最高的地区。

3.6.1.1 引进外资时间早、规模大

广东省最早打开对外开放的大门，从20世纪80年代初开始大力引进外资，直至整个90年代，外资向广东省的流入近乎膨胀，1995年合同外资额外商直接投资比1990年增长了823%，实际利用外资外商直接投资同期增长了597%（见表3-17）。

表3-17 广东省利用外资情况

年份	签订项目（个）	外商直接投资项目（个）	合同外资额（万美元）	外商直接投资（万美元）	实际利用外资（万美元）	外商直接投资（万美元）
1980	5 048	188	138 920	120 046	21 419	12 320
1985	13 621	1 640	256 521	200 073	91 910	51 529
1990	7 196	3 042	316 751	268 958	202 347	145 984
1995	9 345	8 177	2 610 480	2 483 244	1 210 037	1 018 028

资料来源：广东统计年鉴2009

20世纪90年代，广东省引进外资的数量及增长速度在全国居于绝对优势地位，无论是合同利用外资额外商直接投资金额，还是实际使用外资额外商直接投资金额，在全国均占很大比重。2000年以后，外资流入发生一些变化，金融危机后有所下降，但2008年，广东省累计吸收港澳台商投资数量仍占全国的21.9%，在实际使用外资额外商直接投资金额上，广东省仍占全国的1/5强（见表3-18）。

表 3-18 实际使用外资额外商直接投资金额（单位：亿元）

年份	全国	广东	广东占全国比重（%）
1985	19.56	5.15	26
1990	34.87	14.60	42
1995	375.21	101.80	27
2000	407.15	122.37	30
2005	603.25	123.64	20
2006	630.21	145.11	23
2007	747.68	171.26	23
2008	923.95	191.67	21

资料来源：广东统计年鉴 2009；中国统计年鉴 2009

但事实上，对于广东省而言，外商直接投资并非投向广东全省各地，而仅仅是以珠三角地区为中心。可以说，时至今日，广东省真正对外资有吸引力的地区仍然是珠三角地区，世界 500 强跨国公司有 400 多家落户珠三角地区(见表 3-19)。

表 3-19 2008 年广东省各区域外商直接投资及比重

	签订项目（个）	合同外资额（万美元）	各区域占全省比重（%）	实际利用外资（万美元）	各区域占全省比重（%）
全省合计	6 999	2 863 991		1 916 703	
珠三角	6 159	2 447 820	85	1 692 091	88
东翼	188	103 946	4	63 328	3
西翼	178	63 192	2	37 462	2
山区	452	152 726	5	121 622	6

资料来源：广东统计年鉴 2009

注：各区域不包省直单位部分。

3.6.1.2　外向型经济特征突出

广东省的资本要素开放流动程度很高，广东省是产品外向生产的典型区域。从20世纪80年代开始，广东省就冠有“两头在外”、“加工贸易”大省之名，珠三角地区许多经营企业从事进口全部或者部分原辅材料、零部件、元器件、包装物料（以下简称“料件”），经加工或者装配后，将制成品复出口的经营活动，包括来料加工和进料加工，所谓来料加工、来件装配、来样加工和补偿贸易的“三来一补”大为流行。1978年8月，广东首家加工贸易企业——珠海香洲毛纺厂的成立揭开了广东省加工贸易的序幕，深圳、东莞、珠海这些靠近港澳的小范围地区以毗邻港澳的地缘长处和地价、劳动力低廉的比较优势，办起了来料加工厂，承接港澳订单。由于这一时期加工贸易业务门类多、规模小、经营活、风险低和收益快，各类加工贸易工厂一瞬间在珠三角遍地开花。加工贸易工缴费收入从1979年1 298万美元激增到1985年以后年均10亿美元以上。在1987年全国来料加工工缴费外汇收入中，广东省占75%。

到20世纪90年代前期，随着加工能力的提高和资金短缺状况的缓解，加工贸易向进料加工中级阶段迅速发展，并在加工贸易中居主导地位。1990年，来料加工进出口额达119.79亿美元，在加工贸易总值中的比重由1987年的20.45%飙升至1990年的48.51%，出现来料加工和进料加工均衡发展的局面。1993年，进料加工进出口额在加工贸易总值中的比重又提高到53.15%，首次超过来料加工进出口额。1993年以后，以跨国公司为主的外商直接投资成为推动广东加工贸易发展的主要动力。加工贸易在产业结构、技术水平和分工层次等方面都有较为明显的提升，其增长速度放慢，但在广东对外贸易中的比重迅速上升，成为广东最主要的对外贸易方式。这个时期加工贸易的规模持续发展壮大，2006年全省加工贸易企业超过7万家，全省加工贸易进出口总额达3 461.2亿美元，增长了18.5%，占全省进出口总额的65.7%。同时，这个时期广东加工贸易的结构发生了质的变化，加工贸易产品的高附加值和高技术含量大大增加。由于广东省在对外开放中呈现的上述发展过程，决定了产品外向度极高的特征。时至今日，广东省对外贸易始终处于全国的前列（见表3-20）。

表3-20 进出口总额（单位：亿美元）

	2004年	2005年	2006年	2007年	2008年
全国	11 545.50	14 219.10	17 604.00	21 737.26	25 632.60
广东	3 571.29	4 280.02	5 272.07	6 340.35	6 834.92
广东占比	30.93%	30.10%	29.95%	29.17%	26.66%

资料来源：中国统计年鉴2009；广东统计年鉴2010

数据显示，即使在全球金融危机的影响下，2008年广东省进出口总额仍比2007年有所增加，并占全国进出口总额的1/4强。而且广东省的进出口贸易顺差从2004年到2008年一直在增加，2004年为260.09亿美元，2005年为483.4亿美元，2006年为766.89亿美元，2007年为1 044.43亿美元，2008年增至1 248.83亿美元。无疑，加工贸易产生的顺差是重要因素，而随着外商直接投资规模的扩大，进出口贸易将继续保持一定顺差，从而继续带来贸易不平衡，进而对贸易摩擦产生影响。

3.6.2 省内要素流动相对不足

与外资强劲流动、产品生产外向度高相比较，广东省要素的内部流动显得相对不足。

第一，广东省本土的民营资本规模较小，流动性小。2010年8月，全国工商联发布了《2010中国民营企业500家分析报告》，“2010中国民营企业500强”榜单也同时发布。在上榜的民营企业500强中，广东只有13家，江浙两省有309家，占据榜单的60%强席位。上榜的广东企业在100强以内的仅有2家，200强以内的有4家。其中排名最靠前的是比亚迪，以年营业收入总额397.6518亿元排名第十位。此次调研是依据2009年民营企业全年经营情况调研得出，且该项排名是以民营企业自愿参加为原则，由民营企业自填调查表，并经当地工商联和有关部门确认，所以并不排除企业顾虑自身资料对外公布与否的原因而放弃参与。例如，有专家认为诸如广东的美的集团、格兰仕、温氏食品、华为、广州市白云电气等民企营业收入均破百亿人民币，特别像美的、华为等企业如果参评，定会进入前列。但即便这些企业列入其中，广东省的数量也大大少于江浙地区。2009年，广东省民营经济增加值占GDP比重为42.75%，比江苏低了近5%，比浙江低了近15%。广东省本土的民营资本流动性小，尤其是向高技术领域的流动性不足，广东全省认定的民营科技企业在2000—2006年期间增长了1倍，职工数增长了近5倍，技工贸收入提高了6.74倍，但科技型企业的涌现速度较低，民营企业数量增加的速度比不上经济增长速度，来自民间的科技投入意识不强，以科技进入市场的动力较差。广东高新科技企业数量在2000—2006年增长了2.4倍，但北京、上海、江苏、浙江高新企业的数量在2006年均超过广东。

第二，资本要素在本区域内再配置程度及流动性较低。特别是在经济总量中居重要地位的制造业，无论是外资企业还是本土企业，大多集中在珠三角地区，很少形成连带其他地区的零配件配套生产的分工体系，如表3-21所示，在对127个行政村的调查中，仅有27%的村其经济发展有大型企业对口支持，仅有14%的村其企业有知名大企业参与投资。投入过度集中于发达地区，县区要素的低成本优势难以充分利用，大企业资本辐射作用也未得到充分发挥。

表 3-21　资本要素与产品流动状况调查

地市及行政村数	有大型企业对口支持本村经济发展	村有企业数量	村企业有省内知名大企业参与投资	村企业的产品销售至省外
广州 10 个村	4	7	4	6
深圳 9 个村	7	9	5	8
东莞 13 个村	7	5	5	6
惠州 23 个村	9	8	2	6
河源 11 个村	0	1	1	1
韶关 11 个村	0	2	1	3
梅州 16 个村	0	2	0	1
汕头 10 个村	4	7	2	6
肇庆 10 个村	3	1	0	2
湛江 14 个村	0	1	0	3
全省总计占比	27%	34%	14%	33%

资料来源：本课题专项调研（2007—2008 年）

第三，劳动要素流动不足。广东省社会科学院社会学与人口学研究所所长郑梓桢介绍，根据统计，近 30 年来，广东省从事第一产业的劳动力一直徘徊在 1 500 万～1 600 万人之间，并没有随着产业结构的调整明显减少。郑梓桢分析，在全国统一开放的劳动力市场条件下，大量省外劳动力涌入广东，广东省经济发展所创造的大量就业机会并没有充分惠及广东人民，尤其是农村居民。2007 年，广东流动就业总数 2 620 万人，其中本省只有 720 万人，仅占 27. 5%，广东省使用外省劳动力数量多达 1 900 万人，是使用本省劳动力的 2. 7 倍。至于可转移的剩余劳动力，他通过测算认为，广东省农村还有 500 万左右的劳动力可供转移，这是广东学术界和政府都比较认同的一个数字。因此，广东省要在 2012 年完成农村剩余劳动力的转移，按政府的“十一五”规划是每年可以提供100万左右的新增劳动岗位，这也算是广东省农村剩余劳动力转移的时间表。

3.7 人口数量膨胀与高层次人才不足并存

广东省常住人口自改革开放以来不断膨胀，在20世纪80年代和90年代多数年份中，广东省人口自然增长率都明显高于全国水平(见表3-22)。

表3-22 人口自然增长率比较（‰）

年份	全国	广东	年份	全国	广东
1978	12.00	16.7	1991	12.98	14.49
1980	11.87	17.34	1992	11.60	12.87
1981	14.55	–	1993	11.45	12.02
1982	15.68	17.17	1994	11.21	11.74
1983	13.29	14.68	1995	10.55	11.6
1984	13.08	14.54	1996	10.42	11.06
1985	14.26	14.27	1997	10.06	10.5
1986	15.57	16.45	1998	9.14	9.77
1987	16.61	16.42	1999	8.18	8.76
1988	15.73	15.83	2000	7.58	8.14
1989	15.04	14.54	2001	6.95	7.86
1990	14.39	16.5	2002	6.45	7.3

资料来源：中国统计年鉴2009；广东统计年鉴2010

由于省外流动人口增长较快和我省部分农村地区特别是粤东地区农村计划生育工作难度大，20世纪80年代、90年代人口过快增长，使得广东提前进入新一轮人口出生高峰。2006年、

2007年的出生人口分别比上年增加1.83万人和3.04万人，人口自然增长率由2005年的7.02‰升至2007年的7.3‰、2008年的8‰，2008年年末常住人口达9 544万人，已跃居我国第一人口大省。预计“十一五”后半期广东省仍将保持出生人口数量逐年增加的态势。

在人口增长的同时，广东省接受高层次教育的比例却并不高。正如前所述，2008年广东省平均每十万人口高等学校在校学生数只有1 820.51人，排在全国各省市区第17位。以惠州为例，从本课题组对惠州166户家庭的调查情况来看，有子女完成或在读硕士以上学业的家庭微乎其微。从文化素质水平来看，人口整体素质仍相对偏低。在《惠州市人才“十一五”规划》中，提出了当时的人口素质状况，2005年惠州市文盲人口为16.8万人，占全市15岁及以上人口的5.67%，比2000年人口普查略减，其中龙门县、惠东县和博罗县都超出全市平均水平，分别为9.22%、7.81%和6.76%。2005年，惠州具有大学专科及以上受教育程度人口达13.6万人，占全市6岁及以上人口的3.9%，总体水平偏低；人口受教育程度结构比，2005年，大学、高中、初中、小学分别为3.9∶12.2∶46.9∶31.4，与2000年人口普查的数据2.7∶12.9∶44.1∶33.8比较，文化层次虽得到了一定提高，但惠州市人口仍以初中文化程度为主体，与经济社会快速发展对人口素质的高要求还存在一定差距。在人才队伍中，高级人才短缺，高级专业技术人员不足，高级技能人才奇缺。实际上，这种状况映现出广东省的共同特点。

广东省高层次人才不足，难以满足广东省经济社会发展的需要。现有国家“973”首席科学家中，广东只有16人，北京有169人，上海有54人，江苏有20人。2008年，广东省拥有两院院士69人（未包括2009年新遴选出来的7名院士，其中中央驻粤和本省院士29人、双聘院士40人），仅相当于北京大学、清华大学一所高校的院士数量。享受国家津贴新增人数2000年、2006年、2008年分别为164、115、85人，总人数偏少，总共只有5 004人。“新世纪百千万人才工程”国家级人选64人（含中央驻粤单位32人），2008年，广东省高级职称批准人数为16 632人，高级职称总人数为20万人。此外，广东省高层次人才培养能力较弱，博士点少，招生人数少。2008年，博士后、博士生招生人数分别为419、3 121人，博士后研究人员总数为3 000多人。为了满足广东省经济社会发展的需要，广东省每年要从外省引进大量的高级职称人员、博士，如2008年广东省共调动、引进人才17 000多人，其中高级职称约2 000人（见表3-23）。

表3-23 广东省高层次人才情况一览表（单位：人）

		2000年	2005年	2006年	2007年	2008年	2009年
院士人数		41	68	67	64	69	75
享受国家津贴新增人数		164		115		85	
高级职称批准人数		6 111	19 336	16 409	16 852	16 632	19 249
博士后招收人数		163	380	382	360	419	507
博士生	招生数	1 053	2 802	3 049	3 121	2 896	3 182
	在校生	2 558	9 049	10 587	11 466	9 869	11 672
	毕业生	417	1 342	1 957	2 327	1 780	2 482

资料来源：广东统计年鉴2009；广东统计年鉴2010

注：享受国家津贴的人数从2003年起逢双年评比一次。

正因为如此，广东省经济社会发展所需要的高级人才主要是由外部流入。而随着市场化改革进程的推进，人才流动与资本流动一样活跃，为广东省人才引进提高了可能性。多年来广东省各地都在不断加大力度吸引人才。例如，惠州市政府出台了一系列措施，市财政拨出专款，2008年举行了首次“百名博士惠州行”活动，因而在“十五”期间，惠州市专业技术人才队伍建设，特别是具有高学历、高职称的人才队伍的建设，取得了显著进展。在现有高层次科研技术人员中，外部流入的数量较大，广州市、深圳市等更是各地人才的聚集地。为了加大吸引力，引进高级人才的力度越来越大。例如，2010 年 3 月，广东外语外贸大学推出“云山学者”岗位计划，面向国内外招聘学者、教授，其中最高级别的“云山领军学者”年薪超过 60 万元，外加 10 万 ~20 万元的科研配套经费。2010 年 9 月，由广东省委常委、深圳市委书记王荣领衔的深圳市大型海外招聘团队走出国门，前往美国硅谷、洛杉矶和日本东京举办人才招聘会。海外引才之行历时 10 天，964 个职位虚席以待，深圳各大企业开出百万年薪向海外高层次人才招手。此次大型海外招聘活动有中国平安、华为、中兴通讯、比亚迪、南方科技大学等 337 个单位参加，提供职位 964 个，需求人数共 2 600 多人。招聘职位中，年薪百万以上的 153 个，年薪 50 万以上的 396 个。有的单位还开出期权、股权、住房等方面的丰厚待遇。所需人才涉及电子信息、互联网、金融证券、新能源开发、光电、生物医药等多个领域。南方科技大学已从全球上千名应聘者中，初步选出了 60 名副教授以上学者，部分领军人才的年薪高达 100 万元。

3.8 现代科技文明迅速传播与传统意识形态、行为方式（乃至迷信活动）日趋加重并存

随着改革开放的深化，特别是外向型经济发展的推动，广东省成为对国内外科学技术、人文理念、生活方式等方面高度包容的新兴区域。不仅在物质生产领域应用先进的生产方式和技术手段，高科技产品生产也成为省域工业的特征。广东省是一个以富有商业精神、对市场运作熟练和敏感而著称的省份，随着改革开放的深化，特别是外向型发展的推动，广东省的经济快速发展，生活水平大幅提高，在精神文明建设及民主法制等社会生活各方面均取得了令人瞩目的成就。作为改革开放前沿地区的一部分，

也更快更多地与国际化市场意识、生活方式等相衔接，人们强化效率，倡导时尚，追求高质量生活，特别是始终关注自然环境的保护和社会文明进步等。广东素有经商的传统，这使得广东人开放意识强，容易接受新事物，商品意识浓厚，与全国其他地区相比，广东人排外性不强，大多数人能以包容的心态与外来人交往。

然而在向现代文明快速提升的同时，却出现了人们意识形态、行为方式复古以至“迷信”的现象，举手投足都要看风水、看皇历，顶礼膜拜烧香供奉，将传统祭拜仪式异化，甚至有人不惜浪费大量的人力、物力和财力建豪华墓地，购买高档祭品祭祀亡灵等。这些现象与现代文明发展要求极不相称，也极大地影响了社会主义物质文明和精神文明建设。从广义上说，迷信是指人们对于事物盲目地信仰或崇拜。狭义的迷信，按照我国解放以后约定俗成的习惯，专指人们信星占、卜筮、风水、命相和神鬼等的思想和行为。迷信活动一般指民间的神汉、巫婆、算命先生、风水先生等所从事的抽签、打卦、算命、看相、看风水、驱鬼、跳大神等活动。

近年来在广东省乡村和城市的一些角落，封建迷信沉渣泛起，有些地方物质富裕了，但精神生活却依然十分贫困，精神家园失落。由于一部分人文化素质偏低，对中国传统国粹崇信不起来，对西方宗教知之甚少，思想上的空白使他们多信仰面相、风水、命运等，喜欢弄一些阴阳鬼气的东西辟邪。甚至少数党员干部丧失理想信念、带头搞封建迷信，风水、相术、占卜、占星术、巫术、降神、符咒、拜神等在社会生活中盛行。不少广东人开的店铺、公司、厂矿、企业基本上都供神，都会在显眼位置摆放着神龛，供着不伦不类的财神“关二爷”，夸张的店铺甚至设有四个神龛，分别供奉着不同教派不同级别的观音菩萨、太上老君、财神爷和土地爷。有人开玩笑地说，北方人看到公司一进门就有神龛，不必惊诧，那一定是一个真正的广东人开的公司。实质上，在漂亮的房子里摆上神龛，与现代气息浓厚的房屋建筑是不相协调的。广东人逢年过节都爱在自己家里做道场，香火不断。车牌号、门牌号、电话号、婚嫁期、开业日期都要选择特殊数字。更有甚者，连生孩子也择期进行剖宫产。

本课题组对广东省 10 个市 1 100 个家庭的调查结果显示，广东省多数家庭都或多或少地将收入的一部分用于祭拜及其他宗教活动(见表 3-24)。

表 3-24　家庭每年用于祭拜及其他宗教活动方面支出占收入比重情况

地区	支出占收入中比重1%以下家庭占比	支出占收入中比重2%～3%家庭占比	支出占收入比重4%～5%的家庭占比	支出占收入比重6%～7%的家庭占比	支出占收入比重8%～9%的家庭占比	支出占收入比重10%以上家庭占比
广州	82%	13%	5%	0%	0%	0%
深圳	53%	24%	11%	2%	2%	1%
东莞	84%	8%	2%	1%	0%	4%
惠州	74%	14%	7%	1%	2%	1%
河源	63%	22%	9%	1%	0%	1%
韶关	71%	9%	7%	7%	1%	0%
梅州	60%	21%	9%	4%	4%	2%
汕头	24%	35%	20%	4%	7%	11%
肇庆	63%	18%	8%	2%	1%	3%
湛江	60%	21%	9%	3%	1%	6%

此外，调查表明家庭成员或多或少地参与过各类祭拜及其他宗教活动。广州 29% 的家庭、深圳 27% 的家庭、惠州 28% 的家庭、河源 42% 的家庭、韶关 28% 的家庭、梅州 27% 的家庭、汕头 39% 的家庭、肇庆 20% 的家庭、湛江 35% 的家庭，是全体成

员都参与各类祭拜及其他宗教活动，有的家庭成员一年内平均参加祭拜及其他宗教活动所用时间竟达到30天以上（见表3-25）。

表3-25 家庭成员年平均参加祭拜及其他宗教活动所用时间情况

地区	所用时间10天以内	所用时间11～15天	所用时间16～20天	所用时间21～25天	所用时间25～30天	所用时间30天以上
广州	62%	17%	1%	2%	8%	7%
深圳	58%	15%	6%	3%	5%	6%
东莞	91%	4%	1%	1%	1%	0
惠州	66%	20%	4%	1%	5%	1%
河源	78%	6%	1%	1%	0	3%
韶关	63%	7%	4%	7%	2%	3%
梅州	62%	5%	8%	3%	3%	6%
汕头	42%	13%	14%	1%	8%	22%
肇庆	73%	14%	3%	1%	2%	0
湛江	73%	14%	2%	1%	1%	9%

4　广东经济社会二元性非均衡特征形成的原因

4.1　国家宏观发展战略导向下形成广东省阶段性非均衡区域发展战略

经济增长与平衡发展的“倒 U 字形”相关规律，决定了一个发展中国家为推动经济社会快速发展在一定时期内必须采取不均衡的区域发展战略。1978 年我国开始市场化改革，在此之前整个经济运行束缚于传统经济体制，经济效率低下，资源配置不当，人们缺乏积极性。为了探索出适合中国国情的发展道路，中国实施了渐进式改革，宏观上实施阶段性非均衡发展战略，特别是在城市及工业领域，在保留原有体制的同时，首先从部分地区、部分领域局部突破，推进新体制发展，进而逐步推动整个经济社会的改善。特区建设、一部分地区和一部分人先富起来，逐步实现共同富裕等思路是阶段性非均衡发展战略的具体体现。在阶段性非均衡发展战略导向下，人力资源、资本资源等快速向部分地区、部分行业进行重新配置，因而这些地区或行业在较短的时间内获得了惊人的发展。“阶段性非均衡发展战略”也成为各地区推进市场化改革与发展的导向，寻找突破口，让一部分地区和一部分人先富起来，非均衡发展成为共识，广东省率先走上这样一条探索之路，实施以珠三角地区先行发展的“阶段性非均衡发展战略”。

4.1.1　珠江三角洲地区是市场经济最活跃和最具有发展潜力的地区之一

广东省“阶段性非均衡发展战略”首先以珠三角地区先行发展加以实施。珠三角地区以其毗邻港澳的特有地缘区位优势，改革开放先行带来的体制，政策优势，相对发达的农业基础与港澳台等大规模的产业转移优势，相对低廉的土地和丰富的劳动力资源优势，成为广东省社会经济发展的先行地区，是我国第一个打破行政区划按照经济区划原则建立的经济区，是广东乃至全国市场经济最活跃和最具有发展潜力的地区之一。

中共十一届三中全会后，国家采取了一系列措施，实施向沿海地区倾斜的区域发展政策，广东珠三角地区是最大的受益者。可以说，中央的政策提供区域发展的启动机会，地方政府的响应能力决定区域发展的速度，市场原动力的形成决定了政策调整的成效，而外向型和内源性经济的良性结合是区域优势能否持续的关键。政府供给的资源在与市场经济相符合、与市场力量相协调的情况下，就会对中国区域经济的成长起到重要的推动作用。广东临近香港和澳门，远离中国的中心地带，以及它在经济上落后于许多省份，被中央选择实施特殊政策下，成为改革开放的试验田。中央对广东充分放权，广东放手尝试。广东在经济路径的选择上基本效仿香港，政府奉行“积极不干预政策”，经济活动主要由市场力量调节，政府以尽量减少对经济活动的管制为改革方向，珠江三角洲各级地方政府为发展本地经济，普遍通过灵活变通使自己的权力得以放大，规避当时无处不在的种种审批权。这种放权模式能够迅速调动各种资源，大规模制造供给能力，令广东的工业在短短 10 年时间内在贫乏的基础上崛起并跻身全国的前列。

由于实行了以“阶段性非均衡发展战略”为特征的改革开放“先行一步”的特殊政策，珠江三角洲地区得以利用自身的地理区位、土地、劳动力等条件（不仅包括当地的农村剩余劳动力，更主要的是被珠江三角洲先行开放的效应所吸引，内地大量的打工族涌入使得珠江三角洲地区有着似乎可以无限供给的劳动力资源），大规模地引进港澳的资金、技术、管理和市场，使其地缘区位得以发挥作用。当改革开放成为全国普遍实行的政策时，珠江三角洲地区已经通过在先行阶段由比较优势所引致的发展模式形成了较强的竞争力。当一个地区能有效地将外部要素和内部要素有机结合起来，就能促进整个区域的经济快速发展。

从改革开放起直至整个20世纪90年代，外资向广东省的流入近乎膨胀，合同外资额外商直接投资1995年比1990年增长了823%，实际利用外资外商直接投资同期增长了597%（见表4-1）。

表4-1 广东省利用外资情况

年份	签订项目（个）	外商直接投资项目（个）	合同外资额（万美元）	外商直接投资（万美元）	实际利用外资（万美元）	外商直接投资（万美元）
1980	5 048	188	138 920	120 046	21 419	12 320
1985	13 621	1 640	256 521	200 073	91 910	51 529
1990	7 196	3 042	316 751	268 958	202 347	145 984
1995	9 345	8 177	2 610 480	2 483 244	1 210 037	1 018 028
2000	16 879	4 245	1 108 598	868 393	1 457 466	1 223 720
2005	11 786	8 384	2 675 695	2 374 365	1 517 358	1 236 391
2006	11 276	8 452	2 838 923	2 456 820	1 780 780	1 451 065
2007	11 705	9 506	3 646 583	3 393 817	1 961 771	1 712 603
2008	8 980	6 999	3 071 447	2 863 991	2 126 657	1 916 703

资料来源：广东统计年鉴2009

注：2002年起外商直接投资统计口径调整，企业投资总额内的境外借款只包括外方股东贷款。

20世纪90年代，广东省引进外资的数量及增长速度，在全国居于绝对优势地位，无论是合同利用外资额外商直接投资金额，还是实际使用外资额外商直接投资金额，在全国均占很大比重。虽然进入2000年以后，该比重有所下降，但实际使用外资额外商直接投资金额，广东省仍占全国的1/5强(见表4-2)。

表4-2 广东省与全国利用外资情况比较

年份	合同利用外资额外商直接投资金额（亿元）			实际使用外资额外商直接投资金额（亿元）		
	全国	广东	广东占全国比重	全国	广东	广东占全国比重
1985	63.33	20.007 3	32%	19.56	5.152 9	26%
1990	65.96	26.895 8	41%	34.87	14.598 4	42%
1995	912.82	248.324 4	27%	375.21	101.802 8	27%
2000	623.8	86.839 3	14%	407.15	122.372	30%
2005	1 890.65	237.436 5	13%	603.25	123.639 1	20%
2006	1 937.27	245.682	13%	630.21	145.106 5	23%
2007		339.381 7		747.68	171.260 3	23%
2008		286.399 1		923.95	191.670 3	21%

资料来源：广东统计年鉴2009；中国统计年鉴2009

但事实上，外商直接投资并非投向广东全省各地，而仅仅是以珠三角地区为中心。可以说直至今日，广东省真正对外资有吸引力的地区仍然是珠江三角洲地区，世界500强跨国公司有400多家落户珠三角(见表4-3)。

表 4-3 广东省各区域外商直接投资及比重

	2007 年				2008 年			
	签订项目（个）	合同外资额（万美元）	实际利用外资（万美元）	实际利用外资各区域占全省比重	签订项目（个）	合同外资额（万美元）	实际利用外资（万美元）	实际利用外资各区域占全省比重
全省合计	9 506	3 393 817	1 712 603		6 999	2 863 991	1 916 703	
珠三角	8 445	2 994 058	1 518 784	89%	6 159	2 447 820	1 692 091	88%
东 翼	260	104 909	53 040	3%	188	103 946	63 328	3%
西 翼	147	98 148	33 153	2%	178	63 192	37 462	2%
山 区	654	196 702	107 626	6%	452	152 726	121 622	6%

资料来源：广东统计年鉴 2009

注：各区域不包省直单位部分。

珠三角形成了国际资源的集聚，也有效地启动内源型资源集聚。在国外资本向珠江三角洲地区大量涌入的同时，国内范围的资源集聚也日益形成，广东起步阶段主要体现为利用中央政策形成国内“政策高地”，拉动国内范围的资源集聚，这种资源的集聚有很大部分是从全国其他地区而来的（如 20 世纪 80 年代各省市在深圳设立办事处）。在吸引国内其他地区资源的过程中，不仅通过政府，而且主要通过市场机制，吸引外地资金的进入，进而与本地的资源形成循环，劳动力资源也源源不断地流入。

20 世纪 80 年代初期以前，不少中国农村地区的生产条件还停留在半原始状态，农民收入水平极其低下，但又找不到其他依法获利的途径，特别是获取现金收入的渠道少之又少。80 年代初珠三角地区优先享受开放政策，国内外投资商得以在此开发建厂，自主生产经营，在这些企业里打工能够获得数倍于在内地许多地区农村辛苦劳顿所能够获得的收入水平，无疑让大量农村剩余劳动力找到了农业生产以外的获利途径。反差巨大的经济利益诱惑，使得内地农村剩余劳动力不顾一切地奔赴珠三角地区。

根据国家统计局2004年的数据，全国进城农民工达1.2亿人，他们主要来自中西部的贫穷地区，只接受过初中教育的占多数。其中82%的人到了广东、浙江、上海、北京、江苏、福建和天津等经济发达地区，仅广东的进城农民工就占全国进城农民工的47%，主要分布于制造业（30%）、建筑业（23%）、社会服务业（10%）、住宿餐饮业（7%）、批发零售业（5%）。他们已成为中国产业大军的主力，占全国加工制造业总数的68%，占建筑业的80%，占第三产业的批发、零售、餐饮业的52%以上。[①] 经过30多年发展的珠三角，已经形成的完整产业链对外来农民工具有吸引力。根据广东省劳动与社会保障厅的统计，2007年全省外来务工人员为2 620万人。珠三角地区具有代表性的深圳、东莞是外来务工人员最为集中的地区，多年以来，外来人口都远远多于当地户籍人口。从20世纪80年代改革开放到90年代末、21世纪初期，外来工数量及比重都达到高峰值，如位于珠三角核心地带的东莞，20多万家工厂开足马力为世界各地生产着从内衣到手机、电脑的各类产品，高峰时曾容纳超过600万外来工。1989年，人们惊呼："百万劳工下深圳了！"内地许多热血青年在改革大潮的裹挟下，不远千里来深圳求职，形成了特殊的移民潮。直至2008年，深圳市户籍人口占常住人口的比重为27%，东莞户籍人口仅占常住人口的25%（见表4-4）。

① 人民日报·海外版，2005-11-10

表 4-4 2008 年广东省与珠三角人口情况

	常住人口（万人）	户籍人口（万人）	非户籍人口占常住人口比重
全省	9 544. 00	8 267. 09	13%
珠三角	4 771. 77	2 920. 82	39%
广 州	1 018. 20	784. 17	23%
深 圳	876. 83	232. 49	73%
东 莞	694. 98	174. 86	75%

资料来源：广东统计年鉴 2009

2008 年因冰雪灾害导致广州火车站春节前 350 万人大滞留，刷新了新中国历史上春运农民工返乡潮的新纪录，足以表明珠三角地区长期以来外来工的高度聚集状况。30 多年来，这些农民工为广东省经济的迅猛增长作出了巨大贡献，可以说，没有这个群体的发展，就没有广东经济的持续增长。

由于国内外资本资源、劳动力资源迅速向珠三角地区集聚，使得该区域在短时间内快速崛起了以外向型为主、“三来一补”加工型为主、劳动密集型产业为主的工业制造业，特别是无限供给的廉价劳动力一直被认为是珠三角竞逐“世界工厂”的核心竞争力。20 世纪 90 年代，在珠三角地区就已经形成了国内具有重要影响的产业，如电子、陶瓷、纺织、有色金属等产业，甚至多项产品达到产量居世界第一位的殊荣，如电子计算机、研磨镜片、直流机电马达、电源供应器、芭比玩具、电子光碟驱动器、电话机、光视听机芯、电池、电脑线路板等。而今高科技产业、重化产业等也愈来愈占据重要地位。从 2002 年起，珠三角地区生产总值占广东省地区生产总值的比重一直在 80% 以上（见表 4-5）。

表 4-5 珠三角地区与广东省地区生产总值（亿元）及比重

	2002 年	2003 年	2004 年	2005 年	2006 年	2007 年	2008 年
广东省	13 502. 42	15 844. 64	18 864. 62	22 366. 54	26 159. 52	31 084. 4	35 696. 46
珠三角	10 953. 96	12 956. 68	15 485. 39	18 244. 47	21 608. 63	25 606. 87	29 745. 58
珠三角地区占比	81%	82%	82%	82%	83%	82%	83%

资料来源：广东统计年鉴 2009

珠江三角洲不仅是广东省也是我国经济发展的重要支柱之一，仅有不到广东省国土面积的 14%、仅由 9 市组成的小珠三角地区，经济总量占全国的 1/10。抓住了珠三角，广东就抓住了经济龙头，就有可能加快发展、率先发展、协调发展、继续当好排头兵，进而有效地推动珠三角、广东省的发展。也恰恰由于珠三角地区非均衡的跳跃发展，形成了整个广东省珠三角地区发达的工业与粤西、粤北及山区传统的农业并存的局面。

4. 1. 2 珠江三角洲地区形成现代化城市群

当今世界经济的特点之一，是都市群的竞争，而国家之间的竞争，更多地体现在区域竞争上，或者说是城市群之间的竞争。珠江三角洲地区在现行发展中，聚集了国内外要素与资源，城镇化水平快速提高，基础设施比较完备，在先行快速发展的过程中，珠三角都会区已经完成“城市向心体系”构建，形成了一批富有时代气息兼具岭南特色的现代化城市群，成为我国三大城镇密集地区之一。组团式城市群可以使规模效应、集聚效应、辐射效应和群力效应达到最大化。集聚是城镇化进程的基本特征。城镇集聚能力的强弱、城镇集约化发展程度的高低直接反映城镇化质量。经过 30 多年的改革开放，珠江三角洲地区在先行发展时期吸引了国内外大量企业和各层次人员，形成了珠江三角洲地区人口和经济要素的高度集聚。珠三角地区面积仅为 24 437 平方千米，不到广东省国土面积的 14%，2008 年常住人口 4 771.77万人，占当年广东省人口的50%，珠三角地区城镇化率已超过 70%，成为我国城镇密度最大、经济要素聚集度最高、持续充满活力的城镇连绵区。

根据《广东建设蓝皮书：广东省城镇化发展评估报告(2006)》，通过选取城镇人口比重、人均生产总值、第三产业增加值占 GDP 比重、非农建设用地土地产出率、城市建成区面积占全市非农建设用地比重等五项指标对城镇集聚发展水平进行评估，所得到的全省 21 个地级以上市城镇集聚发展指数的排序情况表明，集聚指数高于全省平均水平的城市主要分布在珠江三角洲内圈层，深圳、广州等城市的集聚发展水平为全省最高，其城镇集聚发展指数分别为 96 和 90，大大高于全省 64 的平均水平和全国 54 的平均水平，比广东省城镇集聚发展指数最低的云浮、河源、湛江等市约高 1 倍(见图 4-1)。

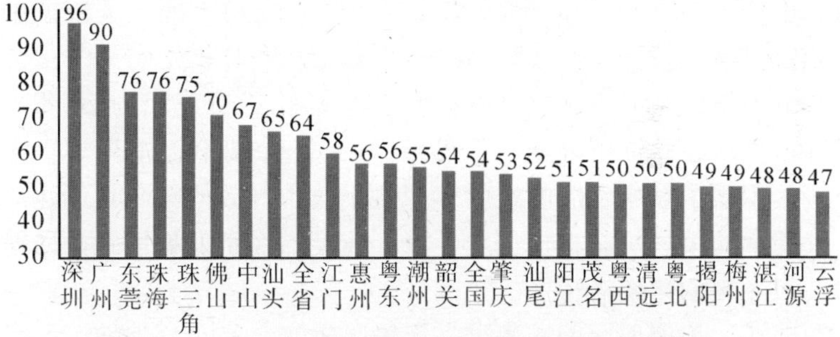

图4-1 2005 年广东省城镇集聚发展指数的排序情况

资料来源：广东建设蓝皮书：广东省城镇化发展评估报告（2006）

可见，在阶段性非均衡区域经济发展中，以广州、深圳为核心的大城市优先发展一直居主导地位，这一主导地位随区域开发水平的提高而有不同的表现形式。从城市体系、大都市区到大都市连绵区的一系列变化，大城市的地位与作用不断巩固和上升。

珠三角已经形成可以在其向全球区域转型过程中更有效地利用和承接世界一流的金融及生产服务、人口和经济高度集聚，发展水平相对较高且拥有大量的优秀人才、国际化程度很高、腹地市场庞大的现代化城市群。从区位和历史造成的优势看，广州向来都是一个辐射华南、影响东南亚的大都市。经过改革开放30年的发展，广州经济发展取得了巨大成就，社会全面进步，人民生活质量显著提高，城市综合竞争力和国际影响力明显提升，为广东的改革与发展、财税增收、扩大就业等作出了重大贡献，是全省率先基本实现现代化的先行区和排头兵，对建设中国特色的社会主义起到了重要的示范作用。而深圳，这个昔日的小渔村，得改革开放之东风，在非均衡发展中崛起的新城市，成为内外瞩目的经济特区和开放城市，2007年深圳成为中国内地首个人均GDP过万美元的城市。其进出口总额连续10多年位居大中城市第一。

有专家统计：深圳曾用了18年时间使GDP达到1 000亿元，用5年达到2 000亿元，而突破3 000亿元仅用了两年。根据中国社会科学院发布的《2009年中国城市竞争力蓝皮书：中国城市竞争力报告》对全国294个地级以上城市综合竞争力2008年度排名显示，深圳位列第二。改革30年，深圳不仅杀出了一条血路，积累了创新发展的经验，探索出改革开放的路子，创建了比较健全的市场机制，也创立了深圳速度的经济发展模式，以铁的事实证明创建经济特区的正确性。

珠江三角洲地区的城市群，居民收入水平高于其他地区，基础设施供给能力强，城镇生活服务质量优于周边地区。珠江三角洲各城市在基础设施投入、水电气供应、公共服务和社会保障的完备程度等方面均明显优于省内其他地区，也优于全省和全国平均水平。在“十五”规划完成时，珠三角地区基础设施投资占GDP的比重达到全省平均水平的1.2倍；年人均供水量是全省平均水平的1.5倍；市区人均居住面积是全省平均水平的1.3

倍；千人拥有医生数是全省水平的1.2倍；社会保障覆盖率是全省、全国平均水平的2.5、3.2倍。

在阶段性非均衡发展带来珠三角地区城市群的快速发展的同时，广东省城乡经济社会发展不平衡不断加深，城乡居民收入差距日益拉大，珠三角地区现代化城市群与粤西、粤北及山区落后的农村并存局面愈加凸显(见表4-6)。

表4-6 广东省城乡居民收入比较

年份	城镇居民人均可支配收入		农村居民人均纯收入	
	人均可支配收入(元)	名义增长(上期为100)	人均纯收入(元)	名义增长(上期为100)
1980	472.57		274.37	
1985	954.12	2.02	495.31	1.81
1990	2 303.15	2.41	1 043.03	2.11
1995	7 438.68	3.23	2 699.24	2.59
2000	9 761.57	1.31	3 654.48	1.35
2005	14 769.94	1.51	4 690.49	1.28
2006	16 015.58	1.08	5 079.78	1.08
2007	17 699.3	1.11	5 624.04	1.11
2008	19 732.86	1.11	6 399.77	1.14

资料来源：广东统计年鉴2009

注：1. 可支配收入=家庭总收入-交纳所得税-个人交纳的社会保障支出-记账补贴

2. 农村居民现金纯收入受农村生活消费品价格指数和农村服务项目价格指数以及农业生产资料价格指数的影响（购买生产性固定资产部分）；实物纯收入受自产自用产品价格指数影响。

从表4-6中可以看到，在多数年份，广东省农村居民人均纯收入的增长慢于城镇居民人均可支配收入的增长。事实上，广东省城乡居民收入差距拉大，在很大程度上与珠三角地区城镇居民收入大大高于整个农村居民收入相关。从2008年的情况可以看到，珠三角地区多数城市城镇居民人均可支配收入平均水平达到20 000元以上，东莞市甚至超过30 000元，而其他各市多为9 000～13 000元，很显然珠三角地区城镇居民收入水平远远高于农村居民人均纯收入6 399.77元的水平（见表4-7）。加之珠三角地区人口高度集中，2008年，珠三角地区常住人口4 771.77万人，占全省9 544.00万常住人口的50%，其人口密度远远大于其他地区，特别是落后的粤西、粤北及山区。珠三角地区城镇化率很高，因而在珠三角城市群快速发展的同时，广东省城乡差距也被迅速拉大。

表4-7　2008年珠三角地区主要城市城镇居民可支配收入（单位：元）

广州	深圳	珠海	佛山	东莞	顺德	惠州	肇庆
25 316.72	26 729.31	20 949.48	22 494.01	30 274.64	26 433.00	19 480.63	13 641.54

资料来源：广东统计年鉴2009

尽管广东省作为全国经济总量最大的省份，珠三角地区城镇居民年平均收入排在全国前列，但广东省农村居民收入水平不仅大大低于珠三角地区城镇居民收入水平，而且在2005年之后都低于北京、天津、上海、江苏、浙江等省市的农村居民收入水平（见表4-8）。

表4-8　全国各地区农村居民家庭人均纯收入（单位：元）

	1990年	1995年	2000年	2005年	2006年	2007年	2008年
全国	686.31	1 577.74	2 253.42	3 254.93	3 587.04	4 140.36	4 760.62
北京	1 297.05	3 223.65	4 604.55	7 346.26	8 275.47	9 439.63	10 661.92
天津	1 069.04	2 406.38	3 622.39	5 579.87	6 227.94	7 010.06	7 910.78
上海	1 907.32	4 245.61	5 596.37	8 247.77	9 138.65	10 144.62	11 440.26

（续上表）

	1990 年	1995 年	2000 年	2005 年	2006 年	2007 年	2008 年
江苏	959.06	2 456.86	3 595.09	5 276.29	5 813.23	6 561.01	7 356.47
浙江	1 099.04	2 966.19	4 253.67	6 659.95	7 334.81	8 265.15	9 257.93
广东	1 043.03	2 699.24	3 654.48	4 690.49	5 079.78	5 624.04	6 399.79
山东	680.18	1 715.09	2 659.20	3 930.55	4 368.33	4 985.34	5 641.43

资料来源：中国统计年鉴 2009

资料显示，广东省农村居民收入水平虽然高于全国平均水平，但与北京、天津、上海、浙江等省市的差距比较大。从1990 年到2008 年，广东省农村居民收入水平增长 5.14 倍，明显慢于北京（增长 7.22 倍）、天津（增长 6.40 倍）、江苏（增长 6.67 倍）、浙江（增长 7.42 倍），也慢于山东（增长 7.29 倍）。

毫无疑问，阶段性非均衡区域发展战略实施 30 多年来，推进了工业化和城市化，带来了广东省珠三角地区现代化城市群及其现代工业的崛起，也导致广东省城乡发展、工农业发展二元性非均衡日益加剧。随着广东省《珠江三角洲地区改革发展规划纲要（2008—2020 年）》的实施，2010 年广东省政府公布珠三角 9 市五个一体化规划，包括交通、能源、水利、信息化四类重大工程共 150 个项目，总投资近 2 万亿元，珠三角地区现代化城市群及其现代工业必将出现更快的提升，如果整体上未能有效调整城乡、工农业的协调发展，广东省二元性非均衡状况将更为突出。

4.2 市场化改革高效率取向

经济效率是指经济资源的配置和产出状态。对于企业或社会而言，高效率意味着资源处于最优配置状态，从而使特定范围内的需要得到最大满足，或福利得到最大增进，或财富得到最大增加。广东与全国一样，推进市场化改革的一大初衷就是要通过以市场作为资源配置的基础性手段，提高资源配置和使用的效率，就是要进入高效率的最佳状态。市场经济的重要特点恰恰有利于微观层次上实现资源的有效配置。有一个形象比喻称，市场经济模式是在社会经济中引入了类似在自然界适者生存、弱肉强食的“丛林法则”。在市场经济模式下，最有效率的生产者留在了市场上，其余被淘汰出局。人们自我改善的欲望使得社会资源向最有效率的生产者和最能产出高回报的领域转移，从而使整个社会资源配置最有效率。

市场经济模式使得整个社会经济的动员能力得到了空前的提高，社会资源可以迅速、高效地配置到需要的方向上去。但在改革开放的前期，追求的“高效率”实际上是低层次的。

4.2.1 深圳速度演绎追求“高效率”市场化改革主导意识

我国自20世纪80年代初期开始改革开放后相当长时期内，一直坚持效率优先、兼顾公平的分配原则，特别是党的十四届三中全会通过的文件中首次明确提出个人收入分配要体现效率优先、兼顾公平原则。珠江三角洲由于其在计划经济条件下设立的国有企业数量较少，规模较小，高度集中统一的计划对区域内资源配置的影响力相对不强，通过扩大开放，承接产业转移，培育市场型非国有企业，逐渐构建新型的市场经济体制，同时对原有计划经济体制进行改进，形成以追求高效率为导向的市场资源配置机制。

历经20余年依然高高耸立在深圳蛇口的标语“时间就是金钱，效率就是生命”，正是那一时期推进市场化改革的主导意识，“深圳速度”就是这种意识的集中体现。1982年年初，当“时间就是金钱，效率就是生命”的标语牌正式耸立在蛇口工业大道路口时，无疑震动了全国。深圳经济特区从1979年创建以来，在短时间内就发生了翻天覆地的变化。这个昔日的小渔村，得改革开放之东风，成为中国内外瞩目的经济特区和开放城市。在短暂的时间里，深圳人口从2.5万发展到已经超过千万，城区面积从最初的3平方千米扩大到700多平方千米，GDP也从1979年的1.79亿元增长到2008年的7 806.54亿元，创造了世界经济发展史上的奇迹。2007年深圳人均GDP达到10 628美元，成为中国内地首个人均GDP过万美元的城市。此外，深圳还是中国主要的外贸口岸，其进出口总额连续10多年位居大中城市第一。深圳实现了经济上的超常规发展，创造了“深圳速度”。深圳创造的“深圳速度”，已经作为一个高速度、高效益建设有中国特色社会主义的新概念而深入人心，激励着大家争分夺秒地投身到社会主义现代化建设中去。“深圳速度”是改革开放后中国内地形容建设速度非常快的一个词，出自1982年11月至1985年12月的37个月期间，中国建筑第三工程局（集团公司）一公司在承建深圳国际贸易中心大厦（简称国贸大厦）时，创下了三天盖一层楼的速度，这在当时的中国是绝无仅有的。改革初期的深圳并不缺乏土地，1982年，深圳市政府开始筹建国贸大厦，最初的目标是建一座在全国乃至亚洲都数得上的标志性建筑，建设国贸大厦的一个意义是向全世界展示中国改革的决心。1984年4月30日，深圳国贸大厦主楼封顶，比预计的工期整整提前了一个月。主楼开建后，先是7天建一层，后来速度提升到5天、4天一层。从第30层开始，持续以3天一层的速度盖楼，当时香港的最快速度是5天一层，美国的最高速度是4天一层。深圳的崛起带动了整个珠三角的崛起，成为大国崛起的尖兵，深圳速度与深圳精神就不止于深圳了。“时间就是金钱，效率就是生命”，这一口号确实高度概括了改革开放初期深圳人的精神面貌。在深圳改革开放的初创时期，百废待兴，大量的工作往往是基础性的和劳动密集型的，时间不但意味着产出，也几乎等于效率，以最短的时间投入获得最大的产出是深圳人当时典型的思维模式。因此，时间也就是深圳经济社会发展的生命线。

追求“高效率”市场化改革主导意识的另一个典型代表当属东莞。2007 年，东莞的经济总量已跃居全国地级城市第一位，全市地区生产总值、城镇居民可支配收入和农村居民人均纯收入分别是 1978 年的 120 倍、84 倍和 76 倍。1985 年，开始实施“向农村工业化进军”战略，通过大量承接香港的产业转移，推动了以加工贸易为主要形式的外向型工业发展，从 20 世纪 90 年代中期起，重点吸引台资。之后，抓住国际大企业进军中国内地市场的机遇，及时把引资重点转向日、欧、美、韩等国，引进了一批技术先进、实力雄厚的国际大企业。当地政府以极高的办事效率积极引进外商投资企业，1995 年新签协议三资企业 983 宗，相当于每天引进 3 家外资企业，由此以外商来件、来料、来样加工进行补偿贸易的“三来一补”形式在东莞迅速发展起来。

对高效率的追求，在珠江三角洲体现为 20 世纪 80 年代的固定资产投资高速增长，工业产出急速增加，珠三角成为投资创业的沃土，珠江三角洲的轻工制造基地和深圳、东莞的电子信息产业发展，甚至今天广州的汽车、惠州和珠海的石化产业，都与此密不可分。

4.2.2 低层次的“高效率”促使市场分配的功能趋向财富分层

然而，作为改革开放初期体现“深圳速度”的“高效率”只是低层次的，更倾向于追求资源有限条件下的财富最大化的高效率。在改革开放初期，以深圳为代表的珠三角过去成功的经验就是顺应了当时中国改革伟大转折的时代要求。当时的中国正面临从阶级斗争向以经济建设为中心的转变。在这样的伟大转折当中，深圳、珠三角当了排头兵，取得了成功。时间对于经济发展的贡献呈现出一种特有的表现形态，时间不但意味着产出，也几乎等于效率，或者说效率仅仅以获得最大产出的劳动时间来衡量，主要不是表现为以最小的劳动量获得最大的产出，而是以极大的劳动付出，是以个体有限的生命（时间）的消耗，即高劳动强度（加班加点与高负荷劳动）来获得高产出，谋取经济的快速发展。

在改革开放初期，城市基础设施的建设非常紧迫，整个经济落后，工业产业多为空白。制造业的建设、投产，高楼大厦的建设等是最易于见到成效的，也是投资者易于迅速获得收益回报的，而政府和百姓也需要尽快得到实实在在的收入回报，因此那种目的与手段倒挂的状态、“见物不见人”、为发展而发展的思维方式自然成为那个特定时期追求高效率的典型表现。即使很多高能耗、高污染、低技术含量的制造业产业，也因见效快而迅速从外迁入。

在这一特定时期、特定环境下追求高效率的改革无疑打破了过去分配中的平均主义和“大锅饭”现象，极大地释放了生产力，促进了社会经济的快速发展。虽然经济迅速发展，社会财富增长很快，但是在市场机制调节下，社会资源和财富不断向部分地区、部分行业、少数阶层集中。由于收入的差别最主要是由拥有财富的多寡造成的，与财产差别相比，工资和个人能力的差别是微不足道的，在类似于原始积累的创业初期，通过个体有限的生命（时间）的消耗取得快速发展所带来的财富增长，并非主要由创造财富的简单劳动者所有，而是由财产所有者拥有（投资商或政府），劳动者劳动强度越大（加班加点），“效率”越高，财富增长越快，劳动者分配份额（比重）相对越小。珠三角的企业以外资、私有企业为主，在相对长的一个时期内，从微观角度看企业的工人使用“效率”很高，一些企业无限制地延长劳动时间，导致工人的劳动强度增大，加班时间长且多，而加班工资又时有拖欠，至今，每天工作 10 小时、每周工作 6 天的企业不在少数，广东省用工待遇低，且长时间不变，已是不争的事实。资料显示，广东省用工待遇 20 年来几乎无变化，从东莞情况看，2007年年底，全市地区生产总值达3 151亿元，是1978年的120倍，按常住人口计算，人均地区生产总值46 014元，是1978年的82倍；财政收入538亿元，是1978年的440倍；城镇居民人均可支配收入26 983元，农村居民人均纯收入11 514元，分别是1978年的84倍和76倍。经济总量已跃居全国城市第十二位、地级城市第一位。然而，为东莞创造数千亿产出、长年在企业辛勤劳作的数百万民工，直至2005年其最低月工资标准也仅为450元（意味着全年不足5 500元），2007年最低月工资标准提高到720元。[①]

当然，我们并不排除广东省在率先探索改革之路过程中形成的珠三角特有的产业结构产生的影响，即主要以中小型或者民营企业为主导，且出口型企业较多，这些企业主要从事玩具制造、制衣加工等产业，由于同业竞争大，企业只能以低价取胜于同业，因此企业无法用更多的钱去聘请工人，这就造成了珠三角工厂工资低、工作强度大的局面。

但无论如何，重要的是在为满足效率目标提供动力机制的市场分配的功能得到日益充分发挥的同时，收入分层日趋明显，居民收入差距不断拉大，贫富悬殊越来越严重。市场经济本质上认同优胜劣汰，是一种有利于强者的资源配置方式，市场经济模式使得强者找到了合理获取财富的途径，也使强国获得了攫取弱国财富的捷径。虽然其隐含了这样一种认识：竞争中的强者如果给社会带来更高的“效率”，创造更高的价值，那么就有权从中获得更多的收益。然而一个社会只有转向追求资源有限条件下的幸福最大化，幸福最大化才能转变为目标，并统领经济社会文化的

① 中国国情专题库：改革开放30年东莞市经济社会发展调查. 中国特色发展之路课题赴广东省东莞市调研组，2008

发展，才是高层次的“高效率”。

4.3 短期最大化目标倾向

虽然市场经济本质上认同优胜劣汰，认可竞争中的强者如果给社会带来了更高的效率，创造了更高的价值，那么就有权从中获得更高的收益，甚至强者可以跨越国界谋利，只要外国市场接受其产品，就能从外国消费者那里获取收益。这也是市场经济模式可以促进社会经济飞速发展的一个重要原因。但是，强者未必只满足于他所多创造的价值，而是最大限度地去争取利益，甚至超出其对社会效率所作的贡献。这些做法往往破坏了竞争规则，以致违背了市场经济实现社会资源配置优化的初衷。

4.3.1 短期最大化目标倾向的集中表现就是对高产出的追逐

在相当长的一个时期里，我们对市场高效率的认识几近迷信，不仅用市场机制来改革国有企业，还在政府和社会领域中广泛应用这一概念。回顾30多年的改革实践，“GDP”和“市场”曾经是两个最具魅力的词汇，现实中市场经济的一个核心目标——以最小投入获得最大回报，在微观层面，体现为经营者把追求尽可能大的利润作为眼前的目标；在宏观层面，则演绎为GDP高增长成为各级政府衡量和考核干部任期内业绩的主要内容，GDP的增长几近成了经济发展的代名词。在“以经济建设为中心”思想的指引下，发展经济成为一个时期内压倒一切的主题；而经济建设搞得好不好，一个最重要的、最直观的检验指标就是GDP的增长。广东的经济建设成就一直名列前茅，这直接体现在其名列前茅的GDP增长率上。几乎可以说，促进经济建设，就是促进GDP增长。特别是对于后发追赶的地区，为尽快增加经济总量，必定重点发展能够带动GDP快速增长的产业，同样显现短期最大化目标倾向。

从整个经济社会发展的宏观层面来看，在一定时期内，并非所有行业都是高利润或都能带来 GDP 高增长，特别是有些公共服务、文化教育以及提供具有一定非竞争性或非排他性产品的行业，不仅短期内难以获得高利润回报，有些甚至在相当长时间内也难以看到直接经济效益和显著的社会效益，尽管它的发展对整个经济长期协调稳定发展、对社会的进步具有深远影响。实际上，片面追求短期高利润和 GDP 高增长，与市场经济内在要求是存在差异的，市场经济高效率本质上是要把有限的资源配置到社会最需要的产品生产上；把资源配置到使用效率最高的人手中，因此产品的实现是实现市场经济高效率的重要前提。宏观层次上的 GDP 指标并非仅仅核算已销售的产品增加值，只要是当年生产的最终产品，即使产品积压在仓库里，也要统计在当年的 GDP 中。发展是硬道理，但绝不等同于“增长是硬道理”。涉及民生的收入、就业、医疗、卫生、教育、住房、环保、治安等诸多民生指数，并非单一 GDP 指标所能囊括，解决民生问题也不一定马上就能带来 GDP。一旦将 GDP 作为追逐目标放在第一位，就意味着项目是第一位的，所以财政收入的分配，必然是盖楼、涨工资、搞福利，向经济建设项目倾斜，这当然包括城市基础设施，如道路、广场、高速公路、轻轨铁路等的发展。毫无疑问这有利于带动 GDP 增长，但片面追求短期最大化目标，并不必然带来经济社会持续的和谐、稳定、均衡发展。

从企业发展的微观层次来看，在市场经济条件下，无论公有制企业、集体所有制企业、个体所有制企业、外资企业还是中外合资企业等，这些经济主体均有独立的法人地位和明晰的产权，有自身的利益和自己经济行为的方式，在经营活动中均需自主经营、自负盈亏、自我发展和自我约束。因此，它们要生存和发展，就必须保持获利。虽然利润的实现必须以商品的实现为前提，市场经济的直接目的不是为满足消费而生产，而是为利润而生产，消费反而成了实现最大利润目的的手段。在市场经济中，钱是第一位的，如果没有利润，即使有天大的消费需求，企业也不会去生产。反之，只要有利润，哪怕是毫无消费价值的东西，市场经济都会去“生产”。市场经济下甚至可以把生产的目的与手段的关系完全颠倒。在微观的企业内部，为了降低成本，都有一套严格的管理制度，生产活动很有组织性，作为资本私有的企业，它有计划、有组织地生产，目的是获得最大利润。市场经济使企业时时以追求利润为最高目的，所以从微观企业个体看，都是精细而有“效率”的，凡是导致利润减少、成本增加的因素都被尽可能地排除了；但从宏观整体看，却是杂乱、盲目而疯狂的，盲目追求短期利润最大化，不可避免地导致不同行业投资结构失衡，甚至制约其长期发展。急功近利是市场经济本身无法克服的。

4.3.2 短期最大化目标导向“有形化”产业迅速成长

在整个经济社会处于改革开放的初期阶段，百废待兴，为求在短期内获得最大化产出，必然导向物质产品生产领域的发展，因为这些领域最易于出成果、见成效、获收益。

从1978年改革开放直至90年代，外商在珠三角地区投资的领域基本上是以劳动密集型的轻型加工业为主的见效快的中小制造企业。这些领域生产周期短、生产条件要求较低、技术含量不高，最重要的是能够最大限度地把使用廉价劳动力的优势发挥到极致，从而最迅速地获得回报。仅仅20年的时间，在广东省最具代表性的改革开放前沿地区，形成了诸多玩具、服装、电子、家电、建材等制造业生产国内第一、亚洲第一乃至世界第一。“村村点火，家家冒烟”曾经是珠三角地区发展经济的典型画面。如东莞石碣镇，总面积仅36平方千米，2007年的户籍人口仅4万多人，而外来的有18万新莞人，汇聚着12家台湾上市公司，拥有电子企业450多家，其中一些台资企业的生产、投资规模均超过1亿美元，生产的电源供应器、计算机键盘、变压器等8种产品，产量已居世界第一。丰富的外来务工劳动力资源以其低微的收入为台商和地方创造财富。2005年，东莞市的最低月工资标准只有450元，该年份东莞市城镇居民年人均可支配收入为22 881.80元。2007年，东莞市的最低月工资标准提高到720元，而此时东莞市城镇居民年人均可支配收入已达到28 209.41元。在另一个具有代表性的城市深圳，1980年特区建设者决定先开发罗湖，12年后，经济学家测算，罗湖每0.8平方千米的土地上产生的财富，可以铺满10厘米厚的10元钞票。同样，在改革开放后较长一段时期里，政府投入较多的也是硬环境的建设、“有形”建设，这既能创造良好投资环境，吸引更多的外商，也是短期内最易看得见、摸得着的政绩，毕竟GDP对历届政府都是极其重要的评价指标。在经济发展的特定时期，这不仅是必然选择，而且对提升整个经济快速发展和GDP的迅速增长具有重要作用。在今天看来，广东省交通、通信、电力等基础设施建设速度快、水平高是有目共睹的，随着《珠江三角洲地区改革发展规划纲要》的实施，珠三角五个一体化的推进，道路、广场、高速公路、轻轨铁路等的建设，还将继续加大投入。本课题组得到的调研数据的确反映出各地市居民对广东省硬环境建设的满意程度都比较高(见表4-9)。

表4-9 各地区居民户对交通、通信的满意率

地区及户数	感觉交通方便快捷	感觉通信方便快捷
广州101户	75%	93%
深圳98户	80%	89%
东莞97户	62%	92%
惠州166户	67%	87%
河源101户	78%	83%
韶关121户	76%	87%
梅州105户	81%	94%
汕头101户	67%	92%
肇庆100户	79%	93%
湛江100户	53%	73%

资料来源：本课题专项调查（2007—2008年）

在资源有限的约束下，大力度进行硬环境的建设，不可避免地会影响公共服务事业的发展，使得公共服务领域相对滞后。但是，随着改革开放的进一步深入，投机的心态、急功近利的行为会让人们丧失创新、创业的激情，甚至演化为一种不劳而获的心态，这会给经济社会发展带来严重影响。

4.4 投资结构的非均衡产业化倾向

直到 20 世纪 80 年代初期，广东省基本上还是“农业广东”。改革开放后，广东省进入迅猛发展期并实现财富快速积累，以珠三角地区为中心的各城市，基础都非常薄弱，财政收入很低，在如此严峻的条件下，为迅速崛起、实现经济总量的快速增长，地方政府现有的财力不可能保证所有地区、行业都能获得充分的资源；国内外投资商也不可能将资本投入到无利可图的公共服务领域或长时期难以获得回报的产业以及边远地区，因此率先改革发展的地区无一例外地选择了优先发展劳动密集型的轻型加工业、以制造业为代表的第二产业。

4.4.1 先行改革区域形成区域轻型加工业体系

广东承接港澳台产业转移而形成轻型加工业体系。代表着广东省改革开放后产业发展非均衡特征的是珠江三角洲产业模式。珠江三角洲与港澳接壤，面临南海，具有较强的对外开放意识和传统，可以接受港澳经济辐射，承接传导港澳产业转移。改革开放后珠江三角洲的发展模式主要是通过吸引外资，接收外部产业转移，尤以承接港澳台产业转移为主。从 20 世纪 80 年代起，珠江三角洲加强了与香港的经济联系，并逐渐发展成为以香港为核心的地缘经济板块格局，开展与港澳的产业分工与协作，形成经济辐射和扩散效应。广东省经济的起飞离不开加工贸易，在改革开放之初，港、澳、台地区因其自身土地资源、劳动力资源日益短缺，土地成本特别是劳工成本不断增大，导致大量轻型加工业产业面临转移的压力，广东省率先开放给港、澳、台资企业进入内地提供了契机，港、澳、台资企业进入内地的第一站就是珠三角地区。港、澳、台资企业在这里安营扎寨，从来料加工、来样加工做起，一步步从“小作坊”做成了动辄数千、上万员工的大型制造企业。广东加工贸易进出口额占全省进出口总额近七成，占全国加工贸易总额四成左右，靠劳动密集型制造业缔造出口型“镇域经济”奇迹。

追逐低廉成本优势趋向劳动密集型加工贸易企业主导。早期转移来的港、澳、台资企业主要从事玩具制造、制衣加工、家具制作、电子电器生产等劳动密集型产业，并以中小型或民营企业为主导，且出口型企业较多，由于这些企业同业竞争大，企业只能以低价取胜于同业，因此企业不会高薪聘请工人，而当时国内恰恰拥有巨大的劳动力市场。无以计数“扛着蛇皮袋”进城的第一代农民工，受教育程度低，没有丰富的见识，接受新技术、新知识、新信息、新生活方式的能力较低；职业期望值低，在城里找工作从不挑肥拣瘦，可以接受待遇不高却繁重的各种体力劳动，他们不期望成为企业家、官员、教授；物质和精神享受要求不高，常常只能栖身工棚或棚户区，忍受许多不平等及被城市冷漠与歧视的待遇，很少能够听到他们表达利益诉求的声音；而他们的工作耐受力却很高，不怕累，肯吃苦。勤劳、坚忍、节俭与执著是第一代农民工的真实写照。谈到外来工为广东、为中国经济所作的贡献时，时任深圳当代社会观察研究所所长、外来工社区学院的负责人刘开明曾复述了一系列数字：国家统计局公布，2004 年全国农民工月平均收入 539 元，而同期城镇工人月平均收入 1 335 元，也就是说，雇佣农民工每人每月可以节省 796 元。全国因雇佣农民工而节省的开支相当于当年 GDP 的 8.5%，大体相当于中国当年经济增长的速度，这还不包括福利、保险的节省。暨南大学教育学院院长、博士生导师韩兆洲认为，生存费用大致可分为三个层次：最低层次是最低生存线，包括吃、穿、用和杂项（居住、燃料等）；中间层次是温饱生存线，内容是在最低生存线基础上再加上基本的交通、通信支出；较高层次是发展生存线，是在温饱生存线上再加上基本医疗保健和文化教育。按照2010年的社会平均工资、经济增长等因素，珠三角的最低生存线在1 200元左右，温饱生存线在1 300元左右，而发展生存线则在1 500元左右。目前，广东的月最低工资标准以广州最高，也只有1 100元，处于最低生存线附近，仅为社会平均工资的22%左右，还有进一步上调的空间。按国际经验，最低工资应为社会平均工资的40%～60%。可以说，我国劳动力资源丰富的低成本比较优势，在广东改革开放发展中发挥到了极致，特别是在改革开放的初期，是追逐低廉成本优势的港、澳、台资劳动密集型加工贸易企业得以落脚的重要条件。

4.4.2 后发区域大项目拉动形成重化产业主导

当珠三角地区其他城市已经进入迅猛发展期并实现财富快速积累的时候，惠州、揭阳等沿海城市仍然没有进入快速发展的轨道。以惠州为例，在1988年惠州正式设立地级市时，全市GDP仅约18亿元，财政收入才几百万元，基础非常薄弱，几乎没有工业，是真正的“农业惠州”。在如此严峻的条件下，惠州市要想迅速崛起，实现经济总量的快速增长，不可能所有地区、行业都能获得充分的资源，市委市政府从惠州市实际出发，确立了着力引进国际大企业集团发展工业，用大项目来拉动惠州市发展的思路：扬长避短，错位发展，优势互补，合作共赢，即充分利用区位优势、资源优势、港口优势、环境优势，与周边发达城市错位发展，重点发展先进电子产业和临海重化工业的新工业发展战略。这一发展大工业，用大项目来拉动惠州市的经济发展这个思路具有典型的投资结构的非均衡产业化倾向，与周边城市大力引进“三来一补”企业不同，起点会更高些。按照这一思路，有限的资源只能保证重点领域的投入，不可能在同一时期惠州市所有县区、所有领域都能获得同样的资源投入，当时的形势和外部环境表明，惠州市只有走这条道路，才能走出特色，找到出路。再如揭阳市，着力构筑能源、化工、装备制造“三位一体”的重化工业发展框架，建成广东省电力能源产业、石化产业、装备制造业重要基地，国家可再生能源示范基地。2009 年，仅重化工业增加值就占 GDP 的 46.7%，力争 2011 年工业增加值比重达到 55%。

投资结构的非均衡产业化发展是广东省在特定的改革开放形势下能够做到的可行性选择，也是从落后的农业省发展为强大的工业省的必然路径。在相当长的时期里，这一发展不可避免地造成物质产品生产迅速增长，而文化教育、医疗卫生及公共服务等行业发展相对滞后的并存局面。广东省已经拥有许多国际制造业基地、诸多产品产量世界第一的头衔，却没有医疗服务、教育水平、公共管理与服务等领域世界领先的美誉。当今，广东省还必须面对多年来靠劳动密集型制造业缔造出口型“经济奇迹”所遭遇的国际贸易壁垒、劳动力成本上升等多种挑战，而不得不开始彻底的转型。

4.5 社会保障制度、政府管理体制改革滞后

我国改革开放的推进，无论从国家宏观层面还是在各地方中观层面，都是从经济体制开始的。改革之初，我国经济几近崩溃边缘，居民收入水平、生活水平很低，物资匮乏，供给严重不足，因此尽快改变经济运行方式、调动人们的积极性、搞活产品生产和流通成为在相当长的一段时期经济改革先行的领域，上至国家下至地方所关注的重心大多在扩大经营者的自主权、促进多种经济成分发展、拓宽流通渠道、创造优惠条件积极引进外资等促进经济增长的改革思路上，可以说中国的经济改革基本上是一

个政府逐步放权市场的过程。广东省同样走了经济改革先行的路子，直至20世纪90年代末，主要通过经济上放权、优惠等政策促进招商引资以及重点区域和重点行业的发展。

4.5.1　市场经济本身的自发倾向与社会公平保障相悖

在推进市场化改革的过程中，市场因为是“最有效的资源配置形式”曾被当成解决很多社会问题的最有效办法。政府不仅鼓励老百姓找市场解决问题，其自身也从市场中寻找解决社会问题的出路。例如，20世纪90年代流传的说法：老百姓有困难“不找市长找市场”，一时传为“佳话”，而在“市场化”、“社会化”或“产业化”等概念被引入几乎所有的社会服务领域中后，“买服务”几乎成了人们日常生活的一部分。

事实上，市场解决不了公平保障、公共服务等问题。在以市场经济为基础的现代社会中，财富分配上的不平等是与市场经济的本性和运作机制密切相关的。市场经济是以市场主体独立地、自主地追求自身的特殊利益或私利为内在驱动力的，在市场行为中，市场主体只承认竞争的权威，市场主体的权利也不允许受到任何侵犯。市场主体的这种独立性、自主性和追逐私利的合法性造就了市场经济的各种运行机制，在这种情况下，市场主体个体上的差异必然导致财富分配上的差异。市场经济本身的自发倾向必然是产生财富分配上的不平等，也就是产生贫富分化，而且正是这种贫富分化所带来的市场差别，才使得市场充满活力和创造性，同时这种不平等又是引起社会矛盾、社会摩擦乃至社会动荡的基本原因，也是导致社会不和谐的基本原因。原因在于，其一，财富不平等具有累积性，市场主体的个体差异必然导致财富分配上的差异，使财富更多地积聚到少数私有者手中，而财富的积累也就是不平等的积累；其二，由财富的不平等衍生出各种机会的不平等以及获得公共服务资源的不平等。众所周知，市场机遇与个体财富的多寡密切相关，一定的机遇总是相对于一定的资本才是有效的机遇，拥有更多资本的人也就拥有更多的机遇。特别是当财富作为家产为子女所继承时，出身富有的人和家境贫寒的人，在一开始进入市场时就完全不平等。况且在允许选择的条件下，越是富人越能够享受优质的公共服务资源，如医疗卫生、文化娱乐、公共交通、教育培训，甚至生活保障、住房保障、就业选择等。可见，在市场经济下，不平等的积累使“起点公平”变得没有现实性，甚至这个不平等不仅限于财富多寡，还包括意义广泛的社会资本，如社交圈层、人际关系等。如果缺乏政府的公共管理，市场经济将加剧社会不平等演进的过程。

4.5.2 政府职能的转变、新制度建设未能与市场经济改革同步转型

当广东省开始大踏步进行市场化改革的时候，政府管理职能、社会管理制度的改革同全国一样，未能与市场经济改革同步转型，反而表现出政府退出、社会政策缺失的特征。主要表现在两个方面：

一是改革以来相当长时期内中国的社会保障制度只局限于为因旧体制解体而导致困难的人群以及其他社会边缘群体提供“最后的安全网”，对于新体制形成过程中以及全球化形势下如何满足社会成员的发展需要和提高其适应经济社会变化的能力，则缺乏必要的保障支持。最典型的实例就是，没有建立健全对农民工的完善保障体系，没有解决农民工享受本地区基本公共服务的条件，未建立起能使长年为广东省改革发展作出重大贡献的农民工这个“漂移的社会”在城市安居的制度。自 1978 年改革开放起，历经 15 年后，直到 1993 年广东省制定社会保险政策时才把外来工纳入参保范围，到 2000 年，珠三角城市扩大社会保险覆盖面的重点工作对象确定为外来工，但是外来工参加社会保险的比例还是很少。截至 2005 年年底，全省参加企业基本养老保险的 1 423 万人中，有 580 万农民工，农民工的参保率为 35%，

社会保险覆盖面较广的深圳市有外来工 300 多万人，参加劳务工医疗保险的有 124 万人，参保率约为 40%，养老保险的参保率多年都在 60% 上下。[①] 总体而言，农民工的社会保险状况形势不容乐观。虽然广东省不少地方采取“三险合一”、“五险合一”捆绑参保的模式解决农民工用工单位参保难的问题，但由于各险种的待遇不同，待遇的“大头”养老金需要连续缴纳 15 年，并等到几十年后退休了才能享受到，保险关系又不能转移，“退保”又只退个人账户或个人账户中的个人缴费部分，社会统筹部分则留在当地，权利义务严重不对等。所以如果企业向农民工直接支付用于参保的那部分费用，农民工就与企业主共同选择逃避参保。由于基本养老保险不能跨地区转移，一些已参保的农民工也纷纷退保。例如，东莞市 2004 年农民工退保 40 万人次，平均参保时间仅 7 个月。农民工大多集中在混合所有制企业和非公有制企业，如果在国家没有给予任何资助，又缺乏对用人单位的强制性政策规定的情况下，追求成本最小化的企业或其他用人单位是不会主动给农民工参加城市基本社会保险的。不仅农民工社会保障状况未同步解决，完善对本省现有农村居民的公共服务体系也未实施。2009 年，广东省政府出台了《广东省基本公共服务均等化规划纲要（2009—2020 年）》（以下简称《纲要》），《纲要》明确提出，到 2020 年，广东将基本建成覆盖城乡的基本公共服务体系，包括公共教育、公共卫生、公共文化教育、公共交通的基础服务类；包括生活保障、住房保障、就业保障、医疗保障的基本保障类。实际上，“均等化”是指在基本公共服务领域尽可能使公民享有同样的权利，享受的基本公共服务水平大

① 王鸿诗. 广东农民工社会保险问题初探. 长沙民政职业技术学院学报，2008（2）

致相当。这是在承认地区、城乡、人群存在差别的前提下，保障所有公民都享有一定标准之上的基本公共服务，其实质是“底线均等”。

二是社会政策倾向于以减轻企业（国家）的社会负担、增加家庭和个人责任为主导的思路，因此，由家庭承担了经济改革的部分成本。医疗、教育、住房被称为新三座大山，压得很多家庭直不起腰，喘不过气。一辈子辛苦还要做房奴，看病贵、看病难让人心痛，学前教育与高等教育费用昂贵更是无奈。就业市场化过程中也反映出社会政策缺失，近几年我国劳动力市场发展迅速，但针对农村劳动力的就业仍存在许多不足。政府创办的职介所承担着公共就业服务的职能。城市下岗失业人员凭着相关证明可以接受免费的职业介绍，其所需费用由财政补贴。但这项优惠不面对农民工，大多数政府办的职介所要收取农民工一定的费用，以维持正常的运转。此外，这类职介所受地方政策约束较强。例如，对外来工应聘必须备齐几类证明的要求，职介所必须不折不扣地执行。民办的职介所则一直比较混乱，职介所甚至与用人单位相互勾结，提供虚假信息，骗取求职者钱财，滋生了大量的“黑中介”。

事实上，无论是“先富带动后富”，还是经济发展带动社会问题的解决，都不可能是一个自动实现的过程。市场化改革，不是让政府管理变得容易，而是更加需要政府有效发挥其获取资源、进行再分配、培育社会体系、实行监管的一系列重要职能。一旦社会制度保障、政府管理角色缺位，不仅不能实现共同富裕的目标，反而会陷入所谓“有增长而无发展”的陷阱①，成为造

① 汝信，陆学艺，李培林. 社会蓝皮书——2004 年中国社会形势分析与预测. 北京：社会科学文献出版社，2003

成经济社会发展非均衡的一大关键因素。让所有为经济增长作出过贡献的劳动者都能分享到经济增长的好处，这是政府应想方设法做到的事，也是人民政府的基本职能。

4.6 特有的历史、地缘影响着广东人的意识形态与行为方式

广东省位于中国内地的最南端，是历史上被视为最卑贱和最遥远的地方，人口来源复杂，移民特点突出，历代朝廷甚至把岭南当成垃圾堆填区，把一些看不顺眼的商人、文人等赶到这里，所以这里不仅汇集了大批优秀的商业人才，还与那些历尽艰辛远道迁徙而来勇于冒险的客家人、拼命工作闯荡世界的潮汕人等共同造就了广东人敢为天下先、埋头经营、不尚空谈的品质，崇尚效率、追逐财富早从上千年前的海上丝绸之路就开始显现。广东人历来笃信“用贫求富，农不如工，工不如商”，从不讳言自己追逐财富，对赚钱的机会有着天生的敏感，而广东人做事讲求效率也是全国闻名的，三天盖一层楼的“深圳速度”曾令全国人民惊叹不已。广东人具有极强的市场经济理念和包容四海的开放意识。特别是在我国进入改革开放时代以后，广东省成为“摸着石头过河”的开路先锋、改革开放的前沿阵地，广东省以其敏锐的市场经济理念和敢于冒险的拼搏精神，抓住了千载难逢的机会，建特区、搞试点，最早打开大门，对外资开放，不仅在财政上，更在体制上、观念上杀出一条血路，“效率”和“金钱”在 GDP 增长速度上被诠释得淋漓尽致。改革开放后的一段时期内，虽然有些地区由于多种因素没能与深圳的快速发展保持同步，但这些地区同样具有上述特征，进入 20 世纪 90 年代后的经济增长实际充分说明了这一点。当对“效率”和“金钱”的追求体现为短期化行为时，在微观层面上对投资数额大、时间长的高学历教育（硕士、博士研究生教育）投入不足也就不足为

怪了。

此外，独特的历史、地缘因素也影响着广东人的信仰与行为方式。广东人热衷于拜神，所拜对象从天上到地下五花八门，对风水、命理、运程等谨慎奉行，还喜欢占卦算命。形成这一习俗的原因无疑是很复杂的，但不能忽视历史、地缘的因素。广东地处东南沿海，历史上广东人多在海上谋生，也有不少人漂洋过海到异国他乡淘金，海上风云变幻，危机四伏，而那时的安全条件、通信技术远不能提供安全保障，既然自身无从掌控，只好祈求神灵。广东是一个移民大省，广东人的祖先来自四面八方，在迁徙中历经万难，加之特有的气候地理特征，潮湿温热，山区更是瘴气弥漫，容易滋生各种杂症，而当时又缺医少药，这些都是导致人们祭鬼拜神、相信命运的重要原因。同时广东与香港相连，香港人迷信，香港人的迷信深深地沉淀在香港的街头巷尾，积累在香港人的心中。广东人与香港人原本是一家人，改革开放前，内地祭鬼拜神等活动受到限制，改革开放后相互间交流往来，不仅在经济上，也在行为意识、风俗习惯上相互影响，加之减少了许多限制，因而这些活动又流行了起来。

5　二元性非均衡对建设“和谐广东”的双重影响

社会的和谐，既是一种不断推进的社会历史过程，又是一种价值目标。建设和谐社会不是一个短期的目标和任务，而是我们未来长期的发展目标和任务。这是新的且十分现实的社会理念和社会理想，符合13亿人民的根本利益，是保证中国真正长治久安的根本基础。经过30多年的改革，中国经济的高增长率创造了人类历史上伟大的经济奇迹。如果说以前出现的像亚洲“四小龙”那样的所谓经济奇迹仅惠及几百万到几千万人口的国家与地区，都是小经济体，而中国发展惠及13亿人口，因此可以说是空前的。但是这种高速发展在带给13亿人口众多利益的同时，也付出了诸多代价，广东省的发展同样如此。

5.1　社会主义和谐社会的本质要求

什么是和谐社会？和谐社会显然不仅仅是经济的快速发展。若发展的成果被少部分人拿走了，而与此相生的代价却由大部分人来承担，那么，虽然社会发展了，但不一定是一个和谐的社会。同时，和谐的社会也并不仅仅是一个稳定的社会。一个社会可以保持很稳定，但是这个社会未必很和谐。社会和谐发展首先应具备社会基础，即社会分化不太严重。其次，必须要有政治基础，就是要有一套调节利益冲突的机制，让人们有正当表达利益的渠道，并把这种诉求整合成综合的意见且这个意见能在决策过程中表达。再次，和谐社会要有思想基础，人们生活在一个共同体里面，并不是一个相互为敌的群体，而应是平等且受到尊重的。推进社会和谐发展，很重要的一条就是要准确把握社会主义和谐社会的本质要求。社会主义和谐社会就是一种民主法治、公平正义、诚信友爱、充满活力、安定有序、人与自然和谐相处的社会。民主法治是政治保障，公平正义是核心内容，诚信友爱是道德基础，充满活力是力量源泉，安定有序是关键环节，人与自然和谐相处是必然要求。要构建和谐社会，很重要的一条，就是要认识和把握客观规律，在解决影响社会和谐的各种矛盾和问题时，按客观规律办事，避免主观性和盲目性。

5.1.1 公平正义是社会主义和谐社会的本质要求和首要价值

维护公平正义，实现社会公正，是社会主义和谐社会的本质要求和首要价值。通常人们较多关注收入方面的不平等，但是实际上社会平等问题涉及教育、医疗、失业保障、医疗保障、退休保障、财富分配、公共安全、责任与权利等更宽泛的领域。社会公正不仅仅要求经济秩序公正，也包括政治秩序公正、文化和社会秩序公正。而要实现这些社会公正，在推进市场化改革进程的同时，还要重在建立公平市场经济，即不仅拥有“优质”政府、“瘦”政府、廉洁政府、透明政府，还要通过制度保障，改变博弈力量不平衡以及弱势群体权利贫困的状况，实现机会均等、公平竞争，建立公民导向、以人为本的现代教育、医疗、养老、扶贫、社会保障、金融、财政、生态、环境制度。分配的公正、合理，权利义务、机会、规则的平等，执法司法的公正，不仅有利于调动社会成员的积极性、主动性和创造性，而且有利于缓解社会矛盾、社会冲突，促进生产力的发展，而生产力的快速发展，进一步为构建和谐社会提供物质条件，为解决社会各种矛盾奠定物质基础。

公正价值是社会价值体系中的最高价值。人类社会在实现满足人类各种需求的过程中，要形成符合人类理想和社会持续发展要求的价值体系，“公正”无疑是这个体系中全体成员相互恰当关系的最高概念。它是以一切人固有的、内在的权利为其基础的，这种权利源于自然法面前人人皆有的社会平等。公正价值涉及社会成员地位、权利、义务、财富、机会等最基础、最重要的社会资源，反映的是人类共同生活形式所固有的特征。有限的自然资源面对的是人类无限的占有欲望，化解矛盾和协调冲突便成为社会存在和发展的基础。因此，社会最优先考虑的价值是平衡和协调人与人之间、人与自然之间、人与社会之间关系的价值。人类社会进步和发展的终极目的是实现人的全面自由发展，随着人类高科技的发展及物质生活水平的极大提高，个体与社会的矛盾上升，人们追求自我实现，强调社会应为每一个个体全面自由的发展提供最大可能的保障，解决这个矛盾的基本法则就是公正原则，这对实现和保障人类自由全面发展具有终极意义。

社会和谐发展要实现公平正义、社会公正，首先需要制度的公正合理，社会主义和谐社会最根本的政治制度安排就是体现公平正义的民主政治，依据公正的标准和要求，合理配置权力和权利，以一种优良的社会制度安排，设定人们相互关系的制约性规则，约束人们的社会、政治、法律及经济行为，在每个个体追求发展所拥有获得利益权利的同时，必须承担相应的社会责任与义务，而不仅仅体现在对共同价值的追求。通过建立公正合理的制度保障使广大人民各尽所能、各得其所并和谐相处。在调节社会不同利益关系的过程中，通过制度建设保障绝大多数社会成员受益，就能取得社会不同利益群体的广泛支持和接纳。在基本权利的保证、机会的平等、按贡献进行分配和社会再调节的前提下，社会各成员才能比较容易接受具有差异性的竞争结果，极大地减少由于结果的差异性而导致的心理失衡，易于避免因此产生对社会的不满和怨恨。

5.1.2 政治体制中完善的利益协调机制是和谐社会的根本保障

完善的利益协调机制既需要有完善的民主与法制制度、社会公共保障制度、诚信的自觉与制约机制，还需要健全的引导、处理和解决各种社会矛盾的体制、机制和渠道。社会主义和谐社会必须是一个制度公正合理的社会，而制度是人为设定人们相互关系的制约性规则，涉及社会、政治、法律及经济行为。民主法治既是和谐社会的根本保障，也是和谐社会的本质要求。民主法治社会的基础原则是公正，民主制度是保证人民享有广泛权利和自由的保障，法治是实现民主的手段和途径。法治的根本原则是法律面前人人平等，法治的基本要求是依法行政、司法公正，法治的目的是保障在全社会实现公平和正义，是社会有序运转、人与人和谐共处的基本元素，也是构建社会主义和谐社会的关键。

社会公共保障制度充分考虑和兼顾不同地区、行业、阶层、群体的利益，充分考虑社会各方面的承受能力，充分畅通人们诉求的渠道。从结构来看，社会公共保障制度是形成各阶层之间良性的、公正合理的互动结构，在按公正的原则鼓励人们通过正当手段、正当途径富裕起来的、形成占数量优势和主体地位的庞大中产阶级阶层的同时，更加关注绝对贫困的阶层和弱势群体，强化社会保障，满足绝对贫困群体的基本需求，从而实现经济社会的持续稳定发展。

公正离不开诚信，社会成员的个人道德义务、社会义务和政治义务都是由诚信和公正这两个自然道德法则引申而来的。诚信是人类社会的基本道德原则，没有诚信，所有的政治制度和社会制度便失去了支撑和依托，人们按诚信要求遵守公正的社会规则，才能最大限度地减少和降低社会矛盾与冲突。激发社会活力是社会主义和谐社会的内在要求，一方面，在充分的社会多样性、自主的选择性、有保证的机会均等和社会公正原则的基本条件下，把人民群众创造社会财富的主观能动性、创造性和聪明才智的个体活力激发发挥出来；另一方面，按照公正原则，协调不同利益群体之间的矛盾，弥合不同群体之间的冲突，整合全社会的各种力量形成社会合力。

如果政治体制里面有一整套利益协调机制，必将形成安定有序的社会环境。一个安定有序的社会从功能来看，也就是形成了引导、处理和解决各种社会矛盾的体制、机制和渠道。只有普通民众、工人、农民、下岗工人、贫困人口的意愿能够得到充分表达，能够整合到公共政策决策过程中，中国的社会分化才不会变得严重，中国社会才会变得更加和谐。

5.1.3　和谐社会要求人与自然和谐

社会主义和谐社会不仅要求人与人的和谐，还要求人与自然的和谐。人与自然的和谐也是和谐社会的本质要求。正确处理人与自然的关系，实现人与自然和谐发展，是人类文明得以延续和发展进步的基本条件。人与自然和谐的社会的基本矛盾表面上看是人与自然的矛盾，究其本质还是人与人的矛盾，即当代人与后代人的矛盾，当代人的全面自由发展不能以牺牲后代人全面自由发展的利益为代价。既要满足当代人的需要，又不对后代满足需要的能力构成危害，这也是平衡和协调当代人与后代人利益的代际公平问题。人与自然和谐是和谐社会的基础，没有人与自然的和谐，人与人之间不可能实现真正的、持久的和谐。而经济增长方式、文化形态、制度安排、人口数量与素质等因素，也决定了人与自然的关系。自然界向人类提供的生产和生活资料，在特定的时间和空间内是有限的。这就要求人类需求的增长必须与自然界所能提供的各类资源总量相适应，人类的生产和消费必须以最小的资源环境代价为支撑。人口急剧增长、资源耗竭、环境污染、全球变暖、洪水与干旱肆虐、沙尘暴频发等引发日趋严重的资源环境问题。环境污染的范围已从陆地蔓延到近海，从地面延伸到地下，从单一污染发展到复合性污染，从一般污染物扩展到有毒有害危险物质，一些在目前科技条件下还无法治理的、新的危险化学品和废弃物污染也开始出现。因水污染和大气污染，导致公民与企业之间、区域之间、流域之间的矛盾加深，使得人们不得不反思人与自然的关系。如果没有人与自然的和谐，人类将失去生存的空间，那么其他一切和谐——民主法治、公平正义、诚信友爱、充满活力、安定有序将无从谈起。自然资源和环境容量的有限性极大地增加了持续发展的经济成本和环境成本，要求我们走节约资源、保护环境的新型工业化道路。规范人与自然的和谐关系同样有赖于制度设计，以形成人与自然和谐的激励和约束机制。一方面，通过完善激励机制使生产者和消费者自觉节约和珍惜资源，保护环境；另一方面，约束浪费行为，并让行为者为浪费承担责任。

5.2 二元性非均衡发展在一定程度上有利于促进经济社会和谐发展

经济均衡是指经济运行中各种经济因素或变量相互作用达到一种相对稳定状态，使变动倾向趋近于零。经济社会的发展从来不是直线形稳定均衡的，均衡与非均衡发展存在着辩证的对立统一关系，经济社会的发展不是一成不变的，总是在非均衡—均衡—非均衡之中循环，而政府调控应逆向调节，力求进入均衡，又突破均衡，再达到新的均衡，即均衡—非均衡—均衡的调节过程。改革开放初期实施的阶段性局部非均衡发展战略下的局部区域经济开发，是特定历史阶段的产物，同时每一次开发都建基于新的更高的起点之上，这一发展不可避免地存在不平衡现象，而这种不平衡又为逐级递进、重点开发提供了可能。

而今开始实施的《珠江三角洲城镇群协调发展规划》，确立了珠三角城镇群协调发展的目标，即抓住重要战略机遇期，加快发展、率先发展、协调发展，全面提升区域整体竞争力，把珠江三角洲建设成世界制造业基地和世界级城镇群。这是珠三角地区又一次在新的更高的起点之上非均衡发展的难得的历史机遇。在珠三角再上新台阶，从“低端”产业迈向“高端”产业，从劳动密集型发展模式迈向资金密集型、科技密集型模式的新一轮发展中，无疑又将引发广东省城乡、区域新的二元性非均衡发展，但同时又促进珠三角地区从经济发展一枝独秀迈向经济、社会、人居、生态协调发展，从区域内空间、资源分散管理迈向统筹管理等。可以说，均衡协调是经济社会发展的理想状态，但打破原有均衡的非均衡又从两方面推进经济社会向新的均衡发展，即一方面为形成新的均衡创造突破口和条件；另一方面非均衡发展带来了诸多难题，制约了经济社会进一步的发展，从而必须调整。

5.2.1 高产值、高收入部门短期内迅速成长，为需要长期大量投资的行业发展积累资金

为实现社会成员共享优质的社会保障与公共服务，公平获得优质的教育发展机会，必须大力发展医疗卫生、文化教育以及公共服务事业，然而医疗卫生、文化教育，特别是公共服务事业的发展，是需要大量投入的，且是在短期内只有投入难有产出的领域，无论这些部门的资金投入源于公共财政还是民间资本，都需要有必要的资金积累。在整个经济产出量极少、政府财政收入水平极低的条件下，这些部门难以获得较高投入、快速发展。能够带来高产值、高收入的部门在短期内的迅速成长，是地方文化教育、卫生医疗以及社会公共事业发展资金积累的重要源泉。

从广东省政府的投入来看，改革开放后相当长的发展时期里，不仅大力引进资金技术发展制造工业，工业迅速崛起，省内及省外投资者也投入到掘金浪潮中，在近乎资本原始积累的过程中，内外资工业企业与传统的商贸服务业企业成为政府获得财政收入从而成为实现资金积累的主要贡献者。从 2008 年广东省地方财政一般收入情况可以看出，来自企业的增值税、营业税和企业所得税在财政收入中占比达到 61.75%（见表 5-1）。

表 5-1　2008 年广东省地方财政一般收入情况（单位：亿元）

财政收入	各项税收			各项税收占财政收入的比重
	增值税	营业税	企业所得税	
3 310. 32	552. 85	955. 35	535. 92	61. 75%

资料来源：广东统计年鉴 2009

随着政府掌握的财力不断增加，能够在再分配方面逐步加大民生投入。2009 年，广东省财政用于民生的支出占总支出的 75. 5%，提高了 1. 8 个百分点。不仅编制了基本公共服务均等化规划，统筹规划、有序推进惠及全体公民的公共服务体系建设，而且在社会保障、各类教育、促进就业等方面也取得显著的成效。从 2006 年起，广东省财政每年安排 1. 6 亿元专项资金，对全省欠发达地区的村医实施生活补贴，每村每年 1 万元。在教育投入上，政府财政不仅安排农村免费义务教育资金、农村困难家庭子女义务教育阶段两免一补资金，还重视高等教育的投入。2004 年，广东斥资 300 亿元打造“建设全国一流大学城”（一流规划、一流设计、一流建设、一流质量），打造华南地区高级人才培养、科学研究和交流的中心的目标初步实现。在 2005 年正式投入使用时，广东在校大学生就从 2004 年的 46 万人增至 80 万人；此后 5 年，广东高等教育的毛入学率从 2003 年的 15% 逐步提升到 30% 以上。虽然广东的财力相对较为雄厚，但是一些县域经济仍然薄弱，地区间城乡财力存在明显差距，广东 67 个县（市）地方一般预算收入占全省的比重不到 10%。广东仍面临解决加快公共财政建设的步伐、调整优化支出结构、着力扩大公共财政覆盖面、引导和调控社会资源制约经济社会协调发展的区域和领域的重大问题。

从民间投资来看，不少后期投入教育事业的企业家，也曾有多年从事实业发展的经历，他们拥有一定积累后转向投资教育领域，或慢慢转型专注投资教育。例如，2009 年 8 月正式接手惠州经济职业技术学院的惠州市宏锋实业有限公司，是 1995 年注册资金人民币 2 000 万元创办的实业有限公司，经过数年的发展和积累，2000 年首先投资 1.5 亿元，兴建了广东惠阳高级中学高中部校区，2009 年又注数亿巨资兴建惠州第一所民办全日制普通高职院校——惠州经济职业技术学院新校区。

5.2.2　城市、工业及现代服务业的快速发展为农村剩余劳动人口的转移提供了就业和生活空间

现阶段广东省以农业为代表的传统部门，以工业、现代服务业为代表的现代部门，在劳动生产率和收入水平上，存在明显差距，也表现为城乡差距。之所以传统部门收入水平低下，是由于存在大量剩余劳动力，边际生产力接近于零。提高传统部门收入水平的途径是将剩余劳动力转移到现代部门。不可否认，在经济快速发展时期，农村剩余劳动力的存在，为工业化提供了基础人力资源储备，需要大量农村剩余劳动力向工业和城市转移，反过来，只有城市、工业及现代服务业发展了，才能为实现转移的农村人口提供就业岗位和在城市稳定生活的条件。因为农业劳动人口向城镇的转移，不仅仅是居住地的改变问题，还需要有能够在城镇稳定生存的众多外部条件，包括相对易于获得的就业岗位、较为稳定且可持续增长的收入、较好的居住条件以及家庭成员拥有良好的发展机会等。

从广东省农业人口变化情况看，1980 年，广东省农业人口占总人口的比重达 83%，是名副其实的农业省（见表 5-2）。没有城市、工业及服务业的发展，农业剩余劳动力的转移也难以实现。

表5-2 广东省农业人口比重变化

年份	总人口（万人）	按农业、非农业分（万人）		农业人口所占比重
		非农业人口	农业人口	
1980	5 227.67	909.71	4 317.96	83%
1985	5 655.60	1 197.92	4 457.68	79%
1990	6 246.32	1 477.31	4 769.01	76%
1995	6 788.74	2 035.37	4 753.37	70%
2000	7 498.54	2 338.29	5 160.25	69%
2005	7 899.64	4 082.06	3 792.32	48%
2008	8 267.09	4 297.78	3 950.53	48%

资料来源：广东统计年鉴 2009

从广东省劳动就业状况的变化情况看，2008 年与 2003 年相比，从事农、林、牧、渔业的从业人员所占比重下降最大，下降了 8 个百分点，从事制造业人员所占比重上升了 4 个百分点，虽然交通运输、仓储和邮政业及传统服务业如住宿和餐馆业从业人员比重没有明显提高，但信息传输、计算机服务和软件业，商务服务，房地产以及金融业从业人员比重有所提高（见表 5-3）。这说明广东省农业劳动人口已向工业和其他行业转移，制造业，信息传输，计算机服务和软件业，文化创意产业，房地产业，金融业，交通运输、仓储和邮政业，批发和零售业，住宿和餐饮业，现代服务业等是广东省扩大就业的主要行业。

表5-3 广东省部分行业从业人员所占比重

	2003 年	2005 年	2008 年
农、林、牧、渔业	36.80%	32.05%	28.80%
制造业	30.12%	33.17%	34.10%
信息传输、计算机服务和软件业	0.67%	0.73%	0.91%

（续上表）

	2003 年	2005 年	2008 年
批发和零售业	9.53%	11.19%	12.32%
金融业	0.66%	0.59%	0.69%
房地产业	0.61%	0.88%	1.15%
租赁和商务服务业	0.80%	1.22%	1.59%
交通运输、仓储和邮政业	2.46%	2.34%	2.22%
住宿和餐馆业	3.74%	3.32%	3.46%

资料来源：广东统计年鉴 2009

尽管广东省农、林、牧、渔业的从业人员所占比重下降，但从总量上看，近 30 年间，一直徘徊在 1 500 万 ~ 1600 万人之间，2003 年农、林、牧、渔业的从业人员有 1 617.69 万人，2005 年为 1 609.89 万人，2006 年为 1 594.22 万人，2007 年略减至 1 588.21万人，2008 年又上升至 1 599.27 万人。广东所创造的大量就业机会并没有充分惠及广东人民，尤其是农村居民。应该说，广东省改革开放以来城市及制造业的快速发展，更多地是为全国的农村剩余劳动力转移作出重大贡献。时至今日，广东省使用外省劳动力数量多达 1 900 万人，是使用本省劳动力的 2.7 倍。广东省社会科学院社会学与人口学研究所所长郑梓桢通过测算认为，广东农村还有 500 万左右的劳动力可供转移，广东要在 2012 年完成农村剩余劳动力的转移，政府的“十一五”规划每年可以提供 100 万左右的新增劳动岗位。如果说珠三角地区的某些产业已丧失了比较优势，但制造业的总体产业比较优势迄今为止还是存在的。因此，通过产业结构的有效调整，更好更快地推进城市及工业的进一步发展，在省内、国内区域内实现双转移，将为本省农村剩余劳动人口的转移提供更广阔的就业和生活空间。

5.2.3 短期内经济总量的迅速增加支撑政府财政收支的快速增长

经济社会发展中出现的收入分配不平等，客观上要求政府对不同收入阶层的利益差异进行协调，不论是最低保障、医疗保障、失业保障、养老保障还是灾害救助、应急突发事件的风险补偿及教育、农业补贴等，都需要政府通过公共财政支出加以解决。短期内经济总量的迅速增加支撑了政府财政收入的快速增长，为政府协调社会各阶层利益关系所需的公共支出提供了财政基础。广东省实施的经济发展战略使得经济总量在短时期实现了快速增长，政府得以支配的财政收支也相应迅速增加（见表5-4）。

表5-4　广东省地方财政一般收入和增长速度

	1980年	1985年	1990年	1995年	2000年	2005年	2006年	2007年	2008年
地方财政一般预算收入（亿元）	37.79	69.27	131.02	382.34	910.56	1 807.2	2 179.46	2 785.8	3 310.32
每5年增长		83%	89%	92%	38%	98%	21%	28%	19%

资料来源：广东统计年鉴2009

近30年来，广东省地方财政一般预算收入增加了近86.60倍，地方财政收入从1991年起跃升至全国第一，且连续保持了十多年。广东省地方财政收入有三个关键的突破性年份，一是1957年突破10亿元，二是1988年突破100亿元，三是2001年突破1 000亿元。从三次规模突破的间隔期看，从10亿元到100亿元用了31年，从100亿元到1 000亿元则只用了13年时间，广东地方财政收入增长总体呈逐步加快之势。

政府财政收入不断增加，社会事业发展投入随之增大，通过“二次分配”，在一定程度上缓解了在市场运行中由于“初次分配”不平等而出现的利益悬殊，缓和了社会矛盾。虽然近年来从整体上看,政府财政用于基本保障的水平还比较低，保障数额也比较少，灾害救助、应急突发事件的风险补偿及教育、农业补贴机制也有待进一步完善，但广东省已逐步实现了低收入家庭的基本保障、失业保障，2008 年实现了城乡居民医疗保险的全覆盖（见表 5–5）。

表 5–5　地方财政一般预算支出基本情况（单位：亿元）

指　　标	2000 年	2004 年	2005 年	2006 年	2007 年	2008 年
财政支出	1 069. 86	1 852. 95	2 289. 07	2 553. 34	3 159. 57	3 778. 57
一般公共服务					523. 39	629. 02
教育	144. 75	287. 95	329. 21	392. 62	575. 9	703. 32
科学技术					119. 26	132. 52
文体体育与传媒	26. 33	44. 3	50. 84	59. 22	53. 03	33. 72
社会保障与就业					283. 48	362. 83
医疗卫生	47. 73	72. 91	82. 36	103. 56	140. 77	201. 15
环境保护					26. 39	47. 09

资料来源：广东统计年鉴 2009

资料显示，2008 年地方财政支出总额是 2000 年的 3. 51 倍，其中一般教育的支出是 2000 年的 4. 86 倍，医疗卫生的支出是 2000 年的 4. 21 倍。社会保障与就业的支出，2008 年比 2007 年增加了近 80 亿元；而环境保护的支出，2008 年比 2007 年增加了 78%。

5. 2. 4　人才引进利于充分运用人力资源，激发社会成员拼搏进取的活力

人力资本的流动同资本流动一样，是反映市场化程度的重要

标志，引进高水平技术人才对于深入实施人才强省战略、建设创新型社会有重要意义。

首先，从短期看，引进人才能够缓解对高层次人才的急切需求，减少长期培养训练专业人才的教育成本，引进适用、紧缺的人才，能够有效利用现有人力资源。改革开放前，广东省不仅是经济落后的农业省，还极度缺乏教育及高科技人力资源。虽然在新中国成立初期，广东的大、中、小学学校数和在校生数在全国排位居前，但由于连年战乱，全省教育基础十分薄弱。1958—1960年，由于“大跃进”时期片面追求“多快好省”办教育，并以“教育大革命”来推动教育大发展，违背了教育事业发展的客观规律，也扰乱了正常的教学秩序，使教育事业发展受到不小的挫折。虽然20世纪60年代初，广东教育事业一度有所恢复并开始迈上正轨，但文化大革命期间（1966—1976年），全省教育事业又遭到了空前的浩劫和破坏，许多高等、中专学校被强行“调、并、迁、改”，许多学校从“停课闹革命”到“大串联”，从“清理阶级队伍”到“反复辟回潮”，政治运动接连不断，整整一代青少年的成长被耽误了，全省教育事业遭到了近乎毁灭性的破坏。在改革开放前期，国内外人才的流入成了广东省特别是新建的经济特区经济建设的保障，曾引人关注的“孔雀东南飞”现象，反映了改革开放之初，广州、深圳、珠海等作为开放性政策的试验先行地吸引了很多内地和国外的投资者及求职者。直至现在，这些地区经过几十年的蓬勃发展，社会福利保障不断成熟，自然衍生出很多就业机遇，形成了一套吸纳人才的机制，吸引了大量海内外人才来此就业。例如，根据孙锦在《深圳特区报》2008年12月9日发表的文章，在深圳创办或经营各类企业的江苏籍企业家（涉及领域包括电子、金融、医疗器械、工程设备、五金模具、广告传媒、旅游、培训、酒店、零售、礼品等，其中电子、金融以及设备制造占70%），大约50%的苏商具有大学本科及本科以上学历。1991 年，南京市教育局与深圳市教育局牵头，决定从南京挑选一批具备教育管理经验、富有进取精神，已有一定社会影响力的年轻干部支援特区的教育建设。1995 年，深圳高级中学的创办拉开了序幕，深圳从全国各地3 000多位优秀教师中精挑细选出了目前深圳高级中学的精锐师资，而一批批师生也在“我们与学校共同成长”的理念中，共同见证了深圳高级中学的成长历程。事实上，在改革开放的最初时期，即使是高层次人才也不需要高额的引进费用，免去了培养成本，在全国乃至世界范围内有效地配置了人力资源（不仅仅是初级劳动资源)，实现了人力资源使用的高效率。

其次，引进的人才由于成长与发展的时期、环境和条件不同，人才的工作意愿和工作持续能力都有所不同，也会带来不同的理念及创新创业精神。将新的理念和创新创业精神融入本地人才队伍建设中去，营造人才健康成长创业环境，这种环境包括人才成长创业基础设施等“硬”环境的建设，也包括舆论宣传等“软”环境的打造，这样不仅让引进的人才时时感到安心、舒心、放心，也能够促进本地人才的成长创业，进而实现其创新创业精神辐射效果的最大化。改革开放 30 年来，广东省可以说是集全球之人气、纳世界之精灵的区域之一，仅从国内看，以深圳建设者为例，就有诸如 203 万湖南大军把三湘四水的激情燃遍鹏城大地，120 万中原儿女甘为深圳发展奉献青春，50 万三秦子弟执守南国热土黄钟大吕写新章，30 万彩云之南儿女为特区奉献才智挥洒汗水，20 万三晋儿女孔雀东南飞鹏城谱写锦绣华章，8 万浙商携服装、电子、五金三大“武器”抢滩深圳，魅力江苏人与时俱进谱写特区创业新传奇等描述和赞誉，足以说明如今的深圳人是名副其实的“地球人”。这些来自五湖四海的创业者与广东本地人一起，成为建设广东的生力军。不同的理念及创新创业精神，在这里相互融合、相互渗透、相互包容，不断充实、不断演进、不断升华，形成广东的人才成长与创业环境。例如，1991年来深圳的那批南京教育人，如今都已经成为深圳教育战线不同领域中的领军人物，这群南京教育人在扎根特区的同时，也将南京乃至整个江苏独特的历史和人文地理环境所形成的性格鲜明、开放博大的人文精神以及深厚的文化底蕴和优秀的教育传统带到了年轻的深圳。而苏商与来自各省的建设大军一起，共同创造了中国改革开放建设史上世人瞩目的“深圳速度”，留给了深圳人再熟悉不过的诸如华联大厦、北方工业大厦、湖心花园大厦、招商银行总部大厦、老科学馆、国际商会中心、会展中心等名字，同时也留给人们“崇尚实业、埋头做事、诚信经营、精细作业”的印象，成为获得建筑界最高荣誉鲁班奖和多个国优奖项的品牌企业。

再次，高层次科技人员加入广东省人才队伍，本身就已经为本地人才队伍建设注入活力，当把招商引资与招才引智结合起来，将实现智力、资金、项目“一体化”引进，甚至可以通过创办产学研基地、创业园等，充分激发高层次人才的积极性和创造力，努力做到人尽其才、才尽其用，就会达到引才与育才、创富互动多赢的目的。众所周知，陕西是教育大省，西安交大、西北政法、西北大学等名校，人才济济，在结伴“孔雀东南飞”时，不仅输出了技术含量高的人力资源，也因其团队的合力效应，使广东省实现了智力、资金、项目“一体化”的引进。仅深圳大学就有陕西籍的教师100多位，而中国工程院院士牛憨笨从西安南下鹏城，更是填补了深圳高端科研人才的空白。1999年，深圳大学将牛憨笨从西安光学精密机械研究所引进，同时，一并将课题组18名成员引进深圳。一方面在原课题组的基础上，从国内外引进30多名优秀人才；另一方面在原光电子学研究所的基础上建立了光电工程学院，院所合一，资源共享，同时承担教学和科研任务。既为国家和地方培养了光电子领域的学士、硕士、博士和博士后等不同层次的人才，也进一步加强了科研工作。此外，建立了教育部和广东省重点实验室，对外开放、合作研究，为企业界提供服务。半导体光电子学、平板显示、超快诊断、生物医学成像、光机电一体化等研究领域，得以在科研与产业化结合这个方向上走得更快。凭借独创技术，在追赶与西方发达国家的距离过程中，高科技就是最快捷的手段，最后才能变成财富。

最后，人才的引进与流入对本地专业人才的发展起到激励作用。一般而言，人才流动特别是高层次人才的异地流动，从主观动因看可能存在多重考虑，但寻求适合的发展创业环境、谋求更高的收益水平往往是大多数被引进人员考虑的两大主要因素，也是愿否继续留在此地发展创业的重要因素。因此，高层次科技人才被引入后，一般能享受较高的待遇和津贴（完成相应岗位职责），或者有了施展才华的空间能实现成功创业并获得高回报，这些无疑在一定程度上会起到示范和激励作用。在改革开放初期，人才流入地并非都以优厚待遇为先决条件来吸引人才，尽管没有高额安家费，没有高年薪，那一时期来到广东的许多专业人才和创业者，经过多年打拼，或成为政府管理部门和各条战线的领军人物，或成为创业成功的企业家，已经用事实成就起到了示范和激励作用。但随着经济社会发展水平的日益提高，对高层次人才的需求不断增大，尤其是自20世纪90年代后期以来，由于对人才的竞争愈来愈激烈，各地对人才引进的条件不断调整，高层次人才要求标准越来越高，待遇也相应飙升，时至今日，不仅在网上随处可见广东省各高等院校纷纷“明码标价”，以优厚条件引进高层次专业人才及带头人，安家费、科研启动费从数万到数十万甚至更高，就是许多大企业也重金引进专业技术人员。高层次人才的聚集不仅促进了广东省人才队伍的建设、人才结构的改善及整体水平的提升，也推动了广东科技创新的发展(见表5–6)。

表 5-6 广东省国有企业、事业单位专业技术人员年末人数（单位：人）

年份	专业技术人员	工程技术人员	农业技术人员	科学技术人员	卫生技术人员	教学人员
1978	211 149	48 836	16 017	7 852	53 068	80 287
1980	291 939	56 144	18 176	7 356	61 445	86 192
1985	642 542	102 506	23 030	6 431	86 174	133 013
1990	838 403	145 535	21 194	5 731	92 912	379 894
1995	1 077 848	180 530	15 219	4 425	134 586	511 418
2000	1 297 804	180 223	15 083	4 705	175 521	696 005
2005	1 399 042	146 411	17 407	5 434	248 547	791 255
2008	1 419 852	144 941	16 701	5 745	260 940	837 059

资料来源：广东统计年鉴 2009

注：本表未包括中央单位专业技术人员数。

而今广东省从事科技活动人员的数量已从 1995 年的 10.5 万人增加到 2009 年的 53.2 万人，博士生在校生人数从 1995 年的 2 558人增加到 2009 年的 11 466 人。全省科技活动课题（项目）数也从 1995 年的 16 512 项增加到 2008 年的 72 643 项。

在广东能感受到明显的浓厚的亲和力。广东省积极引进高层次科技人才，其经济的快速增长、城市建设和社会发展加快带动了更广泛的人口迁移流动。根据《广东统计年鉴 2009》，来粤的非户籍常住人口 1990 年有 100.87 万人，2000 年增加到1 151.49 万人，到 2008 年达 1 276.91 万人，不到 20 年增加了 11.66 倍。可以说随着广东省综合经济实力的进一步增强和经济建设的快速增长，广东正在吸引着越来越多地外来人口到广东省投资、经商、务工和居住（当然不排除大量外来人口流入所产生的负面影响），正是这种包容性不断为广东经济社会的发展增添活力。

5.2.5 传统风俗与行为意识在一定程度上利于稳定社会、缓和一些社会矛盾

广东人与香港人一样，热衷于烧香拜神，并不是因为特别迷

信，甚至很多时候与宗教无关，他们可以完全不了解教义，却虔诚地参加定期的法会活动，更多的时候，烧香拜神只为求个平安吉祥。似乎并不在乎供奉的是谁，总之入庙烧香，见佛叩头（亦或在家中或店铺里供奉），就不会有错，只要相信能给自己带来财运福气，就可以高举着香，闭上眼，静静地跪着，向有求必应的仙人默默诉说心事和新的一年的愿望。这些活动对于调节人们的心态有一定益处，多一些平和，少一些狂躁，多和气生财，遇事尽可能少惹麻烦，远离恶事，求得平安回报，自然减少一些家庭矛盾和社会摩擦。家庭稳定是社会稳定的基础，惠州市的离婚率较低，不排除广东人注重感性实用、讲求实惠利益、在乎离婚成本以及广东女人的忍辱负重等因素在其中的影响，但毕竟缓和了一些矛盾。从社会稳定看，在破获的案件中多为流动人口犯罪，广东省本地人的犯罪率其实很低。

5.3　二元性非均衡发展制约和谐社会建设与经济持续发展

广东省的改革开放与全国一样，是在与世界发达国家相比差距越来越大的情况下开始的，当时整个现代化目标就是经济的现代化，没有更多地考虑在实行经济现代化的同时怎样实现社会现代化。但在我们走向市场经济以后，中国出现了结构性的社会分化，并形成一些比较固定的利益集团，同时在市场化后，重新走向了一个高度分散的社会，特别是农村。这不仅产生了不同利益集团在与财富收入密切相关的经济权利上的差别化，也形成了包括与参与民主管理相关的政治权利、与社会保障密切相关的社会权利、与教育发展相关的文化权利在内的差异。而多层面的二元性发展，在相互叠加中加剧着分化。虽然在一定时期内，经济社会发展突破原有均衡而形成的非均衡能够在一定程度上对推动经济社会前进起到重要作用，但随着市场经济的发展，社会结构的变动，利益关系的多元化，经济社会多层面二元性非均衡特征深化，反而又会成为影响甚至阻碍改革、发展和稳定的重大问题，又将制约和谐社会建设与经济持续发展。

5.3.1 不断加剧社会分层，深化区域、城乡、社会利益的矛盾与冲突

如果经济发展仅以总量增长、克服贫困为目标，那么发展本身是无法实现社会成员均衡拥有财富的目标的，也无法解决发展中不断出现的贫困问题，因为经济主体在追求财富最大化目标的过程中，难免以牺牲一部分群体的利益为代价。在市场经济社会中，财富分配上的不平等可以说是一种必然的现象。尽管我们必须承认，这种不平等是使市场经济体系充满活力和具有效率的动力之源，但也必须看到，这种不平等是引起社会矛盾、社会摩擦乃至社会动荡的基本原因，也是导致社会不和谐的基本原因。无疑，城乡发展二元性非均衡特征的不断深化加剧了社会利益矛盾与冲突。

随着城市与农村、工业与农业发展的二元性非均衡日趋深化，不仅城乡居民收入水平、生活方式、生活与教育环境和条件等差距不断拉大，即使在城市，多层面二元性非均衡的发展也在不断制造出不同的利益阶层，当我们还未对中国的城乡二元结构得以求解之时，一个新的城市二元结构已经浮现。一般而言，作为城市贫民利益阶层的不仅包括进城谋生的打工农民，也有不少因城市发展需要拥有更多的土地资源和发展空间，以及推进城市化进程中同时产生的众多的从乡村涌向城市的失地农民，还包括处于城市生活贫困线的失业、下岗人群。应该承认穷人、富人在一个城市的分化存在，是经济社会发展的一定阶段中存在的正常现象，而城市化、工业化快速发展的趋势在强化这一分化，城市的吸附效应又会使更多的农村人口流向城市。实际上珠三角地区作为改革开放的最前沿，与其他地区或省份相比，在短时间内取得经济快速腾飞，收入明显增长，创业机会、就业机会较多，自

然吸引了来自全国不同地区（不乏海外归国人才）的各类人群。在大量涌入的人群中，早期就已显现出明显的两极特征，一极是高水平的科技人才，一极是最低层次的农民工，随着经济的进一步发展，也有从中部或中西部省份农村到广东及珠三角地区创业之人。大量涌入的外来人口在为当地经济发展作出重要贡献的同时，也加剧了两极分化，因为引进的高层次人才和创业成功人士普遍享有优厚的待遇和很高的收入，而普通农民工收入低，生活条件差，更难以获得较好的公共服务及社会保障。不过，在广东特别是在珠三角地区的一些城市，如东莞、深圳等，有一些失地农民的经济状况并没有极度恶化，相反，由于工业发展迅速，出让土地的回报率较高，失地农民的经济状况有所好转，但仍存在部分本地贫困人群。

目前在广东省特别是珠三角城市群中，社会各利益阶层分化程度以及各阶层的利益差距与其他一些大城市有一个相同点，就是不同程度地存在着不同利益阶层的利益矛盾。

首先，不同利益群体付出与回报不平衡。大量外来农村贫困人口与本地贫困人群在一个城市中形成“贫民区”、“出租屋群”，他们为这个城市的工业发展提供了廉价劳动力，为城市的其他人群提供了廉价的社会服务，创造出城市的昌盛繁荣。但是他们的收入低微，居住条件恶劣，承受着危机冲击和产业转型的巨大压力，冒着减薪、欠薪和随时失业的现实风险，承担着种种职业病患侵害和留守子女成长的代价，而且时至今日他们中的绝大多数还被拒于城市的发展之外、社会之外、体制之外，不能与富人一样享受优越的公共服务、文化艺术消费、医疗卫生服务，甚至基本教育或专业技术培训等。东莞石排镇推行25年教育全免费，根据该政策，从2010年9月1日起，石排籍考上大学本科的，每人每年可以获得6 000元的补贴，考上硕士的每年可获8 000元的补贴，而考上博士的每年能获得1万元的财政教育补贴。据统计，2010—2011 学年，石排镇将有 1 100 多人享受幼儿园免费教育，1 520 多人享受高中免费教育，1 120 多人享受大学免费教育。刚开学的新学期，石排镇政府财政支出 158 万元，为全镇 1 054 名符合条件的幼儿园儿童支付了学费。经过测算，石排镇推行 25 年全免费教育，年实际资金投入约 1 500 多万元。不仅如此，石排镇 4 万多本地户籍人口还可以免费乘坐镇内的公共汽车[①]，但为东莞作出贡献的 14 万外来人员是被排除在这些福利之外的。谈到外来工为深圳、为中国经济所作的贡献，曾任深圳当代社会观察研究所所长的刘开明复述了一系列数字：根据国家统计局公布的数据，2004 年全国农民工月平均收入 539 元，而同期城镇工人是 1 335 元，也就是说，雇佣农民工每人每月可以节省 796 元。全国因雇佣农民工而节省的开支相当于当年 GDP 的 8.5%，大体相当于中国当年经济增长的速度，这还不包括福利、保险的节省，显然他们的付出与回报很难说是平衡的。

其次，城市建设与发展给贫困阶层带来更大重压。最能代表城市快速建设与发展的莫过于城市的交通和住宅。房地产发展异常火热，住宅档次越来越高，价格越来越贵，与之相伴的是房价对普通百姓的重压和裹挟。一边是高档社区里居住的拥有一套或多套房产的“有钱人”，甚至有车有钱人买经济适用房，另一边则是“棚户区”里挤满了城市低收入人群和外来流动人口，社区围墙几近成了贫富的“楚河汉界”。目前广东省部分城市已经出台了部分经济适用房也向非户籍外来人员供应的政策，例如广州市，不仅经济适用房，甚至在优先满足符合经济适用房申购条件家庭的本市城镇户籍住房困难群体需求的前提下，经济租赁住房也可以向在本市工作并签订了一定年限劳动合同，年人均可支

① 信息时报，2010-07-06（F8 版

配收入、资产净值、居住面积符合政府公布标准的引进人才、大学毕业生以及外来务工人员出租。暂且不论最贫困的居民和大量务工人员是否购买了经济适用房，根据廉租房、经济适用房申请条件与最低工资标准作个简单分析，也能够判断出住房对最贫困居民和大量外来务工人员是怎样的压力。2009 年，广州推出 1 092 套经济适用住房，售价约每平方米 4 000 元，面积约 70 平方米，总房价为 28 万元。目前广州市确定的经济适用房申请条件是年人均可支配收入在 18 287 元以下，廉租房申请条件是年人均可支配收入在 7 680 元以下，也就是说经适房申请家庭年人均可支配收入应是7 680 ~ 18 287 元之间再定出一个界限标准，而经适房申请家庭必须是无房户。根据这一政策条件，如果以一个需赡养两个未成年人口的四口之家为例，按照经济适用房申请购买条件，若人均可支配收入能达到 18 287 元，相当于从事工作的两个人每人平均年工薪收入达到 36 574 元，即平均月收入为 3 048 元，这表明，购买一套 70 平方米的经济适用房，就意味着需要一个人近 8 年的全部收入。事实上根据《广东统计年鉴 2009》数据，别说外来务工人员的月收入远达不到 3 000 余元的水平，就是城镇许多普通从业人员和在岗职工也达不到这一水平(见表 5-7)。

表 5-7　2008 年广东省各市城镇单位从业人员劳动报酬和在岗职工工资（单位：元）

市别	从业人员劳动报酬			在岗职工工资		
	国有单位	城镇集体单位	其他单位	国有单位	城镇集体单位	其他单位
广州	61 372	23 922	37 256	62 746	24 255	37 147
深圳	65 310	25 370	39 157	65 431	25 291	37 933
珠海	57 320	23 834	25 024	58 359	23 748	24 556
汕头	27 448	11 161	22 994	27 698	11 180	22 660

（续上表）

市别	从业人员劳动报酬			在岗职工工资		
	国有单位	城镇集体单位	其他单位	国有单位	城镇集体单位	其他单位
佛山	43 618	30 177	23 667	43 949	30 280	23 647
韶关	28 845	15 246	24 139	28 910	15 342	24 167
河源	27 036	16 902	18 534	27 164	17 024	18 009
梅州	23 329	14 237	18 338	23 495	14 453	18 521
惠州	33 299	17 789	20 663	33 438	17 814	19 979
汕尾	19 754	18 037	23 553	20 146	15 423	23 090
东莞	50 429	20 916	29 510	51 441	20 833	28 838
中山	50 338	28 971	23 586	51 167	28 887	23 100
江门	27 378	16 820	19 267	27 579	16 872	19 128
阳江	23 257	12 188	14 532	23 590	12 268	14 552
湛江	22 608	14 132	21 699	22 779	14 023	21 539
茂名	22 102	14 607	25 480	22 482	14 616	25 533
肇庆	29 187	15 410	17 257	29 613	15 698	17 148
清远	33 711	21 183	18 914	33 878	21 247	18 824
潮州	22 697	10 096	16 732	23 000	10 166	16 402
揭阳	18 862	11 193	15 212	18 891	11 146	15 182
云浮	25 197	16 018	13 808	25 297	16 112	

资料来源：广东统计年鉴 2009

从表 5-7 可以清晰地看到，除广州、深圳、珠海、佛山、东莞、中山等市，在国有单位和部分其他单位从业人员的劳动报酬以及在岗职工的工资月收入能够达到 3 000 元以上，其他各城市均在 3 000 元以下，特别是在集体单位从业和在职的人员，多数不足 2 000 元，甚至在一些城市如揭阳、潮州、汕头、阳江等，城镇集体单位从业或工作的人员平均月收入不足 1 000 元，对此，即使是经济适用房，其价格也相当于十几年甚至二十几年的收入。不难想象，住房对最贫困居民和大量外来务工人员有着怎样的压力。建设部原副部长杨慎坦言，分配不公，房价太高，特别是低收入家庭的住房没有很好地解决，已经成为中国住房建设中存在的主要问题。住房分配目前已经不只是一个经济问题，还应从政治的角度进行思考。由于我们的土地是国有的，因此，居住条件的获得是一个人人都应该拥有的权利，而不是说你有钱才可以，没钱就不行。

交通作为城市发展的一个重要体现，从来没有像现在这样密集，然而，城市化的一再扩张，交通的日益发达，与之伴随的是机动车对道路资源需求的一再扩张，自行车道、人行道一再被挤占、被压缩，有的地段甚至断然取消。中国本是一个自行车大国，现在又恰逢低碳社会到来，我们有着无法重复美国消费方式的国情，步行和自行车交通仍是我国城市居民出行的主要方式，占绝大多数的中低收入者短期内还难以成为“有车一族”，行路权的保障也是最基本的平等权利的保障。

再次，社会问题多发的“贫民区”成为市政管理的难题。大量涌入的外来务工人员，经济状况较差，收入较低，常年聚集在廉价出租屋或棚户房的“贫民区”中。广州市公安机关调查数据显示，在庞大的外来务工者群体中，近两成的外来务工者没有提前联系好工作，不排除有相当一部分外来务工者仅仅带了少量车费，他们身上所带的钱财甚至无法帮助他们在广东度过1周。部分盲目入粤的外来人员可能会面临失业和生存的压力，从而成为具有违法犯罪倾向的高危人群，给广东省的社会治安带来潜在的负面影响。东莞市公安局曾经对大岭山、清溪、企石、中堂等10个镇做过抽样调查，在刑事拘留的3 838人中，因失业而犯罪的嫌疑人共有330人。由于部分来粤的外来务工人员暂时无法就业，心急如焚的找工者顾不上分辨，只要看到哪里有招工就去哪里。如此一来，使违法犯罪分子有了可乘之机，他们利用各种名义教唆和欺骗外来务工人员从事黄赌毒、盗窃抢劫等犯罪活动。

乱糟糟的“贫民区”不仅存在许多社会问题甚至犯罪，而且影响城市形象，这也是市政府规划管理中的难题，如果试图实行铲除城中“贫民区”的市政政策，将又会不可避免地人为阻断不同阶层的沟通接触桥梁，妨碍本地稍富裕人口与外来贫困人口等不同人群的垂直分工，本质上并不能真正消除贫困人口，相反可能将外来穷困人口全部“驱逐”到远郊，甚至本地穷困人口也会被一同“驱逐”出去，这只能深化不同利益阶层之间的猜测敌意。根据2010年4月16日《南方日报》消息，深圳市副市长、公安局长李铭坦诚地听取了市民对深圳公安队伍和社会治安状况的评价。深圳作为经济特区，经济社会高度发达，在国人的心目中简直是天堂，吸引无数人涌向深圳。因此，深圳不仅人口数量大，而且密度高，人员流动性极强。加上深圳的社会治安整体呈现出风险小、成本低、收益高的特点，大量的外来人口来深打工，有的失业后难以维持正常的生计，最终走上犯罪的道路。李铭说，今后，如果来深务工人员失业，3年内没有重新找到工作，将考虑限制其租房并驱逐出深圳。这就意味着有的外来工成为不受欢迎的人，不得不离开深圳。但从理论上说，一个文明社会里，即使是最底层的人，他们只要是国家公民，不危害国家和社会安全，就可以堂堂正正地生活，并且得到法律的保护。由此，深圳不应限制别人在深圳逗留，更不应驱逐别人。况且任何人都不能抹杀外来工对深圳的建设和发展作出的巨大贡献。如果深圳真的限制和驱逐外来工，外来工就会陷入非常尴尬的境地，成为二等公民。这显然不符合从小渔村崛起成大都市的深圳应有的开放与包容之心，不符合经济特区城市的特质。事实上外来工背井离乡到他地务工，谁都不想失业，失业了也很难保证3年内会找到满意的工作，当地政府应该关心和帮助他们，而不是歧视他们。如果有的外来工务工多年，有了一定的积蓄后失业了，又不急于找新的工作，也有能力长时间体面地在满街是富人的城市生活；如果有的外来工在工作中发生事故，导致伤残，的确找不到工作，就无辜地成为当地不欢迎的人，诸如此类的情况，必然使得这些外来工低人一等，莫名地增添负罪感，失去做人的基本尊严。一个和谐发展的经济社会，其文明程度需要通过不同阶层的人能否和谐相处体现出来，限制和驱逐外来工，给人的感觉这只是一座经济繁荣却冰冷的城市，缺少应有的温情。

最后，财富不平等演绎为多重不平等体系。市场体系原本是一个充满差别的体系，市场主体的个体差异导致财富分配上的差异，使财富更多地积聚到少数私有者手中。而财富的积累同时演绎为多重不平等的积累：发展机遇的不平等、社会资源占有的不平等、社交圈层的不对等、人际关系的不平等、后代发展起点的不平等，诸如此类。因为市场机遇与个体财富的多寡密切相关，一定的机遇总是相对于一定的资本才是有效的机遇，拥有更多财富的人自然也就拥有更多的选择。不平等的积累也使“起点公平”变得缺乏现实性，由于财富作为家产可以为子女所继承，出身富有的人和家境贫寒的人，在最初进入市场时就已经完全不平等了，在市场中很难找到同一的起跑线。而且，经济基础决定上层建筑，财富多寡进一步形成社会、文化等多重的不平等，包括意义广泛的社会资本，如社交圈层、人际关系等。

5.3.2　导致经济社会持续发展的配套支撑能力相对下降

行业发展中存在的二元性非均衡不断加深，必将导致经济社会持续发展的配套支撑能力相对下降。

在三大产业中，第二产业是资源消耗型的产业，也是对环境影响较大的产业。第二产业的超常增长，使得基础性资源供给日趋紧张，如水资源、能源资源等，而生态环境压力不断加大，制约着人与自然的和谐相处。为利润最大化生产的市场经济，本身不存在任何社会正义的元素，也没有任何社会文明的运行机制，无止境地追求利润最大化，已经造成、正在造成、还将继续造成自然生态的破坏。它无节制地向地球索取，不仅造成自然资源被严重污染，使自然资源越来越枯竭，还破坏人类的居住环境，既损害人与人的和谐，又损害人与自然的和谐。为此，我们不得不通过伸张正义的法制建设、宏扬道德的精神文明建设、提倡博爱的宗教文化来制止市场经济中的非理性活动。经过20多年的工业化和城市化以及产业结构非均衡的发展，大量劳动密集型产业让珠三角成了工人集散地的“世界工厂”。而今的广东尤其是珠三角地区的土地资源越来越稀缺，在三大区域内稀缺程度最高，这将导致工业化和城市化成本升高。虽然珠三角区域内能耗水平最低，但能源需求量大，并且自身能源匮乏，主要依赖外部输入，在国际石油价格不断攀高的冲击下，区域内能源紧张，生产成本上升，将制约经济发展。比如，东莞可供利用的土地不足40万亩，按照目前每年消耗3万亩计算，十几年内将消耗殆尽；用电量相当于贵州一个省的用电量，全市多个地方出现水质性和水源性缺水。

产业非均衡发展所带来的环境、资源压力，已给珠三角敲响了警钟。在中共广东省省委十届二次全会上，中共中央政治局委员、广东省省委书记汪洋提出广东不能长期捧着“总量第一”这块“金字招牌”，要有忧患意识，广东面临的人口压力大、产业结构不合理、发展不平衡、自主创新不强、民生需求矛盾等重大问题，其中不少就是珠三角发展中面临的“瓶颈”。即使如此，目前产业转移仍然压力、阻力很大。不仅很多企业老板不愿转移，当地村镇也不愿意，担心企业转移出去以后，出租屋和厂房没人租。比如东莞有一个镇，户籍人口才3万，而镇上一个贴牌生产“耐克”的台湾鞋厂，实际用工就有10万人，基本上是外来工，一年能给该镇带来5 000万元的利润，转移阻力大可想而知。

以现代科技、金融及服务业为代表的第三产业发展相对滞后，对现代经济发展所必需的资金流、信息流、货物流及商务活动规模都具有重要的影响，在一定程度上制约着实体经济的发展速度与规模。现代第三产业既包括传统的租赁和商业服务业，还包括反映现代科技发展并为之服务的信息传输与计算机服务和软件业，房地产业，商务服务业，现代物流业，以及科学研究与技术服务和地质勘察业，水利、环境与公共设施管理业，教育、卫生和社会保障社会福利业，文化体育和娱乐业，新兴的创新金融、服务外包、创意设计、品牌会展等。第三产业相对落后于第二产业的发展，不单单反映在数量上，也不是传统服务业规模如何，重要的是为现代工业、发展提供服务、支撑的现代科技信息业、现代服务业、现代物流业等须相应发展。虽然总体上看广东省第三产业在整个产出中所占比重高于全国平均水平，但从 1990 年到 2008 年的发展进程看，广东省并没有显示出第三产业具有更快发展的势头，1990 年广东省第三产业占生产总值的比重高出全国 4.2 个百分点，到 2008 年，仍然高出 4.2 个百分点，可见在三次产业结构上，广东省第三产业发展在近 20 年间，并没有显现出更快的发展征象（见表 5-8）。

表 5-8　第三产业占生产总值比重比较（%）

	1990 年	1995 年	2000 年	2005 年	2008 年
广东	35.8	36.5	44.3	43.3	44.3
全国	31.6	32.9	39.0	40.1	40.1

资料来源：中国统计年鉴 2009；广东统计年鉴 2009

特别需要注意的是，广东省第三产业的发展存在着传统服务业较发达、内在结构欠均衡的问题。根据 2007 年的统计数据，广东省与全国比较，传统的批发和零售业、住宿和餐饮业在第三产业增加值构成所占比重上具有明显优势，房地产业在第三产业增加值构成中明显高于全国水平（见表5-9）。

表5-9　2007年第三产业增加值构成比较（%）

	交通运输、仓储和邮政业	批发和零售业	住宿和餐饮业	金融业	房地产业
广东	9.33	20.86	5.32	13.37	15.92
全国	14.60	18.16	5.70	11.05	11.85

资料来源：中国统计年鉴2009；广东统计年鉴2010

注：本表按当年价格计算。

广东省第三产业发展中零售商贸、酒店宾馆、房地产发展很快，个别城市如惠州市的房地产业在一个时期内甚至占据了第三产业的半壁江山。2007年，惠州市房地产开发投资完成137.3亿元，增长98.9%，增幅居珠三角九市首位。[1] 房地产业的发展是城市现代化的重要依托，是衡量现代服务业的核心标尺之一，同时房地产业占压资金较多，金融风险也较大，这对宏观经济的稳定运行具有很大影响。但是金融业、中介服务、网络信息、服务外包、创意设计、品牌会展以及现代物流业等现代服务业的发展，则更直接地制约了现代工业发展的投资环境与市场扩张，因为制造业竞争力越来越依赖于设计策划、技术研发、物流、信息服务等商务服务业的支撑，缺少这些平台的支撑，现代工业发展的步伐自然受到拖累。以珠三角九个城市为例，传统的批发和零售业、住宿和餐饮业占第三产业比重具有明显优势，但多数城市的金融业在第三产业中所占比重偏低。如在“十五”规划发展后期的2004年，惠州市金融业在第三产业中所占比重仅为

① 惠州市统计局2008-10-13

2.5%，肇庆为2.2%，中山为2.9%，江门3.7%，珠海4.8%，佛山5.4%，东莞5.7%，广州和深圳还比较高，分别为6.9%和13.3%[①]。金融业的比重不仅会影响整体经济发展，重要的是如果存在资本市场发展相对滞后、直接融资和间接融资比例失调、利用资本市场实现企业资产证券化等直接融资工具的运用不足、金融生态环境非优化、城乡“二元金融”矛盾突出、信用担保体系建设滞后等问题，对经济社会发展的制约将更加严重。此外，信息传输计算机服务和软件业、租赁和商务服务业在第三产业的占比也是至关重要的。在一些城市，物流业发展仍处于蓄势待发阶段，直至2008年，许多重要项目仍处于待建、在建之中，如惠州的由香港和记黄埔加盟的惠州港国际集装箱码头项目，惠州港专用煤码头、能源码头、石化码头等港口物流项目，引进投资40亿元的合生创造小金口物流园、投资15亿元的再生物资仓储物流基地等一批物流项目，大亚湾区进驻的国内外知名物流企业分别有孚宝油储、招商物流、中国物流、中海物流等，正在建设的有大亚湾国际物流园等物流平台。[②] 这一现状对于以大型工业为特征的现代经济发展所必需的资金流、信息流、货物流及商务活动规模都具有重要的影响，对实体经济的发展速度与规模存在一定程度的制约。

特别提出的是，第三产业原本是劳动密集型产业，吸纳劳动人口多，它的发展对劳动就业与居民收入增加有重要影响。但从广东省第三产业的发展情况看，2000—2008年，三次就业结构的变化，反映出第一产业就业比重明显下降，从40%下降到

---

① 广东第三产业发展轨迹及地区发展水平综合评价（四）. http://www.gx-in fo.gov.cn，2007-03-19

② 惠州市统计局. 2008-10-13

28.8%，但第一产业分流出的劳动人口基本上流入第二产业，第三产业的发展并没有在吸纳就业方面发挥显著作用，第三产业就业比重近十年基本没变(见表5-10)。

表5-10 三次产业就业结构比较（%）

	2000年			2008年		
	第一产业	第二产业	第三产业	第一产业	第二产业	第三产业
广东	40.0	27.9	32.1	28.8	39.0	32.2
全国	50.0	22.5	27.5	39.9	27.2	33.2

资料来源：中国统计年鉴2009；广东统计年鉴2010

进入2009年，广东现代服务业有了新的发展，第三产业在总产出的比重比2008年提高了1.4个百分点。交通运输、仓储和邮政业，信息传输计算机服务和软件业，租赁和商务服务业、科学研究与技术服务和地质勘察业，以及教育等在第三产业增加值构成中比重较2007年均有提高（见表5-11）。国际经验表明，当人均GDP为1 000～3 000美元时，产业结构处于快速变动期，特别是服务业将处于加速发展的转折点。广东经济发展总体上处于工业化中期，珠三角地区已进入工业化中后期。只有创新金融、现代物流、网络信息、服务外包、创意设计、品牌会展等新兴服务业，才能成为产业结构优化升级的有力“推手”。因此，发展包括现代物流、金融保险、信息服务、商务发展、文化创意和服务外包等在内的现代服务业，是广东维系“排头兵”地位的关键因素，也是增强广东竞争力的重要途径。

表 5-11 第三产业增加值构成比较（%）

年份	交通运输、仓储和邮政业	信息传输计算机服务和软件业	批发和零售业	住宿和餐饮业	金融业	房地产业	租赁和商务服务业	科学研究与技术服务和地质勘察业	教育业
2007	9.33	6.89	20.86	5.32	13.37	15.92	7.10	1.91	5.00
2009	8.84	7.15	21.64	5.24	12.65	13.69	7.30	2.30	5.20

资料来源：广东统计年鉴 2008；广东统计年鉴 2010

教育与科学研究发展滞后，既削弱了人力资源供给能力，也影响了本地企业的自主创新能力和竞争力。广东是人力资源缺乏的省份，教育发展相对滞后，特别是高等教育的滞后，缺少研究密集型大学和重点科研院所，使得科技人力资源不足，改革开放以后，广东的人力资源主要靠引进。教育投入对经济增长的积极作用早已被经济学家和世界银行的研究所证实。全国的财政性教育投入占 GDP 的比例要达到4%，除中央财政的教育投入外，还在很大程度上取决于各个省份的财政性教育投入。就教育投入而言，教育投入与 GDP 增长理应水涨船高，这也是党和国家关于教育发展的战略与政策一直强调教育要优先发展、强调预算内教育拨款增长要大于财政经常性收入增长的原因所在。事实上，广东在一个时期里的教育投入增幅与 GDP 增幅存在较大的反差，非常有代表性地反映了我们的发展在经济与社会两者协调上存在的问题。截至 2008 年，我国 GDP 超过 1 万亿元的有 13 个省份，其中，广东、山东、江苏更是被热炒的“富可敌国”的省份。从 GDP 增长幅度看，据《中国统计年鉴》，在 1998—2007 年十年间，广东的 GDP 总量在全国居于最前列，江苏、山东都连续十年保持两位数增长。数据还显示，在 1999—2007 年的九年里，广东预算内教育拨款增长与财政经常性收入增长比较有四年是负数。随着中小学义务免费教育的实施，加之对广东省众多外来人口的子女入学政策的落实，广东省每十万人口中、小学平均在校生数比较高，但高层次人才培养却没有与经济发达程度相适应。根据《中国统计年鉴》数据，2007、2008 年广东省每十万人口高等学校平均在校生数不仅大大低于北京、天津、上海的水平，也低于全国平均水平，甚至低于许多省市，排在第 17 位，虽然 2008 年比 2007 年有所增加，但增长幅度仍在 10 位之后（见表 5-12）。

表 5-12　每十万人口高等学校平均在校生数（单位：人）

	2007 年	2008 年	2008 年比 2007 年增长（%）
全国	1 923.616	2 041.660	6.14
北京	6 825.781	6 749.963	-1.11
天津	4 600.437	4 534.188	-1.44
上海	4 316.545	4 371.179	1.27
湖北	2 682.933	2 724.122	1.54
陕西	2 682.867	2 879.912	7.34
江苏	2 542.339	2 679.204	5.38
辽宁	2 497.724	2 620.514	4.92
吉林	2 493.129	2 659.070	6.66
浙江	2 246.251	2 323.957	3.46
黑龙江	2 207.018	2 351.786	6.56
江西	2 110.749	2 061.973	-2.31
重庆	2 043.397	2 192.486	7.30
山东	1 916.611	2 071.139	8.06
山西	1 863.233	1 979.402	6.23
湖南	1 837.725	1 965.780	6.97
福建	1 787.841	1 936.660	8.32
广东	1 717.888	1 820.513	5.97

资料来源：中国统计年鉴 2009

注：高等学校包括普通高等学校和成人高等学校。

近年来，各城市在面临新的产业结构调整中，普遍提出人才短缺、核心技术与自主创新不足的问题。例如东莞市“三来一补”等企业的比重太大，土地、劳动力投入高，但创造效益比较低；中山市过去坚持“工业强市”战略，但面临着土地紧缺、技术人才短缺等问题，还面临着土地、能源和发展成本增加等因素的影响，产业升级换代任重道远；深圳市虽然高新技术产业产值达数千亿元，但是并没有掌握所有的核心技术、关键技术，在很大程度上是帮人家打工。资料显示，广东省大中型企业中有科技活动机构的企业占比与全国水平相比不仅偏低，而且该比重在不断下降(见表5-13)。

表5-13　有科技活动机构的企业数占全部大中型企业的比重（%）

	2000年	2005年	2006年	2008年
全国		24.1	24.7	24.9
广东	21.6	18.8	16.8	17.5

资料来源：广东统计年鉴2010；中国统计年鉴2009

以上原因导致核心技术明显不足，广东产业主导技术主要依靠国外，有自主知识产权的产品较少，广东高新技术产业四个支柱产业（电子信息、先进制造业、新材料和生物医药）主要产品总体技术水平不高，在国际分工中长期处于价值链、产业链的低端。

5.3.3　弱化公共性利益服务与保障基础

制度建设是社会保障公平、实现公正的基本条件，因此建立需要各项制度做保障和支撑的覆盖城乡的社会救助体系，建立比较健全的社会保障体系，保障城乡困难群众的基本生活，不仅是各级党委和政府非常重视的一项重要工作，是全面建设小康社会的重要内容，也是现代市场经济体系的重要部分，是构建社会主义和谐社会的重要目标。

制度保障软环境建设的相对滞后，将导致公共性利益服务与保障基础弱化。通过建立完善的城乡低保制度、灾民临时救助制度、城乡医疗救助制度、农村“五保”供养制度、流浪乞讨人员救助制度、教育救助制度、住房救助制度和法律援助制度以及医疗、失业、养老、因公伤害等的商业保险制度，特别是社会救助与保障的法治建设，才能有效地保证困难群体的基本生活，推进公平、公正的和谐社会建设。如果制度建设长期滞后于现代市场经济的发展，不仅会使在新体制发展中产生的弱势群体的公共性利益、生存与发展的基本需要难以保障，甚至因旧体制解体而导致的困难人群以及其他社会边缘群体的利益保障也会失去最后的安全保护，最终随着服务层次的提高，获得服务的成本增大，必然导致稳定性人群和高收入群体不断获得优质高效的医疗、保障乃至法律等服务，而低收入群体以及大量农村流动性人群越来越处于公共性利益服务与保障边缘。

广东省在经济高速发展几十年后，民生需求矛盾越发显得突出，公共医疗服务弱化可以说是长期注重硬环境快速建设而制度保障软环境建设滞后、物质产品生产快速增长而公共服务和文化教育发展不足的一大后果。根据《中国统计年鉴》数据，广东省每千人卫生技术人员数在全国各省市区比较中存在较大差距，特别是县的每千人执业（助理）医师数，排在全国倒数第五位，与其经济大省存在极大反差(见表5-14)。

表5-14　2008年每千人口卫生技术人员数（单位：人）

卫生技术人员				执业（助理）医师				注册护士			
	市		县		市		县		市		县
北 京	12.56	北 京	6.48	北京	4.92	北京	2.67	北京	4.66	北京	1.84
青 海	10.48	上海	4.59	西藏	4.38	上海	1.95	青海	4.12	上海	1.55
西 藏	9.52	天津	3.79	青海	4.24	天津	1.69	上海	3.61	浙江	0.99
上 海	9.4	浙江	3.47	上海	3.76	吉林	1.52	西藏	3.21	海南	0.98

（续上表）

卫生技术人员				执业（助理）医师				注册护士			
	市		县		市		县		市		县
新 疆	8.26	吉林	3.3	新疆	3.36	浙江	1.47	新疆	2.98	新疆	0.89
内蒙古	7.6	新疆	3.02	内蒙古	3.3	山西	1.37	天津	2.59	吉林	0.85
天 津	7.32	山西	2.91	山西	3.23	内蒙古	1.33	内蒙古	2.58	湖北	0.74
山 西	7.31	内蒙古	2.78	天津	2.87	新疆	1.23	山西	2.55	天津	0.74
宁 夏	6.67	海南	2.73	宁夏	2.74	西藏	1.2	宁夏	2.42	辽宁	0.69
辽 宁	6.17	黑龙江	2.68	云南	2.71	辽宁	1.17	辽宁	2.39	山东	0.69
云 南	6.09	湖北	2.67	辽宁	2.53	黑龙江	1.16	陕西	2.18	山西	0.68
陕 西	6.07	陕西	2.63	浙江	2.51	青海	1.15	云南	2.17	陕西	0.68
浙 江	6.01	辽宁	2.6	河北	2.45	海南	1.07	广东	2.15	广西	0.68
广 东	5.91	西藏	2.58	吉林	2.4	山东	1.06	浙江	2.00	青海	0.67
甘 肃	5.62	山东	2.52	甘肃	2.37	陕西	1.06	湖南	1.93	江西	0.67
河 北	5.61	青海	2.48	陕西	2.35	湖北	1.05	甘肃	1.91	黑龙江	0.65
湖 南	5.38	湖南	2.28	广东	2.21	河北	1.01	海南	1.87	江苏	0.63
吉 林	5.36	河北	2.23	湖南	2.2	宁夏	0.97	河北	1.86	福建	0.59
黑龙江	5.27	江西	2.17	山东	2.19	湖南	0.97	广西	1.84	湖南	0.59
山 东	5.13	甘肃	2.15	黑龙江	2.13	四川	0.95	江西	1.82	广东	0.58
广 西	4.89	江苏	2.05	四川	2.08	江西	0.87	贵州	1.82	云南	0.58
河 南	4.88	广西	2.01	贵州	2	云南	0.87	吉林	1.82	内蒙古	0.58
江 苏	4.85	广东	1.99	江苏	1.98	甘肃	0.86	黑龙江	1.80	河南	0.49
贵 州	4.85	四川	1.97	河南	1.91	江苏	0.86	安徽	1.79	宁夏	0.48
江 西	4.81	河南	1.96	广西	1.87	重庆	0.83	山东	1.78	安徽	0.47
四 川	4.75	宁夏	1.91	安徽	1.86	广西	0.81	河南	1.76	四川	0.47
安 徽	4.68	云南	1.88	江西	1.86	广东	0.77	江苏	1.71	甘肃	0.46
海 南	4.66	安徽	1.86	湖北	1.76	福建	0.76	湖北	1.63	河北	0.45
湖 北	4.46	福建	1.77	海南	1.75	河南	0.74	四川	1.56	重庆	0.41
福 建	4.12	重庆	1.74	福建	1.69	安徽	0.72	福建	1.56	西藏	0.37
重 庆	3.83	贵州	1.32	重庆	1.64	贵州	0.61	重庆	1.28	贵州	0.33

资料来源：中国统计年鉴2009

资料显示，广东省城市每千人卫生技术人员数排在全国各省市区第14位，县的每千人卫生技术人员数在全国各省市区中排在23位，城市每千人执业（助理）医师排在第17位，县的每千人执业（助理）医师排在31个省市自治区的第27位。虽然每千人注册护士的水平稍好些，但城市和县的每千人注册护士也分别排在全国的第13位和20位。所有指标与最高水平相比，均不足其1/2，有的甚至不足1/3。

不仅公共医疗服务整体水平相对弱化，其均衡化与优质化发展也有很大差距。例如经济发达的深圳，市一级医院大多集中在罗湖区和福田区，其他四个区没有一个市级医院。看病难、看病贵仍是市民非常关注的热点和难点。医疗上的弱势群体即那些由于种种原因造成没有医疗保障的人，包括因经济原因、地域原因造成得不到医疗服务的人，以及虽经济上有保障但患有特殊疾病等原因造成得不到医疗服务的人，更是难以获得及时、优质的医疗服务。在部分边远地区，卫生资源不足，群众就医不方便，如贫困地区有的家庭距最近的医疗机构有数千米远。即使在城市也有因经济原因造成的医疗上的弱势群体，如城市贫困人口、大量普通外来务工人员。上述资料也清晰地反映出县区及以下公共服务资源少于城市。

教育服务、文化服务、社会公共服务与保障同样出现弱化倾向。广东经济总量最大，却没有在全国最早实施九年城乡免费义务教育，至今没有率先普及高中教育，长时期内未达到城乡全面覆盖养老保险，社会保障水平也较低。教育事业中中小学的均衡化和优质化发展也有很大差距。根据《中国教育报》2010年3月27日的消息，广东省欠发达地区的70多个县（市、区），农村教师需求缺口大，有1.2万个欠发达地区农村教师岗位虚位以待，可享受上岗退费政策的教师岗位有9 000个，一些市的农村教师岗位缺口在千人以上，揭阳更是达到2 073人。诸如此类的种种不均衡使得经济上的弱势群体、政治上的弱势群体、文化上的弱势群体、教育上的弱势群体、就业上的弱势群体、医疗上的弱势群体等，在获得相应的服务与保障上存在极大差异性。也曾有广东的研究者（谭刚）认为广东省各城市在户籍人口的社会保障方面，从教育到医疗，都已基本能够满足要求，而目前矛盾最突出的，是外来人口的社会保障问题，甚至建议外来工保障需中央协调。如东莞和深圳，外来人口数量是户籍人口的好几倍，一旦放开，不但不能满足，反而会有更多的外来人口涌进来，所以不是地方政府靠一己之力就能做到的，这需要中央政府来统筹协调，比如现在农民工不愿参加社会保障，可以出台一些政策，让这些参加社保的农民工今后回到农村还能享受社会保障。这种观点很难让人接受，暂且不讲是否所有户籍人口获得的公共服务与保障都是相等的，仅就外来人口而言，他们与本地人口同样为经济发展作出贡献，甚至以更低的报酬，作着更多的贡献，但却不能同当地人一样享受同等的公共服务。中央政府来统筹协调出台一些政策，让这些参加社保的农民工今后回到农村还能享受社会保障，固然很好，但是现在应享受的公共服务与各类保障更应予以关注。

调研资料显示，多数居民感到政府在科技文化服务、法律服务、就业服务方面与民众需求存在较大缺口。

5.3.4 大量高层次人才的外部流入制约人才基础建设与劳动要素的稳定

大量高层次人才的外部流入在一定程度上影响人才基础建设，制约社会活力的发挥。

高层次人才之所以能够被引进，表明这一群体具有较强的可流动性，他们可以流动到广东，也能够流动到其他地区。影响高层次人才稳定性的因素、条件非常复杂，或者说作为高层次人才选择流动的原因可能很多，但是有两个理由是具有共性的：一是为获得能够发挥自身才能的良好环境；二是为获得更高的收入与生活保障。若现实与其期望值偏差过大，这些人才也可以很容易地离开，如果掌握了重要信息或核心技术后离开，将产生更大的负面影响。2010 年，搜狐网作了一份网络调查——逃离北上广深，在网上引起了热议。一种“逃离北上广深”的情绪在一线城市的白领间弥漫，更确切地说是逃离北京、逃离上海、逃离广州、逃离深圳。高昂的房价、残酷的工作压力、糟糕的交通、被污染的环境、巨大的生活成本、非户籍（含子女）生存代价等，经过“北上广深”激烈竞争的洗礼，越来越多的“一线城市外来人才”，已经在“北上广深”打拼数年的一些高层白领（大学毕业生和研究生）欲逃离一线城市回到家乡或某些二线城市。人口不断递增的趋势，使社会竞争逐年加剧，在快速的城市化过程中，一线城市的移民环境恶化更加明显，教育、卫生、就业和保障等公共服务供给压力不断增大。近年来一线城市的房价上涨尤其明显，大量人口涌入一线城市，但城市的公共服务没有同步发展，教育、医疗等公共资源提供不足，尤其是向中低收入人群、流动人口提供不足，要在一线城市安居乐业变得越来越难。中国城市发展研究会 2009 年的相关城市排名也印证了这一观点。虽然在“城市综合竞争力排名”中，北京、上海、广州等一线城市全部居于前列，但在“最具幸福感城市排名”中却集体“落榜”。城市经济发展到一定阶段，大城市的“拥挤”现象越来越严重，生产成本也越来越高，企业开始向成本更低的地区转移，导致经济开始向其他地区扩散，部分人才也因不能负担大城市昂贵的生活成本而向中小城市转移。适中的生活成本、便利的生活条件、良好的城市文化日益成为人们选择城市的主要考虑因素。四川省社科院社会学研究所副所长胡光炜认为，年轻人在“北上广深”等一线城市实现个人的“效用最大化”难度较大。过度激烈的竞争在一定程度上会催生奋斗动力，但时间久了，人便会逐渐回到现实中，经过几番分析比较，很大一部分人都会选择转战到环境相对宽松的二线城市来实现人生目标。以往很多人认为，只有那些在“北上广深”发展不如意、生活窘迫的人才会“退居二线”，转战相对容易生存的二线城市，其实不然。在回流到二线城市的人才中，并不乏那些事业有成、有一定资本积累的成功人士。这部分人将在一线城市打拼多年所积攒的“物质”、“精神”双重资本，带到二线城市，可以更好更快地投资与发展，实现人生目标。尽管我们并不排除无论是“逃离北上广深”，还是“奔向北上广深”，或是“坚守北上广深”，都有助于推动城市间人才流动，有利于人才的合理分布，但是如果逃离的这个群体虽然还不算庞大，却是经过数年历练且具有一定经验的中坚力量，对流出地而言无疑是一种损失。

无论企业还是高校或其他事业单位，引进人才、留住人才，往往会在付出很大成本后，却连使原来的骨干也留不住，甚至出现“大进大出”的现象。近些年来，地方政府或有关单位采取设立专项资金给予住房补贴、高年薪、提供科研经费、为配偶安排工作等优惠待遇吸引优秀人才，而长期在本地或本单位工作并获得同样层次的人员（如教授、博士等）没有享有相同的待遇，这往往会挫伤本地人才的积极性，但如果他们流动到其他地方或单位，就有可能也被作为优秀人才引进。显然这将影响人才队伍建设，影响人们积极性的发挥。人们对同一事物往往有不同的看法，原有的文化受到冲击，当内部沟通不畅时，人际关系就会变得复杂，相互的冲突也会增多。当引进外来人才以后，原有人员对人才的态度发生了改变，甚至在工作中不积极配合。缺乏相互的信任与合作，引进的人才也很难作出成绩。

可见，最重要的是构建一个能让本地区、本单位每位人员都能发挥自己才能的舞台，如果已有人员的才能都不能发挥，又如何能充分发挥引进人才的才能呢？广东未来30年保持竞争力的关键是什么，许多人认为是“人才”。未来30年，广东的发展在傍“资金大款”、“科技大款”的同时，更要傍“人才大款”。要通过产业结构调整、落实人才载体建设、创新人才体制和机制，优化城市居住环境等方面，将广东打造为人才高地。不仅要再造“孔雀东南风”的氛围，也要让“鸡窝长出金凤凰”。

5.3.5 本地要素流动不足会促使经济社会持续发展的要素边际效率递减

如果工业与城市的建设较多地依赖外来务工人员，如果将众多工业产业集中于珠三角城市区及周边开发区内，不能通过要素在本省域的充分流动与合理配置来达到充分有效利用现有的自然地域资源与人力资源，那么在经过一个时期的发展后，会出现务工人员不稳定或回流、发展空间受限等问题，此时经济增长与发展的成本上升，继续增加要素投入所产生的经济增长幅度——要素边际效率递减，进而制约广东长期可持续的发展。

在过去的30多年，广东经济的发展主要依赖开放度很高的珠三角地区的发展，而珠三角又利用毗连香港的独特地理位置，吸纳境外的资本、先进的技术和管理，形成资本与生产的区域高度聚集。不仅对国外开放度高、外资流入强劲，而且对外省开放度也高，外省劳动力流入量大，工业与城市的建设较多地依赖外来务工人员，但要素在省内的流动显得相对不足。主要反映在：

其一，广东省本土的民营资本流动性小，尤其是向高技术领域的流动性不足，增加要素投入的边际净收益不断递减。广东全省认定的民营科技企业在2000—2006年增长了1倍，职工数增长了近5倍，技工贸收入提高了6.74倍，但科技型企业的涌现速度较慢，民营企业数量增加的速度比不上经济增长速度，来自民间的科技投入意识不强，以科技进入市场的动力较差。广东高新科技企业数量在2000—2006年增长了2.4倍，但北京、上海、江苏、浙江高新企业数量于2006年均超过广东。高新企业数量比较中广东处于劣势，企业不愿意进行固定性科技投入，成立专门研究开发机构的规模以上企业数比例过低，因而众多民营企业始终居于价格链底端。例如80%的鞋企靠“低成本、低利润”的加工贸易模式，利润仅为5%～8%。近年来人民币持续升值，原材料、工资、水电、厂房等成本飞速上涨，且面临招工难、出口贸易受抑、政策频繁调整等变化（因颁布实施《劳动合同法》和“两税合一”新政，仅按《劳动合同法》，鞋厂用工成本就将增加20%），净收益率不断下降。

其二，资本要素在本省区域内再配置程度及流动性较低，不仅县区要素的低成本优势难以充分利用，大企业资本辐射作用也未得到充分发挥。特别是在经济总量中居重要地位的制造业，无论是外资企业还是本土企业，大多集中在珠三角地区，很少形成连带其他地区的零配件配套生产的分工体系。在对127个行政村的调查中，仅有27%的村其经济发展有大型企业对口支持，仅有14%的村其企业有知名大企业参与投资（2007年课题专项调查）。投入过度集中于发达地区，广东的东、西、北三个区域与中部地区差距在拉大，造成资源闲置、社会整体呈现不平衡发展态势，也在很大程度上造成了广东要素投入主体过度集中于中部地区，其他地区投入动力不足的情况。国内的一些省区，如江苏、山东能够迅猛发展，与其有意识地调整投入区域有关，在相对空白的经济地区以科技为导向的大项目建设不仅建设成本低，而且整体带动作用和区域平衡作用也较强。

其三，本省劳动要素的省内流动相对较少，使用外来工的边际成本不断上升。长期以来，生产要素在珠江三角洲地区的高度聚集，使得珠江三角洲常住人口规模不断增加，人口密度超过千人/平方千米，比全省平均水平高出一倍多。人口密度的不断上升使该地区的人口压力问题日渐突出。其中，广深两个中心城市的常住人口已逼近临界点，在生态环境、能源、水资源以及可使用土地等方面都逐步逼近人口承载的极限。常住人口中外来务工人员数量占很大比重。若珠三角以后继续使用外来劳动力，则边际成本不断上升，因为当地必须把外来劳动力的福利、社会保障、住房、孩子读书等问题都解决，不可能再继续“能干时为你贡献红包，老了回到贫困地方去养老”，更不能靠过去曾存在的“三低”（劳动合同签订率低、社会保险参与率低、工资水平总体偏低）、“三多”（工伤及职业病多、加班多、劳动争议多）下的低成本维持生产。据2010年3月24日《东莞日报》报道，东莞有外来工有700多万，其新莞人学生就有48.73万人，超过户籍中小学生数量，总量比上海的外来工子女还多。然而过去主要依靠成本的优势发展对外贸易，实际上消耗了大量的资源，付出与收获并不成比例，如珠三角地区仅家具制造、皮革、服装鞋帽等行业就有全省用工人员的25%，但是只创造了8.5%的增加值。为此，广东要发挥使用当地劳动力资源的优势，根本上还是要转变经济发展方式，促进传统产业转型升级与产业转移，严格控制外来务工人员数量，通过若干年的努力，逐步实现用本省千万洗脚上田的农民取代千万外来工的就业目标。

其四，缺少要素流动，也减少了地区间通过要素流动增加收入的机会。这样，地区间的收入水平差距也会进一步拉大。标志是基于这种资源大量流动的各城市产业专业化程度的提高以及城市间产业同构系数的下降。随着要素流动导致的产业专业化程度提高，每个城市的人均收入都会有更多的增长机会。

6 改善广东经济社会多层面二元性非均衡现状，实现和谐发展

改革开放之初，国家提出“发展才是硬道理”，到了今天，发展仍然是硬道理，发展观却发生了质的变化。推进现代市场经济的发展，必须坚持经济社会和谐、可持续的科学发展，既要实现城市与农村发展的协调、工业与农业发展的协调、硬件与软件建设的协调、有形与无形生产的协调、私人物品生产与公共服务供给的协调、政府与百姓关系的协调、富人与穷人利益的协调、人口数量与质量的协调、要素外部流入与内部流动的协调、人和社会与自然的协调、现代与传统的协调等，这样的发展是涵盖经济、政治、文化和社会建设诸领域的综合性发展。率先解决珠三角所面临的发展难题、体制难题、社会难题，就是为解决国家层面的一系列改革难题做试验，以此破冰“搅动”全局。这就是说，进一步深化的珠三角区域的改革将不再仅仅围绕经济层面展开，而要涉及更多范围，是具有全局意义的改革。这不仅要求政府正确履行在市场经济中的职能，弥补“市场失灵”的漏洞，同时必须缩小贫富差距，促进社会公平，加强市场经济法律体系建设，规范市场行为，建设信用经济，塑造良好的法制环境，完善社会保障制度，构筑健全的社会救助体系等。

6.1 调整、优化产业结构，提供充分的就业空间

6.1.1 大力推进现代服务业的快速发展

三大产业的发展与结构调整有着内在的规律，发达国家繁荣的第三产业是建立在强大的制造业基础上的，是建立在居民富裕、消费信贷完善的基础上的。如果制造业尚不发达、居民生活尚未步入小康，是不可能培育出强大的第三产业的。在制造业实现了快速发展后，发展第三产业不仅能促进市场经济发育、优化

社会资源（包括自然资源、资金和劳动力）配置、提高国民经济整体效益和效率，而且能提供大量就业机会。第二产业内部行业较多，劳动密集与技术、智力密集行业并存，能够容纳各种层次、不同素质的劳动力就业。现阶段第三产业已经成为增加就业的主渠道，但吸纳劳动力就业的优势远未充分显现。按照国际产业发展经验，一个国家或地区人均 GDP 达到 1 000 美元时，第三产业占 GDP 的比重应为 50% 以上。而 2009 年广东省第三产业占比为 45. 7%，所以广东第三产业的发展仍存在一定的发展空间。从第三产业对地区生产总值增长的拉动作用看，1980—2000 年，即改革开放前期，拉动作用较大；90 年代，拉动作用相对于第二产业明显减小；2005—2008 年，有所提高，但其拉动作用相对低于第二产业(见表 6-1)。

表 6-1　三大产业对地区生产总值增长的拉动（单位：百分点）

年份	地区生产总值	第一产业	第二产业	第三产业
1980	16. 6	5. 2	5. 3	6. 1
1985	18	2. 2	7. 1	8. 6
1990	11. 6	1. 8	5	4. 7
1995	15. 6	0. 7	9. 9	4. 9
2000	11. 5	0. 2	6. 9	4. 4
2005	14. 1	0. 3	7. 8	6
2006	14. 8	0. 3	8. 6	6
2007	14. 9	0. 2	8. 8	5. 9
2008	10. 4	0. 2	6. 1	4. 2
2009	9. 7	0. 2	4. 8	4. 6

资料来源：广东统计年鉴 2010

注：1. 本表按可比价格计算。

2. 产业拉动指 GDP 增长速度与各产业贡献率之乘积。

根据经济发展周期波动的规律，第三产业将进入快速增长的通道，因此政府应多层面、多手段、大力度推进第三产业的发展，并通过大力发展第三产业促进解决就业问题，进而增加居民收入。

但是必须指出的是，从国内外发展实际经验看，真正有利于促进其他产业更好发展特别是有利于增加就业的并不是第三产业中的传统商业和服务业，而是新兴的信息服务、金融服务、商务服务、中介服务、文化传媒、物流运输等产业。因此，根据广东省经济社会发展的具体情况，应特别注重现代服务业的发展，增大其对未来发展的引领作用与支撑作用。如以优化金融生态环境为着力点，推进金融品种创新，引导和推动金融业健康有序发展，做大做强金融产业。加快引进国内股份制商业银行、台资金融机构和外资金融机构的步伐，完善金融组织架构，引进一批外资银行、股份制银行、商业银行以及保险证券企业，优化金融发展生态环境，进一步提升现代金融业发展，推动广东省银行业对外开放，促进地方经济发展。加快发展证券保险机构、财务公司，构建广东省多层次全面发展的金融体系。深化农信社改革，坚持以服务农村、农业、农民为宗旨，大力支持农村经济建设。加快建立信用担保体系，重点加大对民营企业、农业龙头企业和中小企业的支持力度。建立良性竞争机制，提高服务质量，加强行业规范，促进金融业的健康发展。以服务经济发展和民生权益为着眼点，大力发展信息、会计、律师、中介等新兴服务业，培育和扶持一批专业水平高、覆盖面广、服务周到和管理规范的中介组织。鼓励和支持电信部门开发新产品，提供新服务，大力推进政府和企业信息化建设，加快信息化行业应用。进一步加大对软件业发展的支持力度，培育和扶持一批基础较好、人才密集、技术领先的软件企业，并将其打造成同行业有特色的“首方阵”。积极推进公共信息平台建设，构建城市安全防护应急联动调度系统。从提高服务业从业人员素质、提高服务质量、严格行业自律上着手，促进会计、律师服务业的健康发展。严格资质，放宽准入，加强监管，规范经营，引导和支持投资、劳务、购销、咨询、评估等中介服务业的健康发展。应加快发展现代服务业与现代物流业，建立一批具有较强辐射力和较大规模的第三方物流企业和基地。培育一批传媒、出版、广告、影视等文化产业龙头企业等。但必须明确的是，这些领域的发展虽然可以吸收大量人员就业，但对就业者的专业素质要求较高，即就业者必须具备相应的专业知识和技能，且知识更新的速度较快。因此，必须建立政府管理、单位负责、个人选择相结合的专业学习与继续培训、自主学习与组织培训并举的教育训练体系。

为加快第三产业的发展，政府可运用相关配套、激励政策予以支持。可以根据第三产业（不含房地产业）实际投资额规模，实施对投资者以缴纳市政建设费优惠的政策，对不同投资额分级界定不同的市政建设费缴纳比率，并由省发改委核准实际投资额。还应加强统筹，协调发展，为加快第三产业发展提供产业支撑，对投资额比较大的第三产业项目，由市、县（区）政府优先给予配套项目所需的通信、供电、供水、道路等基础设施保障，积极为投资者提供建设和发展条件。同时省、市、县（区）政府设立发展第三产业专项奖励资金，实施人才激励政策，以投资额、创造就业岗位和税收贡献为评价要素，定期评选，大力宣传为广东省第三产业发展作出重要贡献的企业和个人，对为第三产业发展作出突出贡献的投资创业者给予表彰和奖励等。

此外，各级政府须转变观念，强化服务，为加快第三产业发展营造良好氛围，充分认识和理解投资经营第三产业的困难和压力，做好各项服务工作，尊重和维护第三产业投资者的合法权益。在充分论证的基础上，制定好各区域、各部门、各行业的近期和较长远的发展规划，以指导和引领第三产业各行业的发展。要对实施发展规划中的项目立项、投资筹措、建设进度等关键环节进行跟踪，促进发展规划的如期实现。加大招商引资力度，争取和吸引更多的资本特别是国外和国内大集团、大企业的资本投入广东省第三产业发展。

6.1.2 加速调整、优化产业结构，实现产业升级

转型升级是在金融危机席卷全球、广东省在内外多种因素交互作用、出口受到越来越严重的冲击下所选择的解困的根本途径，也是实现和谐、持续发展的必然选择。这种转型升级既包括制造业从制造走向创造的转型，也包括产业从资源消耗型向低碳环保型的转变。

6.1.2.1 制造业从制造走向创造

作为一个区域经济概念，“珠三角”在中国独领一时风骚，缘于其创造的财富神话，为中国贡献了“顺德模式”、“南海模式”、“中山模式”、“东莞模式”，创造了“深圳速度”、“珠海现象”。但是在走过改革开放 30 年的艰辛历程之后，广东在两种发展模式的选择发生冲突时面临着前所未有的发展困惑。近年来，传统发展观的弊病在珠三角逐渐显现：产业层次总体偏低，产品附加值不高，资源环境约束凸显等。由于科技投入增长率特别是研发（R&D）经费增长率低于国内其他先进地区，广东 R&D/GDP 比例长期低于上海、江苏、浙江，并逐渐形成了科技实力差距的累积效应，已经危及未来广东经济强省的地位。随着长三角和环渤海等地区的快速崛起，广东高新技术产业附加值低、经济增速缓慢的劣势已经显现出来，因此必须加大力度推进从制造向创造的转变，而实现这种转变需要我们从以下几个方面作出努力：

一方面，加大科技投入。加大科技活动经费总量投入强度，使其与产业经济规模相适应。调整投入主体结构，提高政府公共科技支出比例，增加对高校和研究机构的投入，转变过多地以企业为主体和过度地依赖企业投入的状况，特别在民间投入存在重

重障碍的条件下，政府起到对民间投入的带动作用，以确保广东省作为制造企业最集中的省份在已基本形成以企业为主体的研究开发和技术创新体系的同时，研究机构与高校在科技创新中也承担起主渠道作用。制定有效财政补贴、税收优惠等激励政策，促进科技型民营企业的发展，提高成立专门研究开发机构的规模以上企业数比例，力争科技型民营企业数量增加的速度比肩经济增长速度，增强民间的科技投入意识，加大民营企业以科技进入市场的动力。增加基础型研究和应用型研究比例，适度提高广东省科技计划社会发展项目占全部立项数的比例，规避急功近利，以增强发展后劲。明确广东省科技可保持领先的优势领域，确定重点科技攻关方向，提高投入的集中程度，增加科技计划部门参与广东省立项的建设项目力度，整合科技力量，实施具有全局引擎作用的科技项目。应建立高等院校与科研机构研究人员定期深入工农业生产一线合作开发技术研究项目的机制，强化科研成果转化的效率，设立专项经费，支持科技成果产业化。此外，由于企业的性质决定了企业不可能进行大量关乎社会发展、民生进步领域的公共性科技投入，因此，基础研究、公益性研究等领域，特别是公共卫生、环境资源、技术标准等方面，应该成为政府科技投入的重点领域。

另一方面，完善科技管理体制。理顺科技管理部门之间关系，财政科技管理体制相对集中，理顺科技主管部门、发展改革部门、经贸部门、信息产业部门、财政部门共同分管部分科技项目的关系，加强科技宏观管理与调控，在原有“科目类别”的专项投入的科技管理为主的体制下，注重科技专项经费投入的管理。理顺财政投入机制，增加财政投入，支持原始创新，加大专项投入，在经济结构仍倾向于传统制造业、基础设施的情况下，通过政府加大科技投入力度，对产业科技突破产生导向作用，进而带动企业科技投入，促进国内外科技型企业落户广东，促使省内的科技型企业增强投资动力。改善银行经营理念，真正破解科技企业融资难，特别是民营中小企业资产重组融资难上难的困境，切实落实民营科技企业的科技政策，根据不同企业、不同科技竞争力确定不同关键资产、科技担保、无实物抵押、附加期权索取的科技贷款、各种类型担保等多元化融资管理体制，甚至直接融资，促进中小企业技术创新。成立政府重大科技项目办公室，协调各部门重大科技项目的实施，参与省立项的重大投资项目的科技含量、科技投入的论证，强化企业科技投入考核机制，重点围绕企业的科技含量、公用事业企业与国有企业的自主创新投入要求、科技项目质量与水平等明确考核指标，提高成果层次与考核难度。完善科技活动的社会基金有效的激励机制，鼓励发展大型高技术产业投资基金和机构，不断增大单笔业务，缓解企业受到经营范围、国际资本受到外汇政策的制约，减少企业和资本被大量地分割管理，促进资源有效流动，实现融资渠道通畅、社会资本投入目标明确，从而改善社会资金不知投什么好、科技资金需求不知道找谁去要的问题。原始创新、引进消化创新和集成创新一体，消除条块分割，既要加大基础研究投入，力争得到国家更大的支持，也应把引进消化创新和集成创新作为投入重点，明确投入渠道，建立起有效的政策引导机制，既重引进，更重消化，既重配套投入，又重吸收投入，既重直接效益投入，也重学习和人才培养以及能力提升性投入，注重集成创新的条块融合，形成充分交流、成果交叉，推动新的学科领域形成。平衡广东科技投入地区差异，发挥在相对空白的经济地区以科技为导向的大项目建设成本低、整体带动作用和区域平衡作用较强的优势，改变经济发达地区因为自身的经济实力，以其投入作为前提，诱使省级投入跟随，趋向于在落后地区政府投入为引导、地区投入跟随，提高落后地区投入的积极性。制定政府采购自主创新产品制度，支持民族产业创新，应根据国家政府采购政策对省内产业给予重点关注。

政府在推进“创造型”产业发展中具有重要的作用，不仅为高附加值的出口产业活动创造适宜的环境，还要建设共用的研发平台，保护知识产权，为研发成果的研究以及产业化提供金融平台，从而推动广东省制造业整体技术层次提高，拥有具有自主知识产权和自主品牌的产品，真正成为“创造型”产业。

6.1.2.2　产业调整从资源消耗型转向低碳环保型

推进具有资源优势和竞争力优势的劳动密集型制造业进一步发展，促进就业及居民收入增长，特别是在目前整个广东省处于结构大调整、产业与劳动力“双转移”阶段，抓住时机，积极引进低能耗、无污染、多就业的项目，对广东省实现经济社会和谐、可持续发展更是重中之重。

进入21世纪以来，广东省已经经历了一次又一次资源荒的考验。例如，电荒，广东曾出现过全国缺电最严重的时期，2005年电量缺口237亿千瓦时，约占全年全社会用电量的9%，仅增加的供电量548万千瓦，几近相当于西部一个省份的电力负荷。又如油荒，珠三角地区曾经历了从广东发端，持续时间长、影响范围广、短缺品种多等方面均打破历史纪录的“油荒”，油荒拖累了广东工业企业，利润巨幅下降，整个经济遭到重创，成品油价格上涨，以运输为主业的公司的经营成本不断上升，包括民航、船运、路运和城市公交、出租车行业等；而且，由于原油价格上涨，化肥价格一路高攀，农药、农膜、种子等价格也随势上扬，农业生产及农民生活受到很大影响，农民增收也受到一定程度的影响。再加之煤荒、气荒，制约发展的力量越来越强。而尤其在珠三角，无论是生态环境、能源、水资源以及可使用土地等方面都逐步逼近人口与社会生产所能承载的极限。继续依靠高消耗、高污染维持经济增长的道路显然已走到尽头，产业转移和升级必须提上议程。毋庸置疑，珠三角有技术、管理、营销、品牌及资金等方面的优势，而山区有资源、成本的优势，产业异地转移似乎是实现“互补多赢”的可行之路。因此普遍认同此次区域结构调整：经济特区和珠江三角洲将以电子信息产业为先导，重点发展高新技术产业、传统优势产业和现代服务业；东西两翼地区要有选择性地承接一部分珠三角劳动密集型产业的转移和辐射，同时充分利用资源优势和原有的基础发展地方特色工业和海洋产业；山区和贫困地区，则要立足本地资源，创造条件承接珠三角的产业转移和辐射。例如，在深入惠州各县的调研中看到，所作的规划中多有建设产业园承接电子、化工等转移产业的内容。

本项目的研究并不认同珠三角地区受到资源与环境制约的产业可以向广东省其他地区转移的必要性与可行性。原因在于：一方面，具有“大进大出”特点的加工贸易，如果引导其向中西、北部地区转移，难以满足其对物流的要求，由此可能因运输成本的上升而吞蚀掉本来就微薄的利润，导致事倍功半，因此加工贸易布局的优化，应着眼于在沿海地区的优化布局。另一方面，在珠三角的发展进程中，如果已经证实某些产业的发展是资源消耗大、环境污染明显的，则不应再向省内其他地区转移，否则将造成广东省更大范围的资源和环境压力。所以产业转型不等于产业转移，产业转型与升级更应着眼于从根本上调整产业结构，逐步走向以低能源消耗、无环境污染的新兴战略性产业、低碳环保产业为经济增长主要支撑产业的发展之路，这样才能实现和谐、可持续的科学发展。

以服务外包产业为例，服务外包是指企业将原本由自己承担的全部业务或业务流程剥离出一部分，外包给其他企业或专业服务商来完成的一种经济活动方式。服务外包产业是现代高端服务业的重要组成部分，具有信息技术承载度高、附加值大、资源消耗低、环境污染少、吸纳就业（特别是大学生就业）能力强、国际化水平高等特点。作为新兴产业，服务外包对于渴望迅速提高自主创新能力、提升软实力和综合国力的发展中国家具有十分重要的意义。作为世界经济新一轮加工方式革命和产业转移的潮头，服务外包近年来发展异常迅猛。民建中央调查得出，目前全球财富1 000强中95%的企业已经制定了服务外包战略，2008年全球服务外包业务支出总计超过12万亿美元。数据显示，制造业的增值最高不超过15%，而服务外包业的增值则高达100%。服务外包业对经济增长的贡献是来料加工制造业的20倍，而资源和能源消耗只有制造业的20%，且几乎没有液体、气体污染的排放。目前，从全国情况看，服务外包业发展的势头较好，但是在世界比较中，仍然是微量的，与印度等主要竞争对手比较，差距还是很大。印度的服务外包比中国早起步10年左右，2008年印度服务外包业务总额高达481亿美元，是中国的24倍。虽然像上海、浙江、辽宁等一些省市在大力推动服务外包产业的发展，但相对于世界市场需求，发展空间仍极其巨大。再如，文化创意产业也具有相近特征。2010年国家明确提出重点支持新兴战略产业，这为广东省的产业转型升级指明了方向，应从发展规划、政策体制等多方面加以调整，促进广东省产业结构实现根本性的快速转变。

应制定新兴战略性产业专项发展规划，清晰产业定位，政策体系、要素配置体系真正转变过去以传统制造业为重心的框架。认真分析广东省目前各产业发展的情况，选择具有技术优势、地域优势、市场优势，又符合新兴战略性产业特征的产业，制定专门的支持政策和优惠政策，设立新兴产业示范城市、示范园区及示范企业，相关部门制定相应的产业政策，并且从财政、税收、工时制度、人才培训、融资、电信服务等方面加大政策支持力度。例如，广东省目前在新能源汽车生产上已显示出技术领先的优势，应确定其在广东省新兴战略产业中优先发展的地位，全力打造成在该技术领域居于国内乃至世界领先的产业。建立新兴产业的权威性的行业组织，鼓励企业联盟，组建企业协会，注重打好“整体牌”，提高整体竞争力，促进企业规模扩大、产业聚集度提高，增强广东品牌的国际影响力和竞争力。应加强新兴产业人才培养，加快高端专业人才引进，教育培训体系特别是高等教育须适时调整专业结构。为适应培养复合型人才的实际要求，应大力推广定制培训和大学生就业培训，官、产、学、研结合加快新兴产业所需人才的培养，鼓励校企合作培训。对高消耗、高污染的产业，禁止向广东省任何地区转移，坚决予以关停。在大力推进新兴战略性产业发展的同时，应积极促进如农产品深加工、第三产业发展需要的相关产品生产、与大型企业相配套的关联性产品生产等，充分利用本省农村剩余劳动力资源，在确保青山绿水的同时，合理规划各地区发展，逐步把地缘优势和资源优势转变为产业优势，进入跨越式发展的新阶段。

6.2 推进城市化进程，加快城乡统筹步伐

我国已从总体上进入工业反哺农业，城市支持农村的新阶段，党中央、国务院适时提出了推进城乡一体化、统筹城乡发展的要求。但应看到，由于经济社会发展不平衡，各地推进城乡一体化建设的条件有很大差异。那些已进入工业化后期或现在实行了工业现代化、城市化率达到50%以上的地区已具备了实施城乡一体化建设的条件，应该在促进产业结构升级的同时加快推进城乡一体化；那些还处在工业化初期和中期阶段且城市化率在50%以下的地区面临的主要任务仍是加快工业化和城市化步伐，同时应选择一些具备条件的城市进行城乡一体化试点，待条件成熟以后再全面推进。

6.2.1 大力推进城市化进程

发展中国家的现代化进程，可以说在很大程度上是要实现城

乡二元经济结构向现代经济结构的转换，农村人口及农业劳动人口比重大幅度下降，城乡收入水平、消费水平日益趋近。广东农业劳动力与全国农业劳动力现状的共同之处，就是剩余劳动力数量十分庞大，而农业部门劳动力严重过剩，边际生产力接近于零，决定了农民收入水平低下。我们从前面的研究可以看到，多年来广东省制造业的发展，虽然吸纳了来自全国各地的农民工，但对本省农村劳动力的吸纳并不十分明显，农村剩余劳动力转移就业压力依然很大，目前已经成为就业工作中面临的新问题。农民增收是解决“三农”问题、缩小城乡差距的核心和关键，要实现农民增收目标，根本途径就是大力发展非农产业，将农业剩余劳动力从有限的土地中转移出来。随着剩余劳动力的转移，农业部门边际生产力就会提高，农民收入水平也会相应提高。因此，推进城市化进程，为低收入者、农村富余劳动者提供高就业空间和收入增长空间，不仅能够增加本地居民收入水平，也会减少大量使用外来务工人员情况下的管理成本。

然而城市化并不意味着把现有农民都迁移到城区，应探索适合广东实际的有特色的城镇化道路，坚持城乡协调发展，形成区域、城乡共同发展的新格局，进一步提高专业区镇的比较优势，迅速提高小城镇群建设水平，协调发展大城区和小城镇，从而促进城镇化建设有序推进。

6.2.1.1 推进城市化进程须处理好三大基本关系

一是处理好大城市规模扩张与提高增长质量的关系，注重城镇化发展的质量和效果。城镇化作为一种历史过程，不仅是城镇数量增加与城镇人口规模扩大的过程，也是城镇结构和功能转变的过程，还是人们的生活质量逐步提高的过程。但目前存在的大城市过度扩张已带来了资源、交通、能源及其他基础设施的超负荷运转，一线中心城市的住房等要素价格快速上涨，扭曲了资产价格，人口的无序增长扭曲了城市的正常功能，所产生的负面效应正在抵消大城市的规模效应。对此，要重视内涵式的增长，在加强公共服务设施建设、提高城市化质量上下工夫。大城市发展应与区域的资源环境相适应，不应把增加城市人口作为目标，应该提高单位面积人口的承载能力，不必盲目追求 GDP 的跨越式增长。

二是要处理好大城市发展与中小城市发展的关系，推动中小城市和小城镇群的建设。在城镇化和社会主义新农村建设中，大力发展中小城市和小城镇群不仅可以有效避免大城市过度膨胀引发的问题，还可以通过产业聚集、基础设施改善来吸纳人口，有利于启动农村消费市场。大城市要把发展高新科技、先进文化、医疗卫生、金融服务、战略性新兴产业作为发展重点，其他产业可向中小城市转移。在构建城市群、城市圈的同时，切不可忽视对中小城市和小城镇群发展的支持。

三是要处理好城镇化建设与新农村建设的关系，注重城镇化和新农村互促互进机制的形成。要坚持城乡统筹发展，建立城镇化与新农村建设互促共进的新兴城乡关系，使广大农民同城市居民一样共享城镇化发展成果，积极推进基本公共服务的均等化，同步提升城镇和乡村的现代化水平，防止在城镇化过程中忽视新农村建设，使城乡差距和收入差距继续扩大，不能以牺牲农业、农村和农民利益为代价来推动城镇化发展。

6.2.1.2 探索针对农村转移劳动力实施的培训、创业、安居、保障四位一体的劳动力转移模式

第一，建立和完善政府、企业、个人三大主体共举，来源地、就业地、就业单位三地并进的针对农村剩余劳动者的职业技能培训体系。实现农村劳动力转移，首先要让他们在城市里站稳脚跟，而要能站稳脚跟，就必须提高就业人员素质，依靠培训，将农村剩余劳动力培养成为技术工人。目前整个珠三角处于产业和劳动力“双转移”、结构大调整的重要时期，前期涌入的低层

次外来务工人员将出现一定数量的回流，这也正是促进本地农村剩余劳动力向城镇转移的有利时机。但是广东省农村劳动力职业技能较低，面临产业结构不断调整升级，如果缺乏技能，不仅工作难找，即使找到工作也容易失去。因此应建立和完善政府、企业、个人三大主体齐头，来源地、就业地、就业单位三地并进的针对农村剩余劳动人口的职业技能培训体系，使得农村剩余劳动者无论在何处都能获得就业前、就业中直至就业后的持续职业技能培训，真正实现“一户一技能”，在岗者的技能也可再提升，确保可持续的稳定就业。

第二，依托专业镇与城区发展的现有基础，推进创业园建设，吸引农村剩余劳动人口积极创业。坚持走科学的城镇化道路，建立有产业特色和资源特色的创业园。一方面，要做好核心区经济发达区域的产业升级；另一方面要做好欠发达地区的产业承接转移，在农村劳动力转移中离土离乡与离土不离乡并举，鼓励有能力、有才华的人就近创业、就地转移、就近就业，甚至通过创业园的发展将已经离乡外出务工且有一定技能的人吸引回来，参与本市城镇的建设与发展，并带动本地农村劳动力的转移就业。通过创业园的发展，进一步提高各市区镇的比较优势，推进市区镇提高建设水平，形成大城区和各区镇协调发展的格局。各级政府要积极营造良好的营商环境和投资环境，包括行政环境、社会环境、水电供应、环保处理设施和基础设施建设等，来助推区镇建设，特别是宏观经济处于为应对经济波动而实施经济调控的时期，应合理规划，以利于实现长期持续发展。

第三，为“双放弃”农民建设安居园。随着经济的发展，部分农村居民家庭人均纯收入达到较高水平，且收入中绝大部分来自非农产业。本课题在对 10 个市 500 余户农村居民家庭的调查中看到，很多家庭的收入已全部来自非农业收入，特别是深圳（40% 的家庭）、东莞（69% 的家庭）、汕头（62% 的家庭），收入已全部来自非农业收入的家庭占比很高，除韶关外，其他各市（广州、惠州、河源、梅州、肇庆、湛江）均有约1/4的家庭，其收入全部来自非农业收入，有的已常年居住、生活在城镇。即使那些离开农村的人们居住在城市、生活在城市，而不被城市真正吸纳，也不是真正的城市化。可以借鉴成都市温江区对“双放弃”农民向城镇转移的做法，使这些人真正融入城市。“双放弃”是指主要收入来源为非农产业，自愿放弃土地承包经营权和宅基地使用权的农民。对达到一定条件、自愿放弃土地承包经营权和宅基地使用权的农民，经审批同意后进入城镇自主购房或按政府规划要求进入集中居住区居住，为让放弃了宅基地的农户能够在城里住得起房、住得好房，政府统一规划在城区建设安置小区。根据本市城镇人均居住现实情况规定的不同人均居住标准，按照安置价、成本价和市场价购买住房，在同样标准内，可以同城镇居民一样，享有基本保障性住房。而进入城镇和规划聚居区的农户，由公安部门根据实际居住地将其登记为城镇居民。

第四，完善转移进城农民社保制度。在推进农村剩余劳动力向城市转移的进程中，坚持政府引导、农民自愿、政策激励，凡是工作、生活在城镇的从农村转移出来的农民，特别是“双放弃”农民，享受与城镇居民同样的社会保障、公共服务，并享受财政社保补贴，确定个人缴费的标准、政府补助标准以及可享受的待遇标准，全员参加医疗保险（含工伤等意外保险）、失业保险、养老保险，符合条件的，可享受城镇居民最低生活保障政策。但是对于那些愿意放弃承包地和宅基地到城镇居住的农户，需要作出相关条件规定，包括家庭年人均收入水平、收入中来自非农产业的比重、职业与收入的相对稳定程度等，以使得这些农户进城后能够承受城镇居民社保的缴费水平。而对于那些单纯进城务工的农民，须以法律形式强化用工地政府、用工单位及务工者三方社保责任，实行强制性“四保”制度。在完善转移进城农民社保制度的同时，不断改革和完善与农民身份转变有关的相应管理制度，如劳动用工制度、教育制度、财政制度等，真正清除对农民工进城的歧视性政策，如户口、身份、工作岗位、子女上学等方面的限制，逐步建立城乡统一、开放的劳动力市场，真正做到城乡居民在发展机会面前人人平等。

6.2.1.3　加快城镇群建设

随着工业化和城市化进程的加快，还有数额巨大的农村人口要转移到城市，但大城市的承载力有限，多数转移出来的农村人口将聚集在中小城市和小城镇。特别是广东省的城市发展水平区域差异较大，单纯依靠中心城区的发展难以吸收众多的农村剩余劳动人口，但是相对分割的小城镇属于低密度、分散化的城市化形态，可以是城市化中一个必要的补充形态，因而不宜把小城镇作为城市化的主体形态，不宜作为推进城市化的重要途径，不宜不加区别地提倡重点发展小城镇。发展城镇群是推进城市化进程的有效途径之一。发展城镇群不仅具有吸纳更多农村剩余劳动力的巨大潜力，同时通过发展城镇群来转移过多的农村人口，还能够带动农村经济的综合发展，为农民增收带来更多的机会，更重要的是通过统一规划，合理布局空间，适度扩大城市区域，减少耕地流失，提升基础设施使用效率，缓解资源供需矛盾，减少生态环境问题。在城镇群建设过程中，我们可以采取以下做法：

第一，继续大力推进有产业特色或资源优势的专业镇建设与发展，提升城镇化水平。加快专业镇建设不仅有利于资源的合理有效配置，而且有利于优化产业与产品结构，提升企业和产业竞争力，促进区域经济与城镇化发展。广东已经形成了一批特色鲜明、初具规模的专业镇，产业集群效应明显，如中山市古镇的灯饰、东莞市虎门的服装、惠东县的鞋业、顺德陈村的花卉等。但是从整体上看，企业规模偏小，产品档次偏低，市场竞争力低；专业技术创新能力不足，知名品牌少；分工和专业化程度不高，产业链不完善，低水平重复比较严重。因此，为加快专业镇发展，不仅企业要进一步加大力量进行技术创新、新产品研发，将优势产业做大做强，地方政府也必须既要重建设又要重服务，如全面规划特色产业的产业结构、建构中介服务体系、完善劳动力教育培训体系等。

第二，推动各地抓住当前世界经济周期变化下的结构大调整所带来的机遇。一方面积极承接被转移的优质项目，另一方面与大企业紧密联系建设专业配套、分工协作生产基地，由此带动城镇群发展。同时，积极鼓励大型企业与县区合作，通过对口支持县区优质项目建设或直接利用县区资源优势建立专业化的零配件生产基地、上下游相关产品生产基地，拉动县区城镇建设，政府可通过给予技术创新、财政支持和税收优惠等政策支持大企业与县区的合作发展。

第三，政府积极做好城市规划与基础设施建设，为城镇群建设配套公共服务。地方政府相关部门积极负责做好公共卫生场所、水电道路配套设施、公交交通的建设以及垃圾集中清运、水电光纤入户及物管等工作。还要注重城镇群建设与土地利用总体规划和产业布局相结合，与新型社区建设相结合，加大对中小城市和小城镇的建设投入，也可提升产业集聚效果。只有解决好产业发展和居住环境问题，才能把从农村转移出来的农民稳定在这些地方就业、定居。

6.2.1.4 加快新农村建设，促进农村生活方式城市化

农村“城市化”应包含两个内容：一是城市（镇）数量和规模增大，使农民实现职业转换与居住空间非农化，从而提高城镇人口比重，降低农业劳动人口比重；二是继续留在农村的农村居民其生活方式不断向城市化生活方式演进，即农村居民的生活方式实现城市化。这两方面的城市化绝不仅仅是工业化的结果，城市化发展过程本身恰恰也是推动整个经济向更高阶段演进的条

件，是需求增长的一大动力。

历经30余年的改革，广东省农村经济有了迅速的发展，农业经济在社会化、市场化、现代化方面已上了新台阶，农村居民的收入水平也有了很大的提高，在珠三角经济发达地区，农村的面貌已焕然一新，然而非珠三角地区的绝大多数农村居民的生活方式至今没有发生根本性的变化，没有实现生活方式在集中化、社会化、市场化、重视享受与发展消费等方面的实质性转变，科学、文明、健康、开放的现代消费没有充分展现出来。相反，在整体上仍然停留在旧式的生活方式中，即仍然是与过去传统的农业生产相适应的那种分散化、个体化、封闭性、低层次的传统生活方式居主导地位。例如，在生活方面，至今许多村子仍没有集中处理生活用水的公共设施，水、气、邮政等供给的集中化程度远落后于城市。从住的方面看，千百年来沿袭的各自为政，分散零乱，既不成块也不成片，既无统一规划也无规范设计的旧的居住格局也不乏存在，不仅挤占了本来就极为有限的宝贵耕地，制约了农民收入的持续增长和长远消费的改善，更重要的是不利于农村公共生活设施的建设和生活服务社会化的形成，可以说这种传统的居住方式是农村生活方式城市化的一大障碍。对于居住在粤西、粤北等地区的农村居民而言，通过买卖交易而消费的服务类商品诸如健身、美容、美发、洗浴、影院、网吧等也很难实现。农村居民用于享受与发展方面的消费支出的增长低于城镇居民人均消费支出，如在交通通信、文教娱乐服务方面的支出，在收入水平接近的情况下家庭拥有的耐用消费品数量等各方面。

实现农村生活方式根本性转变的基础，在于以政府推动为主导的“一房三网”建设。这里“一房”指住宅建设，“三网”指水、电、公路网，其中住宅建设是最基础的条件。

农村住宅建设的规范化、相对集中化不仅是实现三网建设与高效率使用的前提，更是农村生活方式实现根本性转变的基础性条件。林毅夫先生多年前曾提出应发起一场以实现农村自来水化和电气化为核心的新农村运动，以促进经济增长。自来水化、电气化对农村发展固然重要，但如果农村住宅方式依然维持旧有的分散零乱、各自为政的格局，自来水化特别是集中处理下水和电气化建设就不可避免地面临铺线困难、效率低下的难题，多年来众多村子已经解决了吃水（上水）的问题，却始终未能解决处理下水的问题就足以说明这一点。农村住宅建设的变革，重要的是应加强政府对住房建设的统筹规划及基础设施的投入，在农村住宅拆旧建新过程中，地方政府应有意识、有目的地引导和支持农村住宅建设向规范化、相对集中化、城镇化方向发展，特别是在收入水平较高、自然条件较好的平原地区、市邻郊区。作为农村居住方式的这一革命性变革，既有利于集中化的供电、供水、供气、通信、垃圾和污水处理等公共设施的逐步建设，也有利于发展起稳定的农村市场，真正改善农民的生活方式和生活质量。在这一发展过程中，必将形成不断增长的需求，为经济持续增长提供有力的支撑点。

三网建设是改变农村生活方式的重要条件。改革开放30余年，农村三网建设取得了重大进展，农村生产与生活状况由此有了很大的改观，但我们感到农村三网建设中全方位建设与配套发展严重滞后。城乡交通路网建设方面，须进一步加强县与县、县与乡镇连接路网的建设，沟通城市群、城镇群内的高速公路网、港口和城市道路网络，逐步实现乡村公路与城市道路的有机衔接，实现“村村通公交”，加快推进市区到村镇地区的道路交通建设，完善农村地区的交通路网。特别是在水网建设上，全方位建设与配套发展更须提升，一直以来，在许多农村地区都是只考虑上水而不解决下水问题，这些不可避免地造成农民想买不敢买（电器难以正常使用）、想买无法买（卫生设施无法使用）等状况。因此，在三网建设上必须有全新观念，将总量建设与结构调整结合起来，将单项建设与全方位配套建设统一起来，将增强宏观建设与强化地方建设、整顿、治理同步起来，以实现三网建设与使用的最大效益。

推进农村生活方式向城市化演进的主导角色在地方政府，因为农村住宅规范化、集中化建设是不可能由单个农户、单个村子推动的，须从宏观上进行统筹规划、协调设计，而水、电、公路网本属公共产品的范围，私人或单个集体单位不愿也无力进行建设，所以只能通过政府参与规划，以政府公共财政投入作为催化剂，带动农村集体和个人的再投入，带动农村整体需求的迅速增长。基于这一点，我们认为政府对农业的投入，亦应从传统的重农业生产而轻农民生活的模式中走出来（过去政府对农业的财政支出也有用于农民生活方面的支出，但较多的是扶贫、救济等应急性质的），要把促进农业生产发展与根本改变农民生活方式有机统一起来，合理调整财政支出结构，使有限的政府投入发挥最大的作用。但应当强调的是，城乡差别是客观存在的。在一个相当长的历史时期内，我们还不可能消除这种差距。从某种意义上说，这种差距也是城市化的动力之一。所以，推进农村生活方式城市化，要承认城乡差别的现实，实事求是、量力而行，不能强求在短时间内，农村道路、饮水、学校、文体、路灯、垃圾站等公共事务达到与城市一样的标准，这是不现实的。

6.2.2 加快城乡统筹

“最富的在广东，最穷的也在广东。”这是广东省区域发展不均衡的生动写照。在广东，2/3 的地区地形错综复杂、交通闭塞、经济落后，而这些地区主要是农村。在广东省 21 个地级城市中，除了珠三角有 7 个城市人均 GDP 高居全国前列，东西两翼 10 个城市只与全国平均水平相当，北部 4 个城市甚至长期低于全国平均水平。广东省 113 个县市（区），有 50 个属贫困山区县。山区县人口占全省总人口的 39%，总面积占全省总面积的65%。为什么除了珠三角，广东省其他地区普遍相对落后呢？在改革开放中，珠三角因为地理优势明显而迅速发生嬗变，广东的非珠三角地区，山区、丘陵连绵起伏，占地表总面积比重较大，交通建设严重滞后，铁路、公路稀疏，发展经济的条件远逊于本省珠三角地区，也远逊于山东、江苏等东部以平原为主的地区。无论怎样促进，这些山区恐难以靠自身发展达到珠三角地区的经济水平，也就无法通过自身经济水平提升而达到高层次的公共产品消费和服务。事实上，城乡统筹并不意味着城乡都需达到相同发达的经济，而是侧重均衡地获得公共产品的供给与服务。因此，从宏观层面通过政府公共财政投入结构的调整，通过政府导向吸引民间投入的支持，实现城乡公共产品与准公共产品供给的基本均衡，实行公共财政城乡全覆盖。

政府公共财政覆盖的农村公共产品和公共服务主要包括两类：一类是纯公共产品，包括农村基层政府、村组织的行政服务，以及农村公共基础设施（乡村道路、清洁饮水）、生态环境建设和保护、大江大河治理、农业基础设施建设（水利灌溉系统、农产品质量安全监测检测系统、农业信息系统）、农业科技进步（基础研究、重大技术成果的中试和推广示范）、农村抗灾救灾、农村公共卫生防疫、农村扶贫开发等；另一类是准公共产品，即农村基础教育、农村医疗救助、农村社会保障、农村科技文化等。要使城乡统筹建设卓有成效，须注重调整公共财政“三农”投入的总量与结构。

第一，调整财政支出结构，存量调整和增量调整并行，重点是增量调整。“三农”投入的增长应适度快于财政的增长，逐步加大解决“三农”问题的投入力度。存量调整主要是：重新配置教育、卫生、文化等方面的现有财政资源，增加农村教育、文化、卫生等方面的财政投入；整合农业财政资金，按建立市场经济体制、公共财政体制框架发展需要，重新确立农业财政资金分类，减少交叉和中间环节，提高农业财政资金使用效率。增量调整主要是：认真落实财政预算内教育、卫生、文化、科技等方面的新增支出主要用于农村的政策，同时，采取税收优惠、贴息等措施鼓励社会其他力量进入农业农村社会发展领域。由此，逐步改变中央财政和省一级财政的转移支付仅能保证基层政权的运转和农村教育的需要的局面，力争农村公共基础设施建设和公共事业发展具有相应的资金来源。明确村民自治委员会的事权。财力与事权相对称，规范农村公共基础设施建设和公共事业供给主体，避免村集体主要靠提留统筹和摊派集资来兴办公共事业的状况。

第二，合理确定公共财政覆盖农村的优先顺序。区分轻重缓急，统筹兼顾，着重解决主要矛盾。农村公共产品的有效供给和公共服务的改善，农民生活水平的提高，既有生理意义上的需求，即衣、食、住、行等生存需要得到越来越高程度满足的问题，也有生存需要之上的发展需要得到实现的问题。发展需要不仅包括生理意义上的需求延伸，如健康、休闲等，而且包括社会意义上的需要，如提高文化水平、掌握更多社会竞争技能、实现自己的理想抱负等，即“促进人的全面发展”。在广东省广大农村，特别是粤西、北部地区农村，公共产品和公共服务短缺的问题非常严重，解决人口和幅员占绝大多数的农民问题、农村问题难度很大，任务十分艰巨。国家财力有限决定了公共财政覆盖农村必须分阶段、分区域地排出优先顺序，要着眼长远，立足当前，分清缓急，有先有后，统筹兼顾，逐次解决。排序的基本原则是：先保障农村社会稳定和农民基本生活需要，后创造条件促进农村发展；先保证纯公共产品，后提供准公共产品和混合产品。现阶段应将教育、医疗、就业等作为重要问题加以解决。对于农村教育，不仅要满足九年义务教育的支出，还要解决农村中小学危房改造和教学设备的配置、师资队伍培训和低收入家庭教育补助，而中小学危房改造和教学设备配置要与中小学布局调整结合起来。

第三，制定不同地区公共财政覆盖农村的差别性政策，建立合理的公共产品投资分担机制。从大的区域比较，从南至北经济发展水平和农村公共事业的发展水平基本上呈递减之势，对省级财政依赖程度递增，加上各地区农村对公共产品的需求情况不尽相同，公共财政覆盖农村的政策应因地制宜、区别对待。现阶段，粤西、北部贫困地区的大多数县乡财政比较困难，公共财政覆盖农村的支出，各级财政相应承担的比例要多一些。随着市场机制的完善和财政体制的深化改革以及县乡财政状况的好转，可以逐步将一些领域的发展职责让渡给市场调节和县乡政府；珠三角地区地方财政财力较强，公共财政覆盖农村的支出主要由市级财政负担，但作为政策引导，省级财政对于该地区应给予适当补助。

第四，公共财政资源在城乡之间的配置要适当，最大限度地降低公共财政覆盖农村的成本。广东省现有乡镇 1 148 个，其中 821 个在东翼、西翼和山区，只有 327 个在珠三角地区，行政村 22 148 个，如果依现有乡村布局和人口分布状况实现公共财政覆盖农村，需要庞大的财政支出，而国家财政负担不起这笔庞大的支出，且组织成本和投入成本都很大。广东省正处在全面建设小康社会和工业化、城市化进程不断加快的历史时期。随着持续工业化和城市化的不断推进，城乡资源配置结构、人口分布结构、就业结构、社会结构等不可避免地发生较大的变化，这是一个客观的必然趋势，因此，公共财政覆盖农村必须适应这一趋势，推动工业化、城市化进程。避免从一个极端走向另一个极端，造成公共资源的浪费。同时，随着城市化水平的提高，一些村庄和乡镇将会合并，如果依现有乡村布局和人口分布状况实现公共财政覆盖农村还会造成公共财政资源的浪费和配置失效。从日本的

“并村运动”和韩国的“新农村运动”实践看，即使是在人口密度大于中国的日、韩两国，农村人口的相应集中和居住乡村的适当合并，对于公共财政覆盖农村和公共财政资源有效配置也是必要的前提。

第五，逐步建立城乡户籍、劳动人口可双向自由流动的机制。户籍制度始终是困扰城乡一体化建设的一大难题。城镇户口代表的权利至少有五项，即就业、住房、教育、医疗和养老，但是，在城市生存压力骤然变大的情况下，拥有城市居民户口的福利显然减少了，这主要是高房价、高教育与医疗费用支出等主要因素带来的冲击所致。在城市化率的统计中，往往根据城市常住人口计算，这意味着有许多生活在城镇里的人没有城镇户籍。虽然户籍改革的合理性与正当性从未遭过质疑，但是越是在城镇户籍中附着较多福利内容的地区，公共服务均等化就越难推进。因为在城镇户籍附着较多福利的地区，公共服务均等化的改革，在短期来看，并不是一个双赢的改革，而是等于分一张大饼，加之现在城市户籍人口普遍要受到高房价、优质医疗和教育资源紧缺的巨大冲击，在拥有城市户口人群的内部，本身也呈现金字塔形的社会特征，当推进公共服务均等化时，他们可能会产生某种“被剥夺感”。与城乡户籍分割相联系的就是城乡劳动力市场分割的问题。受户籍制度限制，我国的劳动力市场是分割的，形成了城市和农村两个劳动力市场，这使得不少产业的工人都以农民工为主体。城乡劳动力市场的分割使农民工很难获得城市户籍工人相同的待遇。因此，在城市化过程中，不仅应该关注城市化率以及农民转为城市居民身份的难易程度，更重要的是，需要通过某些系统的公共政策设计，让城乡之间的民众可以更自由、更便利地迁徙，农村人口可以在达到某些条件后转为城市居民，而城市居民也可以寻求农村、中小城镇的就业机会，建立城乡统一的劳动力市场，即实现“城乡双向流动”。政府引导或许可以将一些新兴产业的就业机会更多地赋予中小城镇群，人口流动是受较好的就业机会吸引的。如在德国等一些欧洲国家，政府把绿色技术转移到乡村和小城镇里，对乡村的建设非常有帮助。同时，在城市之间、地区之间人们可以互相自由、便利地迁徙，这可以提高人力资源配置的合理性。广东省可以借鉴四川成都改革的思路，探索广东省城乡户籍、人口双向自由流动的机制。

6.3 加快完善制度环境建设

随着市场经济的发展，人们对经济性公共服务的需求日益增大。所谓经济性公共服务，就是指在初步建立市场经济体制的特定背景下，要把政府的经济管理职能转到主要为市场主体服务和创造良好的发展环境上来，主要任务不仅在于中长期发展规划的科学性和约束性、宏观经济政策及宏观调控的稳定性和有效性，还在于严格的市场监管和良好的市场秩序、经济信息的公开性和及时性以及重要的基础设施建设和利益保障性。因此，制度环境建设是市场化进程中实现社会公平、和谐发展的重要保障，而政府在推进从宏观到微观层次的制度环境建设中居于重要的主导性地位。

6.3.1 深化政府管理体制改革，强化公共服务职能

第一，完善财政体制，规范转移支付，巩固民生财政成果。提高民生财政支出的比重，降低行政管理支出比重。与全国一样，广东省各级政府用于民生方面的支出偏低，无论是医疗、教育、社会保障，还是公安司法、就业服务等民生稳定与民生安全领域，财政支出比重都与国际水平存在一定差距，且随着财政收入的快速增长，行政管理支出占财政支出的比重正在增大。目前政府财力大大增强，应该说已经具备了使财政支出结构向民生倾斜的条件。政府应完善财政体制，公共财政覆盖农村，大力提高基本公共服务均等化水平。进一步明确省、市政府与地方各级政

府之间在提供义务教育、公共卫生、社会保障和生态环境等基本公共服务方面的事权，健全财力与事权相匹配的财政体制。以实现基本公共服务均等化为核心，建立健全多层次、全覆盖的社会保障体系，配置公平、发展均衡的社会事业体系，布局合理、城乡共享的公用设施体系，达到缩小城乡之间、区域之间、群体之间的基本公共服务差距的目标。同时随着经济的发展和市场经济体制改革的完善，一些准公共产品和服务，如部分基础设施，可以尽可能吸收民间资本投入，减少政府支出，以便将这方面的资金转向需求不断增加的教育、保健与福利服务等民生方面的支出。

完善转移支付制度设计，规范转移支付形式与结构。采用国际通行的均等化的一般性转移支付（指财力性转移支付不规定具体用途，由接受拨款的政府自主使用，又称无条件转移支付）和专项转移支付（指附加条件和政府间财政转移支付，拨款提供者在某种程度上指定了资金的用途，拨款接受者必须按照规定的方式使用这些资金）形式，明确前者为主，后者为辅的基本结构（因为如果一般性转移支付比重过低，均等化作用将有限）。规范转移支付资金分配办法，确保公开、透明，并进一步改进和完善标准收入及标准支出测算的范围、包括的内容以及指标的选择。科学界定专项转移支付的标准，控制其准入的条件和规模，完善财政转移支付的法制化建设，用法律形式把转移支付制度的原则、内容、形式、预算和监督等确定下来。

第二，建立健全就业服务体系，完善就业开发与服务措施。一是健全机构。政府要设立专门提供就业服务的相关机构，深入社区开展就业服务工作。尤其是对特殊就业群体，如大学毕业生、失业人群、残疾人群等，需提供有针对性的就业与再就业服务。同时做大做强各级公益性人力资源机构，规范其服务功能，提高其服务水平。形成政府推动与民间投入双主体的就业培训机构，为就业与再就业人群提供职业技术培训。二是搞好就业信息服务。各级政府要依靠执法机构和求职者共同维护人力资源市场，建设高度信息化人力资源市场网络，充分利用现有劳动保障事务平台加大公益性人力资源信息储量，为求职者服务。三是实施优惠扶持措施。特别是在积极开发就业岗位、增加资金投入、给予税费减免、实施小额贷款、提供社会保险补贴、开展再就业援助、加强就业服务和加强职业培训等方面制定明确的优惠扶持措施及标准。

第三，强化政府责任，改革公共医疗卫生机构管理体制和运行机制。坚持医疗卫生服务的公益性质，深化医药卫生体制改革，从建立覆盖城乡居民的基本医疗卫生制度着眼，坚持政府主导与引入市场机制相结合，加强公共卫生服务体系、医疗服务体系、医疗保障体系和药品供应保障体系建设，规范服务行为，提高服务质量，改善医患关系，积极调整城市卫生服务结构。建立双向转诊、密切合作的新型城市卫生服务体系。大力发展以促进健康为核心，坚持预防为主、防治结合的社区卫生服务中心，优化服务模式，降低服务费用，改善服务质量。加强药品监管，规范药品生产和流通管理，可以通过抗菌药物使用率、平均每诊疗人次费用、住院费用等具体指标对是否合理用药、药品定价是否合理以及维护患者权益等加以评价。

第四，提高政府服务效率，完善政府服务效率公众评价体系。在大力推进经济市场化进程、经济社会处于转型阶段的时期，政府扮演的不是退出的角色，而是如何提高管理与服务能力的角色，力求做好社会管理和公共服务。改革政府管理方式，进一步减少和规范行政审批，全面推进依法行政；深化投资体制改革，健全政府投资决策责任制度；合理界定各级政府的事权，调整和规范市与县区、县区各级政府之间的收支关系，建立健全与事权相匹配的财政体制。建立体现科学发展观和正确政绩观要求的综合评价体系，对政府工作部门进行量化式考核，并根据考核采取相应的行政奖励和行政问责，对于推动政府提高服务效率具有积极作用。调查显示居民对政府提高服务效率有较高期望。着重针对政府重点工作、部门履行职责和服务型政府机关建设、专项资金使用等内容设计评价考核指标，内部评估与社会评价相结合，在考核权重上，向社会评价倾斜，且社会评价主体应确保行业覆盖面广、参与人数多，真正有效促进政府不断提高管理水平、服务效率。

6.3.2 强化法治建设，增大民生安全投入，创造平安和谐环境

构建社会主义和谐社会，必须确保人民群众安居乐业，确保社会政治稳定和国家长治久安。从历史上看，社会平安稳定则国家兴旺，社会动荡则国家衰亡，这是治乱兴衰的客观规律，也是古今中外治国安邦的历史经验。可以说，没有平安稳定，就没有社会和谐。

第一，加大投入，提高安全保障能力。广东省流动人口数量巨大，从 1980 年代初期开始，广东流动人口数量（包括跨省流入人口的数量）一直位居全国首位，整体经济数倍增长，但按照公安部确定的警力设置规模显然不能满足需要，一直以来，提到广东省治安秩序，似乎被定格为一个字——“乱”。广东省财政用于公共安全的支出占 GDP 的比重明显偏低，因此必须加大投入，强化公安基础设施建设、增加民警办公经费、充实警用装备、加快建设公安实战训练基地。同时从广东省自身特点出发，形成长效、稳定的“专辅共治”的体系，即公安警力为主、民间协管为辅，共同治理治安环境。在加强硬件建设的同时，苦练公安警力内功，提高整体战斗力，开展以信息技术、法律知识、装备使用、警务技能、体能锻炼为主要内容的学习培训，有计划地进行轮训，提高民警的综合素质。认真落实从优待警政策，营造拴心留人的工作环境。

第二，加强法律救助与服务，公正司法。加强司法队伍建设，鼓励专业人员积极报考国家司法考试，扩大执业律师队伍，为公民提供充分有效的、高质量的法律服务。充分发挥工会、共青团、妇联及其他社会组织的沟通桥梁作用，为化解、调节家庭、部门、社会矛盾作出努力，积极维护相关人群的合法权益。公正执法，创造公平竞争的良好市场秩序。

第三，形成"大平安"的格局。平安广东建设是一项社会系统工程，不仅是要求"犯罪少、治安好"的狭义"平安"，还应是涵盖经济、文化、政治、社会等各方面的广义"平安"。例如，能规避外向型经济深受国际贸易摩擦影响、企业上市可能引发恶性并购等的经济安全；能有效解决由劳资纠纷、征地补偿和土地权属等引发的群众上访、群体性事件等的政治安全；能够防止西方意识形态渗透，弘扬社会主义主旋律等的文化安全；确保社会治安、食品药品安全、卫生安全、生产安全、水利安全、环境安全等的广义社会安全。只有实现经济安全、政治安全、文化安全、社会安全四位一体，平安广东建设才能真正落到实处。

6.3.3 完善紧急救助与风险保障机制

第一，完善专项紧急救助体系。目前，广东虽然在城乡设立了最低生活保障制度和养老保障、医疗保障制度，在农村也有大病统筹的新型合作医疗、自然灾害社会救助制度，但缺乏针对特别贫困人口的生活安全保障制度。尤其是农村社会保障制度的设计应先解决农村贫困问题，而不是急于建立绝对平均但水平极低的过于庞大和周密的社会保障体系。目前，最需要得到社会保障扶持的是贫困人口。专项紧急救助针对性强，使用效果显著，主要包括医疗、贫困、意外灾害紧急救助，以政府筹资为主，民间资助为辅，设立专项救助资金，专款专用。城乡医疗救助，针对超低收入家庭和治疗特殊疾病而需支付巨额医疗费用的特困家庭给予救助，从整体情况看，农村医疗紧急救助需求更大。贫困救助应在合理准确确定救助对象及制定标准的基础上，对城乡特困家庭、家庭经济特别困难的学生给予定期或不定期的救助。应救助那些由于突发的自然或人为因素导致重大损失、陷入极大困境的城乡居民家庭，但一般而言，意外灾害救助的主要对象是农村人口，并以自然灾害造成的风险意外灾害为多。有效实施专项紧急救助制度，必须建立稳定的管理、监管机制，准确界定被救助对象的标准，科学量化救助条件。

第二，建立完善的政策性农业保险制度，稳定农业生产，保障农民利益。由于农业生产受自然因素影响大，特别是广东省，台风、水灾常常对农业生产造成重大损失，甚至是毁灭性的破坏，一旦灾害发生，波及面大，损失严重，则会严重影响农民的稳定收入。广东省自然灾害带来的影响见表6-2。

表6-2　广东省农业自然灾害情况

	2000 年	2005 年	2008 年	2009 年
农作物受灾面积（万亩）	948.43	1 088.03	2 092.05	717.26
绝收面积	84.14	201.39	270.83	29.31
受灾人口（万人）	1 801	1 504	2 632	868
紧急转移安置人口（万人）	27.73	59.66	193.15	54.73
饮水困难人口（万人）	23.16	57.81	30.75	54.3
因灾死亡人口（人）	102	113	104	39
因灾伤病人口（人）	14 454	4 448	46 479	608
倒塌房屋（间）	27 743	96 583	121 243	24 587
损坏房屋（间）	74 052	285 668	292 490	39 659
因灾死亡大牲畜（头、只）	62 417	39 562	127 152	5 143
直接经济损失（亿元）	38.2	82.06	369.65	63.07

资料来源：广东统计年鉴 2010

由此可见，建立覆盖全省的政策性农业保险制度，能够为农业生产、农民利益撑起一把保护伞，为农民生产生活提供最基本的保障，营造一个良好的发展环境。

政策性农业保险制度的基本模式应是地方政府主导、商业保险公司分层次经营、多渠道支持的政策性农业保险。由于农业保险特别是水产业保险风险很大，许多保险公司不愿接受此类保险。因此，可探讨鼓励商业保险公司经办农业保险业务，政府成立专门的政策性保险公司经营再保险的共保体模式。政府主导就是指各级政府为农业保险的顺利开展提供法律、行政、经济全方位支持，负责农业保险的政策制定、宏观调控管理、基本险种设计、费率厘定和提供农业保险的再保险支持。商业保险公司分层次经营的内容是：第一层次包括受自然灾害影响大、关乎国计民生的大宗农产品，应政策性经营，以政府财政补贴为主，农民缴纳少量保费为辅，走共保体模式；第二层次包括单风险的高附加值农产品，保险责任较窄、损失概率小、赔付率低、具有较高的盈利可能性，应商业化经营，政府可给予一定的政策性优惠。多渠道资金支持即多方筹集农业保险基金，各级财政拨一部分，纳入各级专项预算；从民政和水利部门每年安排的救灾、防洪费用中划拨一部分费用进行积累；建立专门账户，接受社会捐赠；通过金融市场筹集一部分资金。由此保障政府利益——社会福利最大化、保险公司利益——企业利润最大化、农民利益——个人收入最大化。同时探讨地区间生产方联保、互保共担模式，即当某地区发生灾害时，其他地区的保险资金可以用来弥补。可以根据现实情况，从影响较大的农产品、水产品品种入手，逐步扩大保险品种，随着经济的进一步发展，还可逐步提高政策性农业保险的保费补贴。

6.3.4 建立特殊群体保障救助体系

特殊群体救助保障状况，是反映社会文明与和谐安定程度的重要方面，随着经济社会的快速发展，特殊群体利益边缘化不等加深。这里所说的特殊群体包括较为广义的弱势群体、优抚对象和边缘人群。弱势群体是指因主客观原因导致政治势力小、经济条件差、社会地位低、在社会竞争中处于不利形势的人群，如孤寡老人、残疾人、老年人、未成年人、妇女、最低保障对象、下岗失业人员等；优抚对象包括现役军人家属、革命伤残军人、复员军人、因公牺牲军人家属，病故军人家属、军队离退休干部等；边缘人群指因为社会流动或者社会越轨而导致不适应社会的人群。特殊群体的保障救助关乎家庭、社会的稳定，因此特别提出弱势群体的救助保障。

政府与民办相结合，推进各类托养机构的建设。有针对性地提供孤寡老人、残疾人、老年人救助保障，如残疾人托养服务机构，应集托养、教育、康复、娱乐、劳动、就业为一体，以托养为主，融生活技能训练、职业康复、职业培训与教育、工疗、就业训练等为一体，与就业相结合，真正实施对残疾人群的全方位救助。要求把各类托养机构建设纳入当地经济和社会发展全局，统一部署，统一规划用地，合理布局，明确责任和要求。提出市、县（市）公办或公办民助结合的残疾人集中托养机构数、托养机构床位数目标，同时通过一次性建设补贴和床位补贴对各级各类残疾人托养机构的建设和运行予以扶持。特别是建立公办托养服务机构，协调解决好机构、人员编制、工作经费、服务功能、基础设施、基本设备、收养规模、收费标准、登记注册以及税费减免等问题。

推进以公办为主、多元化资金支持的各类职业技能培训机构的建设。为妇女、最低保障对象、下岗失业人员、军人家属、革命伤残军人、复员军人等提供专业技能培训。为适应经济发展新时期对人才需求的变化，提供专业的培训，需选配和招聘有文化、懂专业、有爱心、肯奉献的一线培训人员，建设一支良好的服务队伍。

全面实施特困大学生生源地贷款制度。特困大学生应作为特殊群体的一个特有部分给予关注。由于目前高等教育成本较高，相对于目前农村居民收入水平而言（2009 年广东省农村居民年人均纯收入为 6 906. 93 元），供养一个大学生（年均总费用包括学费、住宿费、生活费、交通费等，约 1 万元）对于多数家庭来说，都是一笔比重很大的支出。目前实施的贫困大学生助学贷款方式，操作复杂、跟踪困难、增加了学校管理负担（想管管不了，学生毕业后很难跟踪）、实施成本高、落实时间长，最重要的是覆盖面小。实施生源地贷款，学生和家长（或其他法定监护人）入校前直接向学生入学户籍所在县（市区）的学生资助管理中心或金融机构申请办理，获得家庭经济困难学生支付在校学习期间所需的学费、住宿费的助学贷款。生源地信用助学贷款为信用贷款，不需要担保和抵押，学生和家长（或其他法定监护人）为共同借款人，共同承担还款责任。这种方式有利于降低贷款风险，更重要的是效率高、覆盖面更广。

6. 3. 5　完善社会保障制度，建立城乡共享的公平保障体系

城乡居民作为一国的平等公民，在享受政府提供的基本公共服务时应大体一致、大致等量。具体体现为：全体公民享有基本公共服务的机会和原则应该均等、全体公民享有基本公共服务的结果应该均等、在提供大体均等的基本公共服务的过程中，尊重社会成员的自由选择权。显然，城乡基本公共服务均等化是缓和城乡利益矛盾、实现协调发展的重要保障。无论市场化进程发展到何种程度，都必须确立政府在社会福利中的主导作用，只有政府承担起为社会成员提供社会福利的责任，才能最终建立一种能够使人民的生活随着经济的发展而更有保障的、有助于实现社会安定和谐的利益共享机制。政府主导作用的一个具体表现是承担起社会福利的投资主体角色，即政府要确立其在社会保障中的前

沿位置，不能扮演辅助或最后防线的角色。特别是在农村社会保障制度中，长期以来其融资渠道主要依靠集体和社会互助，而政府只是在上述渠道不足时给予最后的财政支持，这种融资安排不仅经常导致很多救助对象得不到帮助，也是未能在农村建立起一个有效的社会保障制度的主要根源。

目前，城镇居民的社会保障已有了较完善的体系，但需要加快建立覆盖农村居民的社会保障体系的进程。随着农村市场经济的发展，土地作为农民基本社会保障的功能和作用逐渐减弱，农民也同样面临市场风险、生活风险，而且非农化与城镇化进程等因素使得农村人口的社会保障要求不断提高，现行以土地为基础的农村社会保障将越来越不适应经济社会发展的需要，因此社会保障全覆盖不仅是市场化发展的客观要求，也是社会主义经济的本质要求。社会保障要走广覆盖、保基本、逐步完善、逐步提高的路子，以社会保险、社会救助、社会福利为基础，以基本养老、基本医疗、最低生活保障制度为重点，以慈善事业、商业保险为补充，加快完善社会保障体系；在深化企业、机关、事业单位基本养老保险制度改革、全面推进城镇职工与城镇居民基本医疗保险的同时，完善农村养老保险制度和新型农村合作医疗制度建设，不断提高保障水平，积极试行并不断完善由国家、集体、农民个人共同出资、合理负担的农村养老制度和农村医疗保险制度，尽快实施以个人账户为主、可转移可携带的养老保险办法，并结合农村扶贫政策和其他民政补贴政策，试行农民最低生活保障制度。还可以通过建立一个平衡基金，用于从城市到农村的再分配，保证让农村和贫困县分享到更多的社会财富，得到充足的社会保障和公共产品服务。

尤其重要的是提高财政支出与保障水平的公平性，财政支出与社会保障的公平性不断得到强化，能促进社会保障水平不断得到提高，社会公平与和谐程度才能不断得到提升。重点解决社会边缘人群未被纳入社保体系问题、机关事业单位人员与企业人员医疗、养老保障水平差距较大问题、作为住房保障主要形式的住房公积金保障不平衡问题、财政用于城镇的保障水平与农村保障水平不平衡问题等。通过调整，尽快实现公共财政对国民的公平同等保障，让公共财政尽可能平等地覆盖每一个广东人。

6.3.6 推进公民自治管理体制的创新

基层群众性自治是由居民（村民）通过民主选举、民主决策、民主管理、民主监督的方式进行自我管理、自我教育和自我服务的民主形式。公民自治有利于公民意识的形成，实现公民参与公共事务的广泛性。无论是国家层次、地方层次还是社区层次，凡是与公民利益相关的所有公共事务，公民都应有制度化的参与渠道。公民自治有利于公民政治参与有序扩大，对维护社会稳定意义重大。现阶段我国已进入社会矛盾凸显期，如果处理不当就有可能引发社会动荡，阻碍社会主义事业健康有序发展。近年来，各种群体性事件不断发生，可以说我国现存的社会管理体制与民众的利益诉求表达机制不相适应是一大原因，与没有对民众的利益诉求进行合理的响应、合理的引导也有很大关系。我们的政府信任民众，相信他们会能够表达正确的利益诉求，相信普通民众会正确合法维权，就需要公民自治。在自治的过程中，民众的权益能够得到较有效的表达和维护，民众树立以理性的手段维权的意识。实行公民自治的过程也是人民普及民主知识、民主价值的过程，也是公民政治有序扩大的过程，最终有利于社会冲突的缓解甚至根治。

在城市，社区居民自治管理亟待创新。随着住宅商品化、市场化，原有的以同单位为核心的居住群逐步解体，形成新的商住区。同一社区居住人群来自各个行业、各个企业或单位，可能属于不同利益阶层，具有不同职业背景、不同文化水平等。通过共同参与社区居民自治，参与社区事务管理，如治安防范、公益事业、物权维护等，人人参与、人人负责，可推进社区的基层民主和“两个文明”建设。

建立新农村建设村民主体责任机制，调动农民自觉参与、自主管理新农村建设的积极性和主动性，探索村级公益事业财政奖补制度试点，鼓励促进村民出资投入开展直接受益的公共设施建设。建立能代表自己利益的社会组织，要在自愿的基础上引导农民发展各类服务于农民生产、经营、销售的专业合作经济组织，提高农民进入市场的组织化、规范化程度，降低农产品进入市场的风险和交易成本。在落实村民自治的基础上，建立如同妇联、工会等群众组织一样的维护农民权益的农民协会或民间组织。农会应当拥有与工会等群众组织同等的政治地位和社会作用。有效参与是现代民主的核心内涵之一，村民参与村务管理的情况与实际效果，直接关系到他们对村民自治制度与实践的评价和投入。

6.3.7 推进企业建立“劳资”协商制度

在理念、维权意识、行为方式等方面，新生代农民工都与老一代农民工有很大不同，广东省人力资源和社会保障厅的一份广东新生代农民工调查报告显示，在广东省，80后、90后农民工有1 978万人，92%分布在珠三角地区。新生代农民工为产业大军注入了新鲜血液，而他们择业观的变化，也在倒逼一些企业和产业谋求转型之道。新生代农民工的突出特点是综合素质高。依靠老一代农民工打下的物质基础，他们普遍接受了义务教育，同时受全球化、国际化、信息化快速发展的影响，他们接受新观念、新事物更快，综合素质明显提高。新生代农民工对工作的要求更高，他们会要求工作体面一些、工作环境好一些、福利待遇更好一些、基本保障完善一些、发展机会多一些，对文化生活的要求也高一些。但新生代农民工的就业稳定性较差，欠缺吃苦耐劳的精神，难以适应企业的严格管理和高强度的工作。因此，改革开放以来一直红红火火、依靠廉价劳动力而生的劳动密集型企业不得不考虑自己的出路：要么被动承受人力成本的提高，要么转移到欠发达地区，要么转型为资金密集型或者技术密集型企业。显然，被动承受人力成本提高的企业是难以为继的。转移到欠发达地区，也存在两大阻碍：一是运输成本的提高将抵消减少的人力成本；二是欠发达地区也抵制非环保型产业的进入。传统产业招工难必不可免，工人要求提高工资已成趋势，广州日资汽车生产企业工人因要求提高工资而罢工，就反映了在企业发展中，“劳资”关系面临的新问题。因此，建立新型的“劳资”协商制度，共谋企业长期和谐发展是极为必要的。广东省外资、民营企业数量众多，政府应积极推动企业建立“劳资”协商制度，让员工参与企业发展规划的制定、协商工资增长机制的确定，建立新型“劳资”关系，达到和谐共赢。

6.4 迅速完善城乡公共服务均等化体系建设

城乡基本公共服务均等化就是指城乡居民作为一国的平等公民，在享受政府提供的基本公共服务时应大体一致、大致等量。具体体现为：全体公民享有基本公共服务的机会和原则应该均等；全体公民享有基本公共服务的结果应该均等；在提供大体均等的基本公共服务的过程中，尊重社会成员的自由选择权。基本公共服务均等化范围界定在义务教育、基本医疗、社会文化、就业服务和社会保障、基础设施五个方面。实现基本公共服务均等化对有效缓解广东城乡差距、区域差距和贫富差距具有重大作用，对有效缓解广东城乡社会矛盾、保障农民权益、构建和谐社会和推进社会主义新农村建设具有重要作用。尽管广东省基本公共服务均等化水平有所提高，取得了阶段性成果，在一定程度上促进了“和谐广东”的建设，但相对于经济社会的快速发展和全省居民的需求来说，基本公共服务还存在不小的差距，城乡在基本公共服务方面的利益差异，突出表现在基础教育、基本医疗卫生、社会保障、基础设施建设四个方面。受“城市偏向、工业先行”的非均衡发展模式和城乡分割的二元经济结构的影响，基本公共服务的供给也呈现出明显的二元特征：城市中的基本公共服务主要由政府提供，由政府财政作保障；在广大的农村，大部分基本公共服务则主要依靠农户自筹资金解决，政府仅给予一定的补贴。长期以来“以农补工”的资金积累政策、唯 GDP 的评价机制、“重工轻农”的投资政策、农村财权与事权不匹配等都是造成这种差距的重要因素。

6.4.1 加快建成服务型政府体系

从广东改革的实践看，着力推进基本公共服务均等化，关键在于实现政府职能转型，强化各级政府在基本公共服务中的主体地位和主导作用，加快建设公共服务型政府。加强和改善公共服务是政府的主要职责，要解决公共服务供给严重不平衡的问题，必须创新政府管理理念、明确政府职能、健全政府职责、建设服务型政府。第一，切实把工作重心转到对各类经济主体进行示范引导、提供公共服务以及营造发展环境上来，扩大公共产品和公共服务的覆盖范围。根据公共产品的性质，明确各级政府的供给职责，确保政府公共支出的社会效益最大化。进一步理顺乡镇机构的设置，明确界定乡镇政府的公共服务职能，使其真正成为能够为农民提供公共服务的主体之一。第二，承担区域协调的职责。推动区域协调发展、城乡帮扶长效机制的形成。定期召开区域协调会议，促进珠江三角洲发达市与欠发达市结对帮扶，形成以城带乡、以沿海带山区、以珠江三角洲带东西两翼和粤北山区协调发展新格局。第三，建立公共服务制度化的利益需求表达机制。完善村情民意沟通渠道，使城乡各类人群对公共产品的需求意愿得以体现，扩大农民在公共服务问责制度中的知情权、参与权和监督权，以保证农村公共产品供给的科学合理。第四，创新公共财政投入保障和可持续机制。积极探索地方政府发行公共服务债券的可行性，利用政府债券广泛筹集社会资金；积极探索开征新的地方税种以调节区域和城乡公共服务差距，充分发挥税收政策服务于公共服务均等化的杠杆作用。第五，完善以公共服务为导向的干部政绩考核制度。尤其要切实加强对农村公共财政支出的民主监督制度建设，建立以基本公共服务为导向的政府绩效评估体系，根据广东实际，重点完善县乡政府公共服务绩效评价和效果跟踪反馈制度，以基本公共服务均等化为重点，按照财权与事权相对称的原则，强化各级政府公共服务的责任，把公共服务指标纳入干部考核体系，改变干部考核中事实上仍然把 GDP 视为重要的刚性指标、把公共服务供给作为软指标、重对上负责、忽视社会成员实际需求的倾向。第六，建立民主参与的公共产品供给决策机制和“第三方”实施的运行机制。公共财政提供的公共产品和公共服务是否符合农村大部分居民的实际需求，是衡量公共财政覆盖农村有效性的重要原则。因此，公共财政覆盖农村，需要不断推进基层民主制度建设，改革公共产品投资决策程序，实现公共产品投资决策程序由“自上而下”向“自下而上”转变。要从制度上确立由内部需求来决定公共产品投资范围和投资方向的制度，建立由内部需求决定公共产品供给的机制。同时，公共产品和服务的提供，实行“第三方”实施，政府部门和农民进行监督的方式，提高政策实施的质量，避免由“条条”决策和由“条条”搞“工程”、搞“行动”等不切实际的做法。

6.4.2 打破二元公共服务结构，扩大公共财政覆盖农村范围

城乡居民基本公共服务严重失衡的主要原因在于城乡二元公共服务结构。要想推进城乡基本公共服务均等化，首先必须打破城乡分割的二元公共服务结构，完善城乡一体均衡发展的制度环境，改变城乡二元制度与政策和城乡分治的管理模式，建立城乡统一的公共服务体制。把政府支配的公共服务资源和职能向农村

转移，以基本公共服务为主线推进农村社会事业发展的综合改革，抓住城乡二元结构中的突出矛盾，从解决广大农民生存发展的基本问题出发，进一步明确各级政府在解决“三农”问题中的职责定位。

第一，完善农村公共服务体系建设的财政支撑体系。一是要切实增加公共财政对农村公共服务设施和服务体系建设的投入，加大农村公共财政支出在整个财政资金中所占的比重；同时，充分发挥财政资金的导向作用，通过财政杠杆引导更多的社会资金投资农村公共服务体系建设。二是要进一步合理界定省、市、县各级政府的责任，完善省、市、县三级事权财权的划分，合理界定各级政府的基本公共服务支出责任、管理责任和监督责任，调整和理顺各级政府的财政分配关系。三是要深化省直管县的财政体制改革，积极推进镇（乡）级财政和村级财务管理方式改革，努力增强基层政府提供公共服务的财政能力，特别在当前要切实提高一般性转移支付规模和比例，纵向转移支付以保障政权运作基本财力需要为主，横向转移支付以逐步实现基本公共服务的均等化为主。四是各级政府要在经济发展和财力增加的基础上，不断增强市、县政府提供公共产品和公共服务的能力，逐步缩小城乡间基本公共服务的差距。

第二，深化县乡财政体制改革。明确县乡之间各种分配关系和财政管理责任与权限。在合理划分财权与事权、明晰各级政府的农村公共产品供给责任的基础上，改革现行的农村公共产品供给决策程序，并加强绩效管理和评价制度建设。形成纵向与横向财力分布格局，逐步强化基层政府供给基本公共服务的体制保障能力。乡镇政府职能定位要以给农民提供基本而有保障的公共服务为目标，乡镇政府作为与农民最接近的一级政府，是公共服务的执行者和社会事务的管理者，应当把给农民提供基本而有保障的公共服务作为自己的主要职能。要探索建立省级对地方基本公共服务财政投入与保障问责制，把基本公共服务数量和质量指标纳入政府绩效考核体系，将基本公共服务绩效评估与干部选拔、任用和内部激励联系起来。

第三，创新农村基本公共服务供给方式，实现城乡基本公共服务供给主体多元化。根据广东外资和民间资本相对充裕的实际，政府要营造有利于各类投资主体公平有序竞争的社会环境，进一步建立和完善基本公共服务的社会参与机制。按照“谁投资谁受益”的原则，允许和鼓励私营企业生产和经营准公共产品，积极引进民间资本和外资为公共产品生产服务，以改善公共服务质量，降低管理成本，强化公共产品生产和供给的竞争性，提高公共服务的运作效率和专业化水平。例如，在纯公共产品的供给方面，如城市道路、水利设施等，运用 BT（建设—移交）、BOT（建设—运营—移交）等模式，实行委托代理制；在准公共产品的供给方面，如水源工程、地下管网、城乡公共交通等，政府可以运用特许经营、签约外包、服务购买契约、财政补贴或价格补贴等手段，鼓励支持社会资本参与运营。要充分利用社会组织形式灵活多样以及活动具有自发性等优势，积极鼓励其他社会组织和社团为农民提供公共服务，着力形成政府与社会团体相互竞争和合作的公共服务提供机制，在其他主体无法充分发挥作用的某些基本公共服务供给环节起到更重要的作用。

6.5　加大教育卫生事业发展，适度提高高层次人才本土化程度

根据广东改革发展的实际，当前推动城乡统筹、推进公共服务均等化发展最突出的方面在于义务教育和公共卫生事业，当然也需要逐步建立城乡统一的劳动力市场和城乡一体化的社会保障制度，探索建立农村养老保险制度，完善最低生活保障制度。

6.5.1　加大教育、卫生事业的投入，注重其公平性

教育是民族复兴的基石，教育公平是社会公平的重要基础，

保证人民享有接受良好教育的机会，不仅是促进社会公平正义、构建社会主义和谐社会的客观要求，也是各级政府义不容辞的职责。目前，基础教育的优质资源、优质师资，主要集中于城镇或发达地区，落后地区和山区缺乏教师，教学条件差。充分运用政府及社会资源支持中小学教育事业发展，逐步提高教育事业费支出比重，不仅要增加硬件建设，改善教学条件，也要依托高等师范教育的基础，培养高素质的中小学师资人才，扩大中小学教师队伍，逐年减少中小学单班学生数量过多的状况，降低生师比。注重教学资源的城乡平衡，向落后县区倾斜，加强农村教育，缩小城乡、区域教育差距，可以定向培养山区学校教师，制定相关激励政策，如大学资助、职称评定、工资晋升、学费返还、优惠购房等方面，鼓励大学生到落后地区、山区学校任教。鼓励优秀教师在一定范围内无条件地轮校或定期到农村学校支教、进行示范教学等，充分运用现代网络技术，开发教学资源，无偿提供给落后地区、山区学校，促进优质教育资源共享。在实行免费义务教育中，广东省没有在全国率先推行，现在应力争在搞好九年义务教育的同时，能率先实行十二年义务教育。还要特别重视发展职业教育、学前教育、特殊教育、继续教育和成人教育，提高高等教育质量。

深化医疗卫生改革的基本思路是：通过政府财政投入，按照确定的服务项目，向城乡居民提供大致均等的、免费的公共卫生服务和只需要个人承担少量成本的基本医疗服务。充分认识医疗服务的公共性，各级财政要加大社区卫生投入，政府通过转移支付支持落后地区发展社区卫生服务，大力改善农村医疗卫生条件，切实解决群众看病就医难的问题。积极发展社区卫生服务，有利于调整城市卫生服务体系的结构、功能、布局，提高效率，降低成本，形成以社区卫生服务机构为基础，大中型医院为医疗中心，预防、保健、健康教育等机构为预防、保健中心的卫生服务系统。强化社区卫生服务机构的非营利性和服务性，不论城乡，都要确保医疗服务优质规范、医疗卫生服务条件和技术手段先进、医疗服务人员专业合法、医疗服务价格合理。建立城市医院医疗骨干和专家定期巡回下乡、到落后地区和山区服务的制度，实行优质医疗资源共享。同时根据人口增长与城乡分布变化情况，科学规划大中型医院的合理布局，鼓励社会力量参与医疗机构建设。特别是关注医疗卫生人员的队伍建设，必须建立长效机制，确保省内外医学院校培养的专业医师（特别是高水平专家）能够不断充实医疗卫生队伍。

6.5.2 提高高层次人才本土化程度，稳定经济社会发展的人才基础

一是加快发展职业教育，培养大批现代化建设需要的高素质劳动者和技能型人才，以适应现阶段产业调整的需要。实施全日制专业培养与短期培训并举的职业技术教育培训体系，由此提升本地劳动力专业技能水平，形成对低素质外来务工者的较高准入门槛，不仅对广东产业升级具有重要意义，也对建设“和谐广东”产生积极影响。

二是制定留住人才的措施。除了引进人才之外，更关键的是要留住人才，如果“来多少走多少”就失去了引进人才的意义。不论是引进的人才，还是原有的人才，不仅应坚持采用传统的待遇留人、感情留人、环境留人等做法，还要探索系统培训留人、机制留人等更有效的措施。

三是制定激励措施，吸引外来人才，特别是学成返粤的攻读硕士、博士学位的本土高层次专业人才。近年来，广东省加大引进人才的力度，引进人才的成本不断增大，甚至出现了省内不同地区之间以高待遇吸引人才流动的现象，例如某市高校用高成本从外省引进一位教授，过了几年，另一地区的高校又出更高成本把该教授挖走，从宏观层次看，支出了双倍资金，而且资金被消

耗了，或者说一部分资金转到了个人手中，但人才并没有双倍增加。为了更有利于人才基础的稳定，政府可以为在省外求学，特别是在重点大学攻读硕士、博士学位的高层次人才，学成后返粤就业的本土高层次专业人才给予奖励、补贴、购房优惠等激励措施，保持高层次人才一定程度的本土化，有利于建设稳定的人才队伍。

6.6 加大现代文明教育的力度，倡导科学的行为方式

把建设绿色广东作为一切发展的出发点和归宿，作为每一个广东人行为方式的基本理念。绿色广东理念包括绿色的生产方式、绿色的生活与消费方式以及科学合理消费的观念，实现经济资源最合理、有效的利用。

坚持绿色生产方式，就是依靠科技进步，走资源消耗低、环境污染少、经济效益高、可循环利用的集约化、智力型的新型工业化道路，大力发展现代高端服务业。特别是在面对产业升级，承接珠三角产业转移的时期，更要严把绿色关，坚决把高消耗、高污染产业挡在绿色广东大门之外。

推广绿色的生活方式和消费方式，就是在日常生活与消费中，倡导节俭与环保的理念，杜绝奢侈与浪费，使用绿色产品，建立与环境生态友善的生活方式与消费方式。节约与节制的理念是不同的，从根本上说节约是减少资源损耗与污染的最好方法，节制是调整人类社会经济系统与自然生态系统相平衡的重要途径。应大力倡导崇尚科学，崇尚现代文明，积极消费但不浪费，扩大支出但不滥用。合理、有效地使用各类资源，力求使用效率最高、使用效益最大。

建立健全保障资源节约型和环境友好型经济社会建设的长效机制，严格执行谁消耗谁埋单、谁破坏谁补偿的规定。

7　广东城乡二元经济社会结构评价

7.1　广东二元经济结构的评价

7.1.1　城乡二元经济结构评价指标体系的构建

用来测量二元经济结构常用的评价指标有比较劳动生产率、二元对比系数和二元反差系数。此外，城乡居民收入差异系数和城乡居民恩格尔系数的差异度也常用来测评二元经济结构。

7.1.1.1　比较劳动生产率

比较劳动生产率是指一个部门的产值与在此部门就业的劳动力比重的比率，它可以反映出一个部门当年劳动生产率的高低。

一个部门的相对收入比重越高，劳动力相对比重越低，比较劳动生产率就越高。两部门的比较劳动生产率的差别越大，二元性就越大。从国际的经验数据看，农业部门的比较劳动生产率往往低于1，而非农业部门的比较劳动生产率则往往高于1。当一个国家或地区非农业比较劳动生产率上升，而农业的比较劳动生产率降低时，两者的差距加大，表明该国或地区此时的二元化程度在加剧；而当一个国家或地区的农业比较劳动生产率升高，逐渐接近非农业的比较劳动生产率时，两者的差距逐步缩小，表明该国或地区此时的二元化程度在降低。

7.1.1.2　二元对比系数

二元对比系数是指农业部门的比较劳动生产率与工业部门的比较劳动生产率之间的比率。该指标主要反映农业与非农业比较劳动生产率的差异程度。

一般情况下，二元对比系数与二元经济结构的强度呈反方向变动。二元对比系数越小，两部门的差别越大，二元经济结构越明显；反之，二元对比系数越大，两部门的经济结构差别就越小。二元对比系数在理论上的最大值为1，通常总是低于1。发展中国家的二元对比系数通常为0.31～0.45，发达国家一般为0.52～0.86。

7.1.1.3　二元反差指数

二元反差指数是指两部门各自的产值比重与劳动力比重之差的绝对数的平均值。该指标主要反映某个部门产值比重与劳动力比重的偏离程度。

反差指数越小，则反差程度越小，二元经济结构就越不明显。从理论上说，反差指数的最小值是0，此时部门的产值比重与劳动力比重完全相等。

7.1.1.4　城乡居民收入差异系数

该指标用来反映城乡居民生活水平差异。

城乡居民收入差异系数（S）= 1－农村居民人均纯收入/城镇居民人均可支配收入

一般认为，当$S>0.5$时，即农村居民人均纯收入不到城镇居民人均可支配收入一半时，是一种较为典型的城乡二元经济结构时期；当$0.2<S<0.5$时，处于二元结构向城乡一体化过渡时期；当$S<0.2$时，基本上完成了城乡一体化。

7.1.1.5　城乡居民恩格尔系数的差异度

城乡居民恩格尔系数的差异度（E）是指农村居民的恩格尔系数与城镇居民的恩格尔系数之差。该指标用来反映城乡居民生活质量上的差异。

通常认为，当$E<5\%$时，城乡居民生活质量基本一致；当$5\%<E<10\%$时，生活质量差异较大，属于由二元结构向城乡一体化的过渡时期；当$E>10\%$时，城乡二元结构明显。

7.1.2　广东二元经济结构的测量和分析

7.1.2.1　比较劳动生产率

7.1.2.1.1　第一产业比较劳动生产率的测量与分析

表7-1是广东及全国各年（1978—2008年）第一产业比较

劳动生产率指标的数据情况，而图 7-1 则是该指标值的走势图。从图 7-1 可看到，广东第一产业比较劳动生产率在 1978—2008 年出现先升后降的趋势。其中，1978—1982 年为上升阶段，1982—2008 年为下降阶段，1982 年为拐点。广东第一产业比较劳动生产率的最高值为 0.509，到 2008 年，该指标值下降到 0.191。

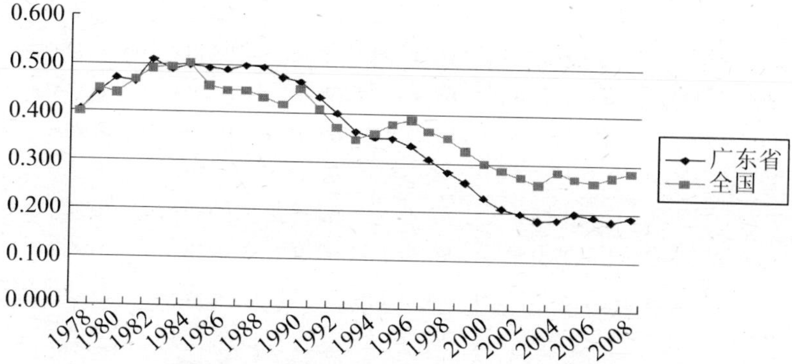

图 7-1　第一产业比较劳动生产率走势图

相比之下，1978—1982 年，广东第一产业比较劳动生产率与全国的这一指标值非常接近；1982—1993 年，广东第一产业比较劳动生产率高于全国的这一指标值；而 1994 年后，广东第一产业比较劳动生产率则低于全国的这一指标值。

比较劳动生产率指标数据表明，广东一直存在着明显的二元经济结构。

表 7-1　广东及全国各年（1978—2008 年）第一产业比较劳动生产率指标情况

年份	第一产业地区生产总值比重（%）		第一产业就业人数比例（%）		第一产业比较劳动生产率	
	广东	全国	广东	全国	广东	全国
1978	29. 76	28. 19	73. 7	70. 5	0. 404	0. 400
1979	31. 82	31. 27	72. 0	69. 8	0. 442	0. 448
1980	33. 23	30. 17	70. 7	68. 7	0. 470	0. 439
1981	32. 48	31. 88	70. 1	68. 1	0. 463	0. 468
1982	34. 76	33. 39	68. 4	68. 1	0. 509	0. 490
1983	32. 88	33. 18	67. 3	67. 1	0. 489	0. 494
1984	31. 66	32. 13	63. 7	64	0. 497	0. 502
1985	29. 77	28. 44	60. 3	62. 4	0. 494	0. 456
1986	28. 22	27. 15	57. 8	60. 9	0. 489	0. 446
1987	27. 42	26. 81	55. 1	60	0. 497	0. 447
1988	26. 53	25. 70	53. 7	59. 3	0. 494	0. 433
1989	25. 46	25. 11	53. 7	60. 1	0. 474	0. 418
1990	24. 67	27. 12	53. 0	60. 1	0. 466	0. 451
1991	21. 97	24. 53	50. 5	59. 7	0. 435	0. 411
1992	19. 03	21. 79	47. 3	58. 5	0. 402	0. 372
1993	16. 10	19. 71	44. 1	56. 4	0. 366	0. 349
1994	14. 99	19. 76	42. 3	54. 3	0. 354	0. 364
1995	14. 57	19. 86	41. 5	52. 2	0. 351	0. 381
1996	13. 68	19. 69	40. 7	50. 5	0. 336	0. 390
1997	12. 58	18. 29	40. 8	49. 9	0. 308	0. 366
1998	11. 66	17. 56	41. 1	49. 8	0. 284	0. 353
1999	10. 91	16. 47	41. 5	50. 1	0. 263	0. 329
2000	9. 18	15. 06	39. 9	50	0. 230	0. 301
2001	8. 21	14. 39	39. 1	50	0. 210	0. 288

（续上表）

年份	第一产业地区生产总值比重（%）		第一产业就业人数比例（%）		第一产业比较劳动生产率	
	广东	全国	广东	全国	广东	全国
2002	7.52	13.74	38.0	50	0.198	0.275
2003	6.77	12.80	36.8	49.1	0.184	0.261
2004	6.47	13.39	34.7	46.9	0.187	0.286
2005	6.39	12.20	32.1	44.8	0.199	0.272
2006	5.86	11.30	30.4	42.6	0.193	0.265
2007	5.40	11.30	29.4	40.8	0.184	0.277
2008	5.50	11.30	28.8	39.6	0.191	0.285

注：本表数据根据《广东统计年鉴》（各年版）及《中国统计年鉴》（各年版）的相关数据计算而成。

7.1.2.1.2 第二、三产业比较劳动生产率的测量与分析

表 7-2 是广东及全国各年（1978—2008 年）第二、三产业比较劳动生产率指标的数据情况，而图 7-2 则是该指标值的走势图。从图 7-2 可看到，广东第二、三产业比较劳动生产率在 1978—2008 年呈现出波动式的下降趋势，从 1978 年的 2.669 下降到 2008 年的 1.341，下降幅度达 50%。虽然这样，广东的该指标值仍然大于 1，表明广东二元经济结构比较明显。

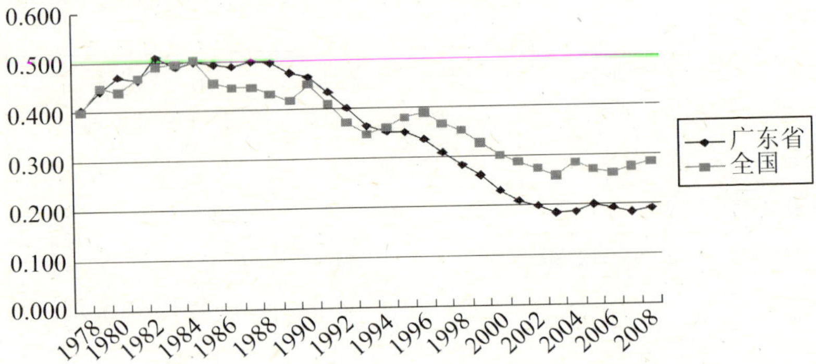

图 7-2　第二、三产业比较劳动生产率走势图

相比较而言，广东第二、三产业的比较劳动生产率与全国这一指标的变化趋势比较接近，都呈下降趋势。1978—1983 年，广东的第二、三产业比较劳动生产率高于全国的第二、三产业比较劳动生产率，但从此以后，广东的第二、三产业比较劳动生产率均低于全国的这一指标值。

表 7-2　广东及全国各年（1978—2008 年）第二、三产业比较劳动生产率指标情况

年份	第二、三产业地区生产总值比重（%）		第二、三产业就业人数比例（%）		第二、三产业比较劳动生产率	
	广东	全国	广东	全国	广东	全国
1978	70.24	71.81	26.3	29.5	2.669	2.434
1979	68.18	68.73	28.0	30.2	2.433	2.276
1980	66.77	69.83	29.3	31.3	2.277	2.231
1981	67.52	68.12	29.9	31.9	2.261	2.135
1982	65.24	66.61	31.6	31.9	2.061	2.088
1983	67.12	66.82	32.7	32.9	2.053	2.031
1984	68.28	67.87	36.3	36.0	1.880	1.885
1985	70.23	71.56	39.7	37.6	1.769	1.903
1986	71.83	72.86	42.2	39.1	1.701	1.863
1987	72.58	73.19	44.9	40.0	1.618	1.830
1988	73.53	74.30	46.3	40.7	1.587	1.826

（续上表）

年份	第二、三产业地区生产总值比重（%）		第二、三产业就业人数比例（%）		第二、三产业比较劳动生产率	
	广东	全国	广东	全国	广东	全国
1989	74.54	74.89	46.3	39.9	1.609	1.877
1990	75.33	72.89	47.0	39.9	1.602	1.827
1991	78.03	75.47	49.5	40.3	1.576	1.873
1992	80.97	78.20	52.7	41.5	1.538	1.884
1993	83.90	80.29	55.9	43.6	1.500	1.842
1994	85.01	80.14	57.7	45.7	1.474	1.754
1995	85.43	80.04	58.5	47.8	1.460	1.674
1996	86.32	80.31	59.3	49.5	1.455	1.622
1997	87.42	81.71	59.2	50.1	1.477	1.631
1998	88.28	82.44	58.9	50.2	1.498	1.642
1999	89.09	83.43	58.5	49.9	1.522	1.672
2000	90.82	84.94	60.1	50.0	1.512	1.699
2001	91.79	85.51	60.9	50.0	1.508	1.710
2002	92.48	86.26	62.0	50.0	1.493	1.725
2003	93.23	87.20	63.2	50.9	1.475	1.713
2004	93.53	86.61	65.3	53.1	1.431	1.631
2005	93.61	87.80	67.9	55.2	1.378	1.591
2006	94.14	88.70	69.6	57.4	1.352	1.545
2007	94.55	88.70	70.6	59.2	1.339	1.498
2008	95.50	88.70	71.2	60.4	1.341	1.469

注：本表数据根据《广东统计年鉴》（各年版）及《中国统计年鉴》（各年版）的相关数据计算而成。

7.1.2.2 二元对比系数和二元反差指数的测量与分析

表7-3是广东及全国各年（1978—2008年）二元对比系数和二元反差指数的数据值，我们将分别从这两个指标来分析广东的二元经济结构情况（见表7-3）。

表 7-3　广东及全国各年（1978—2008 年）二元对比系数和二元反差指数情况

年份	二元对比系数		二元反差指数	
	广东	全国	广东	全国
1978	0. 151	0. 164	0. 439	0. 423
1979	0. 182	0. 197	0. 402	0. 385
1980	0. 206	0. 197	0. 374	0. 385
1981	0. 205	0. 219	0. 377	0. 362
1982	0. 247	0. 235	0. 336	0. 347
1983	0. 238	0. 243	0. 344	0. 339
1984	0. 265	0. 266	0. 320	0. 319
1985	0. 279	0. 240	0. 305	0. 340
1986	0. 287	0. 239	0. 296	0. 337
1987	0. 307	0. 244	0. 277	0. 332
1988	0. 312	0. 237	0. 272	0. 336
1989	0. 295	0. 223	0. 282	0. 350
1990	0. 291	0. 247	0. 283	0. 330
1991	0. 276	0. 219	0. 285	0. 352
1992	0. 261	0. 198	0. 283	0. 367
1993	0. 244	0. 190	0. 280	0. 367
1994	0. 240	0. 208	0. 273	0. 345
1995	0. 240	0. 227	0. 269	0. 323
1996	0. 231	0. 240	0. 270	0. 308
1997	0. 209	0. 225	0. 282	0. 316
1998	0. 189	0. 215	0. 294	0. 322
1999	0. 173	0. 197	0. 306	0. 336
2000	0. 152	0. 177	0. 308	0. 349
2001	0. 139	0. 168	0. 309	0. 356

（续上表）

年份	二元对比系数		二元反差指数	
	广东	全国	广东	全国
2002	0.132	0.159	0.305	0.363
2003	0.125	0.152	0.300	0.363
2004	0.130	0.175	0.282	0.335
2005	0.145	0.171	0.257	0.326
2006	0.143	0.172	0.245	0.313
2007	0.137	0.185	0.240	0.295
2008	0.142	0.194	0.233	0.283

注：本表数据根据《广东统计年鉴》（各年版）及《中国统计年鉴》（各年版）的相关数据计算而成。

7.1.2.2.1 从二元对比系数指标分析二元经济结构

从图7-3可看到，对于二元对比系数，广东在1978—2008年呈现比较明显的先升后降的变化，表明在此阶段，广东的二元经济结构逐渐减弱。1988年后为下降阶段，表明在此阶段，广东的二元经济结构逐渐加剧。

从图7-3还可看到，1978—1984年，广东的二元对比系数与全国的该指标值很接近；1984—1995年，广东的二元对比系数高于全国的二元对比系数；而1996年后，广东的二元对比系数低于全国的二元对比系数。从总体上看，广东二元对比系数的变化率高于全国二元对比系数的变化率。

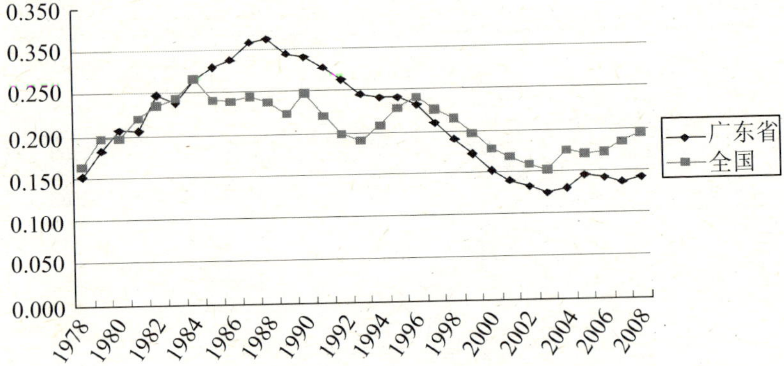

图 7-3 二元对比系数走势图

7.1.2.2.2 从二元反差指数分析二元经济结构

从图 7-4 可看到，1978—2008 年，广东二元反差指数呈现出波动性的变化。1978—1988 年为二元反差指数下降阶段，表明这阶段的二元结构逐渐减弱；1988—1996 年为平稳阶段，表明这阶段的二元结构比较稳定；1997—2001 年为缓慢上升阶段，表明这阶段的二元结构逐渐加强；2001 年后为再下降阶段，表明二元结构又呈现出减弱的趋势。

根据表 7-3 和图 7-4，1978—1984 年，广东的二元反差指数值与全国的该指标值几乎相同，表明广东的二元经济结构程度与全国持平。但从此后，广东的二元反差指数值均低于全国的二元反差指数值，表明广东的二元经济结构程度低于全国该指标值的平均水平。然而，无论是对于广东还是对于全国来说，由于二元反差指数一直低于 1，表明其二元经济结构一直呈明显的态势。

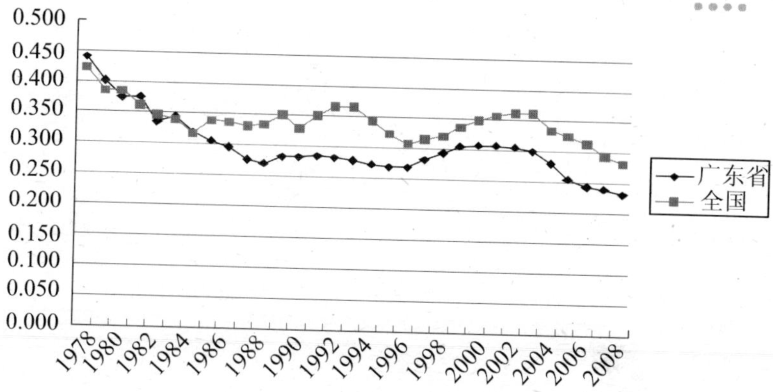

图 7-4　二元反差指数走势图

7.1.2.2.3　从二元对比系数和二元反差指数综合分析二元经济结构

图 7-5 和图 7-6 分别为广东和全国的二元对比系数与二元反差指数的比较图。从图 7-5 中可知，1978—1988 年，广东二元对比系数呈上升趋势，从 1978 年的 0.151 上升到 1988 年的 0.312；而二元反差指数呈下降趋势，从 1978 年的 0.439 下降到 1988 年的 0.272。这两个指标数据表明：广东在这一阶段二元经济结构逐步改善。在 1989—2003 年，广东二元对比系数缓慢下降，从 1989 年的 0.295 下降到 1997 年的 0.209，再从 1998 年的 0.189 下降到 2003 年 0.125；而二元反差指数有缓慢上升的趋势，从 1989 年的 0.282 到 1998 年的 0.294，再到 2003 年的 0.300。因此可以认为，在这一阶段，广东二元经济结构呈强化趋势。2003—2008 年，广东二元对比系数呈缓和上升趋势，从 2003 年的 0.125 上升到 2008 年 0.142；而二元反差指数呈平缓下降趋势，从 2003 年的 0.300 下降到 2008 年的 0.233。因此，可以认为，在这一阶段，广东二元经济结构重新出现转换趋势。

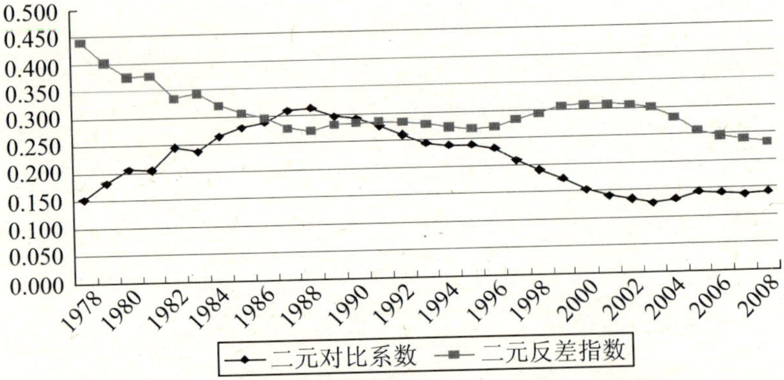

图 7-5　广东二元对比系数与二元反差系数的比较图

从图 7-6 中可看到，1978—1984 年，全国城乡二元对比系数呈上升趋势，从 1978 年的 0.164 上升到 1984 年的 0.266；而二元反差指数却呈下降趋势，从 1978 年的 0.423 下降到 1984 年的 0.319，表明我国在这一阶段的二元经济结构逐步得到改善。1985—1997 年，全国城乡二元对比系数和二元反差指数虽有一点波动性，但前后显平稳态势。例如，在 1985 年，二元对比系数和二元反差指数分别为 0.240 和 0.340，到 1997 年，这两个指标的值分别为 0.225 和 0.314。因此，在这一阶段，全国的二元经济结构保持相对平稳。1998—2003 年，全国城乡二元对比系数呈下降趋势，从 1998 年的 0.215 下降到 2003 年的 0.152；而二元反差指数却呈上升趋势，从 1998 年的 0.322 上升到 2003 年的 0.363，表明我国在这一阶段的二元经济结构加强。2003 年后，全国城乡二元对比系数呈上升趋势，从 2004 年的 0.175 上升到 2008 年的 0.194；而二元反差指数却呈下降趋势，从 2004 年的 0.335 下降到 2008 年的 0.283，表明我国在这一阶段的二元经济结构又逐步得到改善。

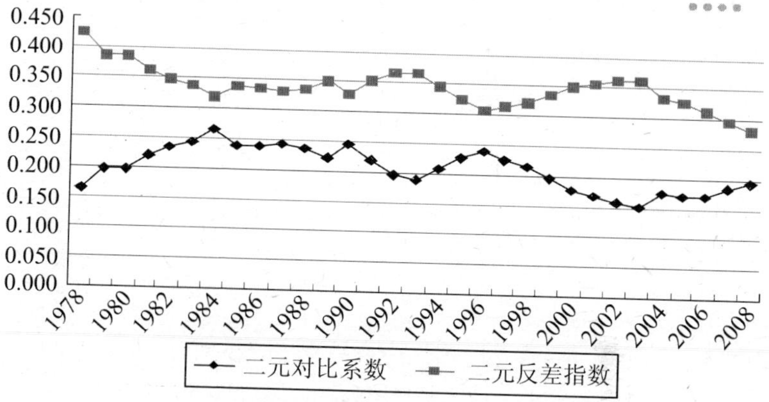

图 7-6　全国二元对比系数与二元反差系数的比较图

7.1.2.3　城乡居民收入差异系数和城乡居民恩格尔系数的差异度的测量与分析

表 7-4 是广东及全国各年的城乡居民收入差异系数和城乡居民恩格尔系数的差异度情况。接下来，我们从城乡居民收入差异系数和城乡居民恩格尔系数的差异度这两个指标来分析广东城乡二元经济结构状况。在分析过程中，把广东的情况与全国的情况作简单的对比，以更好地了解广东二元经济结构的程度。

表 7-4　广东及全国各年的城乡居民收入差异系数和城乡居民恩格尔系数的差异度情况

年份	城乡居民收入差异系数		城乡居民恩格尔系数的差异度（%）	
	广东	全国	广东	全国
1978	0. 531	0. 611	-4. 93	10. 20
1979	0. 465	0. 585	-7. 14	6. 80
1980	0. 419	0. 599	-5. 09	4. 90
1981	0. 420	0. 546	-6. 45	3. 20
1982	0. 395	0. 487	-5. 81	2. 00
1983	0. 446	0. 451	-4. 23	0. 20
1984	0. 480	0. 454	-4. 28	1. 20

（续上表）

年份	城乡居民收入差异系数		城乡居民恩格尔系数的差异度（%）	
	广东	全国	广东	全国
1985	0.481	0.462	2.07	4.49
1986	0.504	0.529	0.17	4.00
1987	0.499	0.538	0.63	2.30
1988	0.489	0.539	-1.47	2.60
1989	0.542	0.563	-2.79	0.40
1990	0.547	0.546	0.5	4.56
1991	0.585	0.583	4.34	3.80
1992	0.624	0.613	2.51	4.56
1993	0.638	0.642	3.9	7.78
1994	0.657	0.651	9.19	8.86
1995	0.637	0.632	6.48	8.51
1996	0.610	0.602	4.29	7.54
1997	0.595	0.595	6.31	8.50
1998	0.601	0.601	6.98	8.74
1999	0.602	0.622	10.06	10.53
2000	0.626	0.641	11.18	9.66
2001	0.638	0.655	11.76	9.50
2002	0.649	0.679	9.1	8.52
2003	0.673	0.690	10.71	8.50
2004	0.680	0.688	11.8	9.50
2005	0.682	0.690	12.18	8.80
2006	0.683	0.695	12.4	7.20
2007	0.682	0.700	14.4	6.81
2008	0.676	0.698	11.2	5.80

注：本表数据根据《广东统计年鉴》（各年版）及《中国统计年鉴》（各年版）的相关数据计算而成。

7.1.2.3.1　从城乡居民收入差异系数指标分析二元经济结构

从表7-4及图7-7可看到，1978—1982年，广东的城乡居民收入差异系数为下降阶段，从1978年的0.531下降到1982年的0.395。从此之后，该指标值呈上升趋势，尤其是从1989年开始，广东城乡居民收入差异系数均大于0.5，最高值为2006

年的 0.683。因此，从城乡居民收入差异系数指标来看，广东城乡二元经济结构一直呈明显的态势。从图 7-7 还可以看到，广东城乡居民收入差异系数的变化与全国的该指标值的变化同步，特别是从 1991 年开始，广东城乡居民收入差异系数与全国的城乡居民收入差异系数非常接近。

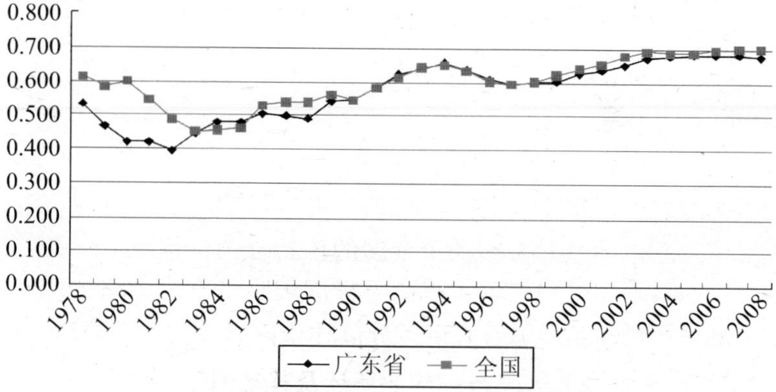

图 7-7 城乡居民收入差异系数走势图

7.1.2.3.2 从城乡居民恩格尔系数的差异度指标分析二元经济结构

从表 7-4 及图 7-8 可看到，1978—2008 年，广东城乡居民恩格尔系数的差异度呈波动性上升趋势。在 1989 年前，广东城乡居民恩格尔系数的差异度指标多为负数（除 1985、1986 和 1987 年外）。从 1999 年开始，除 2002 年外，其余年份的城乡居民恩格尔系数的差异度均超过 10%，最高值为 2007 年的 14.4%。根据表 7-4 的数据可以判断，1993 年前，广东城乡居民生活质量基本一致；1994—2000 年，广东城乡居民生活质量存在较大的差异；2000 年后，广东城乡二元结构明显。

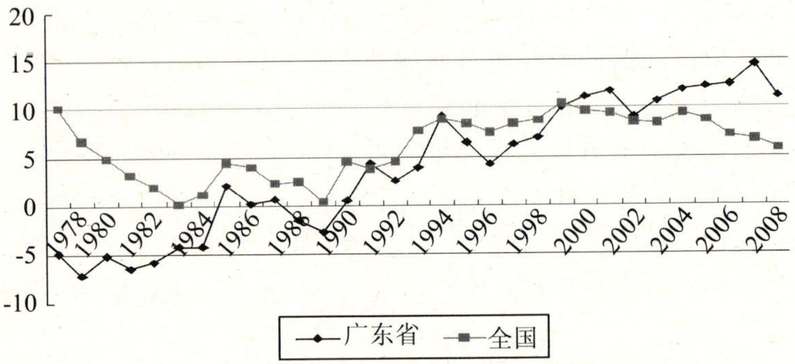

图 7-8　城乡居民恩格尔系数的差异度走势图

相对之下，1999 年前，除 1991 和 1994 年外，广东城乡居民恩格尔系数的差异度均低于全国的该指标值，但从 2000 年开始，广东城乡居民恩格尔系数的差异度均高于全国的该指标值。广东城乡居民生活质量存在的差异度比全国的平均水平要高。

7.1.3　广东城乡二元经济结构的变迁及其动因

根据前面的分析，可以把广东城乡二元经济结构的变迁划分为三个阶段。

第一阶段：1978—1988 年，二元经济结构逐步改善。

1978—1988 年，广东二元经济结构逐步得到改善的动因在于：一是在 1978 年后，我国实行了经济体制改革，作为率先进行经济体制改革的地区，广东城乡之间在商品、技术、资金和人员流动方面的限制有所松动，城乡隔离体制有所放松；二是由于农业家庭联产承包责任制的实施，农民的经营自主权有所扩大，其从事生产经营活动的积极性和主动性进一步增强，促进了农业生产效率的提高；三是中央于 1979 年和 1980 年连续两次提高农产品的价格，使农民从农产品销售中直接或间接得到更多的实惠；四是在全国范围内取消“人民公社”，恢复乡政府，排除了过去“政社合一”状态下政府对农村经济活动的干预；五是从

1985 年开始，逐步取消了对农产品的统购统销，基本上形成了自由的农产品贸易环境；六是大力发展乡镇企业，增强了农村的经济实力。

制度的变革引起了结构的变化，使二元经济结构有所降低。但是，对于广东这样一个人均农业资源比较匮乏的地区来说，这项制度创新的边际收益递减较快，农业比较劳动生产率经过一段时间后就呈现下降趋势。从此，城乡二元经济结构出现相对平稳的阶段。

第二阶段：1989—2003 年，二元经济结构呈强化趋势。

广东在 1989—2003 年出现的二元经济结构强化的态势，也是有其内在的动因的。主要动因包括：

首先，受到“工业优先、城市偏向”发展战略的影响。一方面，在产业政策上，强调工业优先，在产业布局上，强调把工业主要放在城市；另一方面，在资金流向上，为支持城市工业的发展，国家通过税收、工农产品“剪刀差”、垄断土地一级市场等方式，把农业剩余积累由农村大量地转入城市，致使农村第二、三产业发展滞后，基础设施建设薄弱，农村经济发展与城市的差距不断扩大。

其次，受到限制人口自由流动的户籍制度的影响。新中国成立后实施的户籍制度，限制了人口的自由流动，基本上阻断了农村劳动力向城市国有工业转移的途径，人为地深化了城市现代工业部门与农村传统农业部门的二元经济结构。以户籍制度为基础，国家按户籍身份来分配教育、卫生、社保、就业等方面的资源和利益，把城市人口与农村人口分割开来，形成了城乡对立的二元社会结构。

再次，受到偏向于城市和工业的投资状况和财政分配政策的影响。由于城市的自我发展能力强于农村，国家的投入及财政应当适当地向农业倾斜，以促进工农和城乡之间的协调发展。从广东的情况来看，首先从全社会固定资产投资指标来考察：从表7-5及图7-9可以看到，1992—2003年，广东农村固定资产投资占全社会固定资产投资比重有下降的趋势，从1992年的23.78%下降到2003年的15.81%。其次从财政支农支出指标来考察：广东在1989—2003年用于支农的财政支出虽然逐年有所增加，如1989年的支农支出为12.22亿元，1995年为14.95亿元，2000年为26.89亿元，2003年为41.63亿元，但用于支农的财政支出占财政总支出的比重却出现下降的趋势（见表7-6）。1989年广东支农支出占财政支出的比重为8.66%，1995年该指标降至2.84%，2003年再降至2.46%。由此可见，广东在此期间对农村经济发展的关注程度相对不够，致使二元经济结构有所增强。

表7-5 广东全社会固定资产投资情况

年份（时期）	全社会固定资产投资（亿元）	城镇固定资产投资（亿元）	农村固定资产投资（亿元）	农村固定资产投资占全社会固定资产投资比重（%）
1989	347.34	294.95	52.39	15.08
1990	381.47	309.86	71.61	18.77
“八五”时期	7 498.19	6 072.55	1 425.64	19.01
“九五”时期	13 555.17	11 333.16	2 222.01	16.39
2001	3 536.41	3 003.72	532.69	15.06
2002	3 970.69	3 343.46	627.23	15.80
2003	5 030.57	4 235.14	795.43	15.81
2004	6 025.53	5 121.45	904.08	15.00
2005	7 164.11	6 038.77	1 125.34	15.71
2006	8 132.37	6 618.77	1 513.6	18.61
2007	9 596.95	7 525.46	2 071.49	21.58
2008	11 165.06	8 789.19	2 375.87	21.28

注：本表数据根据《广东统计年鉴》（各年版）的相关数据计算而成。

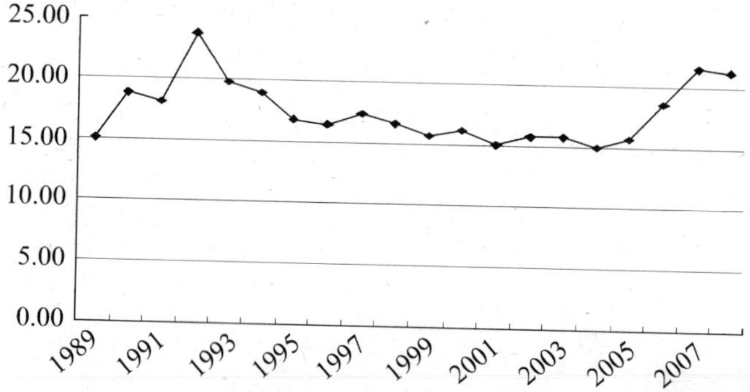

图 7-9 农村固定资产投资占全社会固定资产投资比重走势图

表 7-6 广东 1989—2003 年支农支出及其占财政支出的比重

年份	1989	1990	1995	2000	2003
支农支出（亿元）	12.22	13.43	14.95	26.89	41.63
财政支出（亿元）	141.16	150.69	525.63	1 069.86	1 695.63
支农支出占财政支出的比重（%）	8.66	8.91	2.84	2.51	2.46

注：本表数据根据《广东统计年鉴》（各年版）及《中国统计年鉴》（各年版）的相关数据计算而成。

第三阶段：2003—2008 年，二元经济结构重新出现转换趋势。

这一时期，国家提出了“工业反哺农业、城市支持农村”的产业政策，重新定位城乡关系，而且围绕社会主义新农村建设出台了对农业、农村和农民“少取、多予、放活”的多项举措，农民生产积极性有所提高。进入“十一”时期后，广东加大了对农村固定资产的投入，从表 7－5 中可看到，广东在 2006、2007 和 2008 年对农村固定资产的投资占全社会固定资产投资的比重分别为 18.61%、21.58% 和 21.28%，而该指标值在“九五”时期和“十五”时期分别为16.39%和15.49%。由此可知，广东在近些年来加大了对农业的投资力度，体现了对发展农村经济的重视，致使二元经济结构重新出现转换的趋势。

7.1.4 广东二元经济结构转换的特征

7.1.4.1 就业结构的转换严重滞后于产值结构的转换

广东三大产业的产值结构与就业结构的变动的方向基本一致，但三大产业的产值结构与就业结构存在着较大的差异，这在第一产业中表现得最为突出（见表7-7）。

根据表7-7，第一产业产值比重和就业比重均呈下降趋势，但就业比重下降幅度低于产值比重下降幅度。例如，1978年，广东农业就业结构和农业产值结构分别为73.7%和29.76%，2008年，这两个指标值分别下降到28.8%和5.5%，下降幅度分别为60.9%和81.5%。这说明，第一产业产值占比下降没有充分引致就业比重下降。

一般而言，发展中国家或地区就业结构的转换要慢于产值结构的转换。但广东与其他发展中国家地区相比，其就业结构滞后性更为突出。从表7-7中看到，从1994年开始，广东农业就业结构转换滞后于产值结构转换的程度开始超过全国的平均水平，而且差距越来越大。1994年，我国农业就业结构转换滞后于产值结构转换的程度为174.8%，广东为182.19%，两者相差7.39%。2008年，我国农业就业结构转换滞后于产值结构转换的程度为250.44%，而广东高达423.64%，两者相差173.2%。就业结构与产值结构严重偏离，说明劳动力在社会各个产业之间的转移还存在着较大的阻碍，同时也表明不同产业间的劳动生产率水平存在着较大的差距。从这个意义上说，就业结构的转换严重滞后于产值结构的转换，是广东二元经济结构存在的直接原因。

表 7-7 广东及全国农业就业结构转换滞后于产值结构转换的程度（%）

年份	农业就业结构		农业产值结构		滞后程度	
	广东	全国	广东	全国	广东	全国
1978	73.7	70.5	29.76	28.19	147.65	150.09
1979	72.0	69.8	31.82	31.27	126.27	123.22
1980	70.7	68.7	33.23	30.17	112.76	127.71
1981	70.1	68.1	32.48	31.88	115.83	113.61
1982	68.4	68.1	34.76	33.39	96.78	103.95
1983	67.3	67.1	32.88	33.18	104.68	102.23
1984	63.7	64.0	31.66	32.13	101.20	99.19
1985	60.3	62.4	29.77	28.44	102.55	119.41
1986	57.8	60.9	28.22	27.15	104.82	124.31
1987	55.1	60.0	27.42	26.81	100.95	123.80
1988	53.7	59.3	26.53	25.70	102.41	130.74
1989	53.7	60.1	25.46	25.11	110.92	139.35
1990	53.0	60.1	24.67	27.12	114.84	121.61
1991	50.5	59.7	21.97	24.53	129.86	143.38
1992	47.3	58.5	19.03	21.79	148.55	168.47
1993	44.1	56.4	16.1	19.71	173.91	186.15
1994	42.3	54.3	14.99	19.76	182.19	174.80
1995	41.5	52.2	14.57	19.86	184.83	162.84
1996	40.7	50.5	13.68	19.69	197.51	156.48
1997	40.8	49.9	12.58	18.29	224.32	172.83
1998	41.1	49.8	11.66	17.56	252.49	183.60
1999	41.5	50.1	10.91	16.47	280.38	204.19
2000	39.9	50.0	9.18	15.06	334.64	232.01
2001	39.1	50.0	8.21	14.39	376.25	247.46
2002	38.0	50.0	7.52	13.74	405.32	263.90
2003	36.8	49.1	6.77	12.80	443.57	283.59
2004	34.7	46.9	6.47	13.39	436.32	250.26

（续上表）

年份	农业就业结构		农业产值结构		滞后程度	
	广东	全国	广东	全国	广东	全国
2005	32.1	44.8	6.39	12.20	402.35	267.21
2006	30.4	42.6	5.86	11.30	418.77	276.99
2007	29.4	40.8	5.4	11.30	444.44	261.06
2008	28.8	39.6	5.5	11.30	423.64	250.44

注：本表数据根据《广东统计年鉴2009》和《中国统计年鉴2009》相关内容计算得出①。

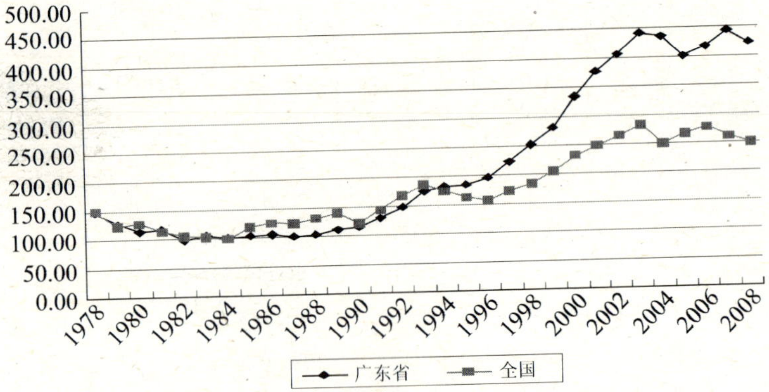

图7-10　农业就业结构转化滞后于产值结构转换的程度

7.1.4.2　二元经济结构转换在地域上具有差异性

图7-11是广东2008年各市二元对比系数的情况。从该图可清楚地看到，广东各市二元对比系数存在着较大的差异。其中深圳市为0.757，已在发达国家0.52～0.86的范围之内。二元对

① 计算公式为：农业就业结构滞后于产值结构转换程度=（农业就业结构-农业产值结构）/农业产值结构

比系数达到或超过0.3的城市还有中山、珠海、阳江、肇庆和梅州；二元对比系数比较低的城市有清远、河源、汕头、潮州、湛江、东莞、江门、广州、茂名、揭阳、汕尾、韶关等，这些城市的二元对比系数均在0.2以下。

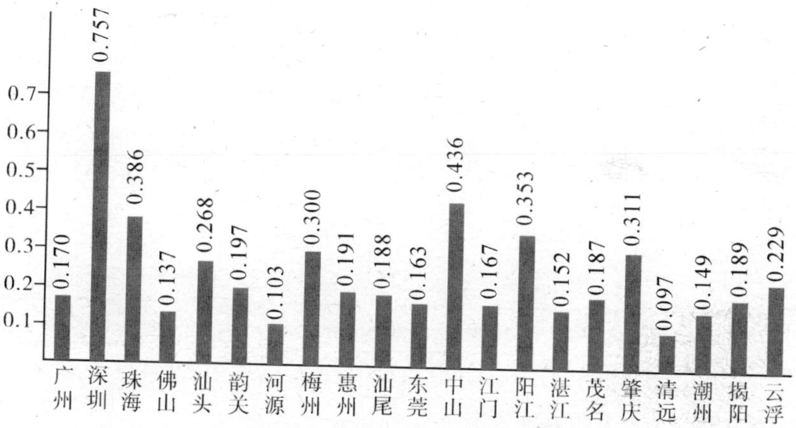

图 7-11　广东各市二元对比系数

注：本图数据根据《广东统计年鉴2009》的相关数据计算而成。

7.1.4.3　二元经济结构横向比较强度依然较大

二元经济结构转换意味着第一产业产值比重和就业比重的相对下降，第二、三产业产值比重和就业比重的相对上升。1978年以来，二元经济结构的变动趋势符合一般规律。1978—2008年，第一产业产值比重由29.76%降为5.50%，就业比重由73.7%降为28.8%，第二、三产业的产值比重则由70.24%上升到95.50%，就业比重则由26.3%上升到71.2%。

横向比较来看，广东二元经济结构强度依然较大。自2001年以来，广东的二元对比系数一直在0.12～0.15的范围内波动，远远低于发展中国家一般在0.31～0.45的水平，甚至连国内的平均水平也达不到。这充分说明了广东二元经济结构依然较大。

7.2 广东二元社会结构的考察

7.2.1 代际结构

据统计资料，广东65岁及以上人口占总人口的比重有逐渐增长的趋势（见表7-8）。例如，1990年广东65岁及以上人口占总人口的比重为5.9%；2005年，该指标增加到7.4%；2008年，再增加到7.9%。根据人口老龄化的国际标准，通常把60岁以上的人口占总人口比例达到10%，或65岁以上人口占总人口比重达到7%的国家或地区看作人口老龄化社会。按照这个规定，广东已于2005年跨入人口老龄化社会。

表7-8 广东年末常住人口与65岁及以上人口比例情况

	1990年	2000年	2005年	2007年	2008年
年末常住人口（万人）	6 347.19	8 650.03	9 194	9 449	9 544
65岁及以上人口比例（%）	5.9	6.0	7.4	7.6	7.9

资料来源：广东统计年鉴2009

2008年，广东65岁及以上人口的人数达754万人，是1990年374.5万人的2倍。可以推算，20世纪50至70年代生育高峰期出生的人口将在2015—2035年陆续进入老年，2015—2035年是老年人口数量增长最快的时期，平均每年净增长48万人左右，2035年65岁及以上老年人口将达到1 700万人左右，2050年将达到2 100万人。

广东人口老龄化在城乡之间有较大的差别。2005年1%抽样调查结果表明，广东农村65岁及以上人口占农村总人口的比重为9.33%，而城镇、城市分别只有6.5%、6.04%。因此可以认为，广东人口老龄化总体上是在农村。

老龄化问题是一个国际性、普遍性的问题，广东人口老龄化问题将对广东的国民经济、社会发展、家庭生活各个方面都产生深刻的影响。

首先，老龄化使老年人口扶养指数不断上升，对广东经济增长速度及增长方式产生重大影响。从统计资料上看，中国1964年少年儿童负担系数为72.1%，1998年下降为37.9%。与此同时65岁以上老年人负担系数由6.3%上升为9.9%。据测算，2000年中国每100个劳动年龄人口只需负担15.6个老年人，到2050年则要负担48.5个老年人。针对广东来说，到2050年，每100个劳动年龄人口需要负担35个老年人。在过去20多年经济高速增长中，居民的高储蓄是经济发展所需要的资本投入的重要来源。老龄人口的增加，使得居民储蓄率呈现下降的趋势。这将影响广东未来的经济增长所需要的大量资本投入，对经济增长速度和经济增长方式都会产生影响。

其次，老龄化使养老保障负担日益沉重，对广东养老医疗保险体制产生深刻影响。随着人口老龄化步伐的加快，每年都有大批达到退休年龄的城镇人口和农村丧失劳动能力的老年人，社会需要提供一大笔养老资金。据测算，老年人消费的医疗卫生资源一般是其他人群的3~5倍。因此，随着人口老龄化进程的加快，社会保险、社会救济和医疗卫生等社会福利的支出将不断增加，负担将越来越重。

再次，老龄化使养老方式和老年服务面临挑战。我国现行的养老方式是传统的养老方式，包括国家和社会养老、家庭子女养老和老年个人自主养老三种形式，是典型的结构性养老。目前，独生子女家庭增多、家庭小型化的情况越来越多。全国老龄办在大中城市进行的老年人居住情况调查结果显示，“三代同堂”式的传统家庭越来越少，“四二一”的人口结构（一对夫妇同时赡养4个老人和1个小孩）愈加明显。随着城市化的发展和人民生活方式的改变，代与代之间的孝道、赡养、照料老人的观念日益淡化。由于人口老龄化而导致的养老方式的变化这一现象应该引起社会足够的关注。

7.2.2 社保结构

社会保障是经济发展的产物，也是现代经济健康、稳定、持续发展的客观要求。社会保障的基本功能包括保障基本生活、维护社会稳定、促进经济发展、保持社会公平和增进国民福利。由于经济发展与社会保障既互相促进又互相制约，经济发展水平决定着社会保障的水平，也在一定程度上受社会保障发展的制约。只有建立健全与国民经济和社会发展相适应的比较完善的社会保障制度及运行机制，才能有稳定的发展环境，才能实现社会和谐与繁荣进步。

新中国成立以来，广东社会保障事业与共和国一同成长，经历了从无到有、从小到大的历程。特别是改革开放30多年以来，广东作为改革开放的先行地区，充分发挥了“试验田”、“窗口”和“示范区”的作用，不断探索建立起一套具有广东特色的、与社会主义市场经济体制相适应的社会保障体系，创造了一批工作亮点，取得了辉煌的成就。其突出表现是：广东的社会保险制度发展和覆盖人数在全国处于领先地位。

但同时也应注意到，在广东，尚有大量人员没有纳入保障范围，困难群体的参保问题仍未彻底解决，社保二元结构依然存在。表7-9是广东各城市（地区）2008年各类社会保险参保人数占本城市（地区）常住人口比重，表7-10是广东各城市（地区）2008年基本养老保险和失业保险的征缴额及其比重。从表7-9中可以看到，广东各城市（地区）2008年各类社会保险参保人数占本城市（地区）常住人口的比重相差较大，无论是基本养老保险，抑或是失业保险、医疗保险、工伤保险和生育保险，珠三角地区的参保人数占其常住人口的比重均比其他地区（包括东翼、西翼和山区）的该指标值高得多。例如，2008年，珠三角的基本养老保险参保人数占常住人口比重为37.31%，而东翼、西翼和山区的该指标值分别仅为9.4%、10.37%和11.57%。又如，珠三角的失业保险参保人数占常住人口比重为24.8%，而东翼、西翼和山区的该指标值分别仅为5.46%、4.69%和6.05%。另外，2008年，广东基本养老保险参保人数为2 278.66万人，其中，珠三角、东翼、西翼和山区的基本养老保险参保人数分别为1 780.16万人、152.92万人、159.71万人和185.87万人，分别占全省基本养老保险参保人数的78.12%、6.71%、7.01%和8.16%。至于失业保险，2008年，珠三角、东翼、西翼和山区的失业保险参保人数分别为1 183.58万人、88.77万人、72.15万人和97.25万人，分别占全省失业保险参保人数的82.09%、6.16%、5.00%和6.75%。

表7-9　广东各城市（地区）2008年各类社会保险参保人数所占的比重情况（%）

城市（地区）名称	基本养老保险		失业保险		医疗保险		工伤保险		生育保险	
	占本地常住人口比重	占全省参保人数比重	占本地常住人口比重	占全省参保人数比重	占本地常住人口比重	占全省参保人数比重	占本地常住人口比重	占全省参保人数比重	占本地常住人口比重	占全省参保人数比重
广州	30.89	13.80	27.76	19.61	36.01	15.47	32.11	14.52	14.23	15.08
深圳	63.41	24.40	23.39	14.23	85.49	31.62	86.45	33.66	17.26	15.74
珠海	55.15	3.58	45.40	4.66	56.01	3.50	46.51	3.06	23.66	3.65
汕头	11.21	2.49	7.25	2.54	6.93	1.48	7.08	1.59	6.82	3.59
佛山	32.11	8.39	23.04	9.51	29.55	7.42	30.61	8.09	25.67	15.90
韶关	15.00	1.94	8.51	1.74	14.60	1.82	7.66	1.00	4.62	1.42
河源	12.28	1.55	7.64	1.52	6.99	0.85	7.25	0.92	3.31	0.99
梅州	9.24	1.67	5.32	1.52	5.93	1.03	4.48	0.82	4.08	1.75
惠州	28.27	4.87	11.44	3.12	18.27	3.03	16.12	2.81	12.81	5.24

（续上表）

城市（地区）名称	基本养老保险		失业保险		医疗保险		工伤保险		生育保险	
	占本地常住人口比重	占全省参保人数比重	占本地常住人口比重	占全省参保人数比重	占本地常住人口比重	占全省参保人数比重	占本地常住人口比重	占全省参保人数比重	占本地常住人口比重	占全省参保人数比重
汕尾	7.32	0.93	3.95	0.79	3.49	0.43	3.66	0.47	1.98	0.60
东莞	38.58	11.77	36.88	17.78	57.45	16.84	60.36	18.62	28.79	20.82
中山	52.19	5.75	44.91	7.82	48.36	5.12	45.56	5.08	2.66	0.69
江门	19.08	3.47	11.55	3.32	15.49	2.71	10.54	1.94	7.91	3.41
阳江	12.51	1.30	7.41	1.22	7.11	0.71	6.41	0.67	3.77	0.93
湛江	11.36	3.44	4.67	2.24	6.71	1.95	3.63	1.11	4.73	3.40
茂名	8.43	2.27	3.65	1.55	4.39	1.13	4.28	1.16	0.03	0.02
肇庆	12.52	2.09	7.77	2.05	9.90	1.59	6.57	1.11	5.77	2.28
清远	12.52	2.05	4.09	1.06	8.41	1.32	7.43	1.23	3.00	1.17
潮州	15.11	1.70	10.33	1.84	6.88	0.75	9.89	1.13	5.03	1.34
揭阳	6.32	1.59	2.47	0.98	2.64	0.64	1.88	0.48	1.81	1.08
云浮	9.01	0.94	5.44	0.90	6.05	0.61	4.88	0.52	3.63	0.90
小计		100		100		100		100		100
珠三角	37.31	78.12	24.80	82.09	43.37	87.29	41.95	88.89	16.68	82.81
东翼	9.40	6.71	5.46	6.16	4.79	3.29	5.08	3.67	3.91	6.61
西翼	10.37	7.01	4.69	5.00	5.85	3.80	4.32	2.95	2.71	4.35
山区	11.57	8.16	6.05	6.75	8.30	5.63	6.30	4.50	3.73	6.23
小计		100		100		100		100		100

注：常住人口数来源于《广东统计年鉴2009》，其他数据根据《广东统计年鉴2009》原始数据计算而成。

表 7-10 广东各城市（地区）2008 年基本养老保险和失业保险的征缴额及其比重

城市（地区）名称	基本养老保险		失业保险	
	基金征缴额（万元）	占全省的比重（%）	基金征缴额（万元）	占全省的比重（%）
全省	6 382 313	100. 00	517 453	100. 00
广州	1 347 508	21. 11	244 006	47. 16
深圳	1 813 578	28. 42	28 674	5. 54
珠海	279 835	4. 38	29 487	5. 70
汕头	112 085	1. 76	14 303	2. 76
佛山	606 952	9. 51	44 307	8. 56
韶关	93 615	1. 47	11 968	2. 31
河源	54 715	0. 86	4 322	0. 84
梅州	131 332	2. 06	7 546	1. 46
惠州	168 451	2. 64	20 032	3. 87
汕尾	31 617	0. 50	2 830	0. 55
东莞	602 944	9. 45	19 609	3. 79
中山	266 923	4. 18	13 426	2. 59
江门	223 862	3. 51	20 111	3. 89
阳江	39 472	0. 62	3 789	0. 73
湛江	139 345	2. 18	12 423	2. 40
茂名	109 011	1. 71	11 942	2. 31
肇庆	114 961	1. 80	9 433	1. 82
清远	78 901	1. 24	6 956	1. 34
潮州	51 101	0. 80	5 362	1. 04
揭阳	75 584	1. 18	3 282	0. 63
云浮	40 521	0. 63	3 645	0. 70
珠三角	5 425 014	85. 00	429 085	82. 92
东翼	270 387	4. 24	25 777	4. 98
西翼	287 828	4. 51	28 154	5. 44
山区	399 084	6. 25	34 437	6. 66

注：基本养老保险基金征缴额和失业保险基金征缴额来源于《广东统计年鉴2009》，其他数据根据《广东统计年鉴 2009》原始数据计算而成。

从表7-10中可以看到，广东各城市（地区）2008年基本养老保险和失业保险的征缴额及其比重也相差较大。其中，珠三角、东翼、西翼和山区的基本养老保险基金征缴额分别为5 425 014万元、270 387万元、287 828万元和399 084万元，分别占全省失业保险基金征缴总额的85%、4.24%、4.51%和6.25%。另外，珠三角、东翼、西翼和山区的失业保险基金征缴额分别为429 085万元、25 777万元、28 154万元和34 437万元，分别占全省基本养老保险基金征缴总额的82.92%、4.98%、5.44%和6.66%。

表7-9和表7-10的数据充分说明了广东社会保障体系的地区发展不平衡，社保基金集中在珠三角等少数地区，存在着明显的社保二元结构现象。

7.2.3 社会阶层结构

根据马克思主义社会分层理论，社会阶层结构本质上是一种由社会经济结构决定的社会利益关系结构。

对于广东社会阶层结构变化的分析，可以从职业角度进行考察，而职业类别大体上可以分为白领、蓝领和农民三类。表7-11是广东与全国人口职业结构从1982年到2005年的变化情况。从表7-11可以清楚地看到，在1982年，广东的白领、蓝领和农民所占的比例分别为7.40%、22.20%和70.40%，而全国的比例分别为7.93%、20.09%和71.98%，因此，广东人口的职业结构与全国人口的职业结构非常接近。2005年，广东与全国人口的白领、蓝领和农民所占的比例均已有较大的变化，广东的三类职业结构已分别变化为15.32%、53.78%和30.90%，而全国的三类职业结构则分别变化为12.73%、30.14%和57.13%。由此可知，广东和全国人口的白领、蓝领所占的比例均有所提高，而农民所占的比例均减少。但相比之下，广东的白领、蓝领人口所占比例的增幅以及农民人口所占比例的减幅程度